■2025年度高等学校受験用

花咲徳栄高等学校

収録内容一覧

★この問題集は以下の収録内容となっています。また、編集の都合上、解説、解答用紙を省略させていただいている場合もございますのでご了承ください。

（○印は収録、ー印は未収録）

入試問題と解説・解答の収録内容			解答用紙
2024年度	第1回	英語・数学・国語	○
	第2回	英語・数学・国語	○
2023年度	第1回	英語・数学・国語	○
	第2回	英語・数学・国語	○
2022年度	第1回	英語・数学・国語	○
	第2回	英語・数学・国語	○

★当問題集のバックナンバーは在庫がございません。あらかじめご了承ください。

●凡例●

【英語】

≪解答≫

〔　〕　①別解
②置き換え可能な語句（なお下線は置き換える箇所が2語以上の場合）
（例）<u>I am</u>〔I'm〕glad〔happy〕to～

（　）　省略可能な言葉

≪解説≫

1，2…　本文の段落（ただし本文が会話文の場合は話者の1つの発言）

〔　〕　置き換え可能な語句（なお〔　〕の前の下線は置き換える箇所が2語以上の場合）

（　）　①省略が可能な言葉
（例）「（数が）いくつかの」
②単語・代名詞の意味
（例）「彼（＝警察官）が叫んだ」
③言い換え可能な言葉
（例）「いやなにおいがするなべにはふたをするべきだ（＝くさいものにはふたをしろ）」

//　訳文と解説の区切り

cf.　比較・参照

≒　ほぼ同じ意味

【数学】

≪解答≫

〔　〕　別解

≪解説≫

（　）　補足的指示
（例）（右図1参照）など

〔　〕　①公式の文字部分
（例）〔長方形の面積〕＝〔縦〕×〔横〕
②面積・体積を表す場合
（例）〔立方体ABCDEFGH〕

∴　ゆえに

≒　約、およそ

【社会】

≪解答≫

〔　〕　別解

（　）　省略可能な語

＿＿　使用を指示された語句

≪解説≫

〔　〕　別称・略称
（例）政府開発援助〔ODA〕

（　）　①年号
（例）壬申の乱が起きた（672年）。
②意味・補足的説明
（例）資本収支（海外への投資など）

【理科】

≪解答≫

〔　〕　別解

（　）　省略可能な語

＿＿　使用を指示された語句

≪解説≫

〔　〕　公式の文字部分

（　）　①単位
②補足的説明
③同義・言い換え可能な言葉
（例）カエルの子（オタマジャクシ）

≒　約、およそ

【国語】

≪解答≫

〔　〕　別解

（　）　省略してもよい言葉

＿＿　使用を指示された語句

≪解説≫

〈　〉　課題文中の空所部分（現代語訳・通釈・書き下し文）

（　）　①引用文の指示語の内容
（例）「それ（＝過去の経験）が～」
②選択肢の正誤を示す場合
（例）（ア，ウ…×）
③現代語訳で主語などを補った部分
（例）（女は）出てきた。

／　漢詩の書き下し文・現代語訳の改行部分

花咲徳栄高等学校

所在地	〒347-8502 埼玉県加須市花崎519
電　話	入試広報センター：0480-65-8185
ホームページ	https://www.hanasakitokuharu-h.info
交通案内	東武伊勢崎線 花崎駅南口より徒歩10分

普通科
食育実践科

男女共学

くわしい情報は
ホームページへ

応募状況

年度	募集数		受験数	合格数	倍率
2024	1回単	520名	437名	428名	1.0倍
	1回併		1,890名	1,827名	1.0倍
	2回		287名	258名	1.1倍
	3回		53名	32名	1.7倍
2023	1回単	520名	392名	391名	1.0倍
	1回併		1,642名	1,626名	1.0倍
	2回		256名	251名	1.0倍
	3回		27名	24名	1.1倍
2022	1回単	520名	491名	486名	1.0倍
	1回併		1,719名	1,696名	1.0倍
	2回		291名	280名	1.0倍
	3回		23名	15名	1.5倍

試験科目（参考用：2024年度入試）

英語・数学・国語
解答は記述・マークシート併用

建学の精神と校訓

建学の精神「人間是宝」，校訓「今日学べ」のもと，生徒一人ひとりの内在する可能性を開発するための教育を実践する。

多様な人々と協働しながら社会の変化を乗り越え，豊かな人生を切り拓き，時代に求められる有為な人材の育成を目指す。

アクティブラーニング

本校は全国に先駆けてアクティブラーニング型授業(AL)を研究，実践してきており，グループワークや探究・発表を中心に，全学年・全科目で実施している。教員が生徒の学びにどれだけアドバイスをできるかが質の向上につながるので，教員のファシリテーション力養成にも取り組んでいる。また，ICT教育を推進し，協働学習にも役立てている。

教育の特色　自分を高める3コース・7クラス

○普通科　アルファ・アドバンスの２コース

アルファコースは，環境・方法・手段・条件のすべてを最難関大学合格とその先の学びのために特化。最難関国公立・医歯薬理系大学を目指す理数選抜クラス，最難関国公立・早慶上智などを目指す特別選抜クラス，国公立・GMARCHなどを目指す文理選抜クラスに分かれる。アドバンスコースは，志望大学への現役合格と部活動の両立を目指す。選抜進学クラス，特別進学クラス，総合進学クラスがある。

○食育実践科　調理師を養成

食育実践科は，厚生労働大臣から調理師養成施設として指定を受け，卒業と同時に調理師免許が取得できるので，ホテル，レストラン等の即戦力として活躍できる。大学進学にも対応。産学官連携事業への参加や地域と連携した地産地消活動なども行い，「食育」を担うリーダーを育てる。

大学合格実績・就職先

＜主な大学合格実績＞
北海道大・東北大・筑波大・埼玉大・電気通信大・宇都宮大・群馬大・茨城大・岩手大・山形大・秋田大・埼玉県立大・都留文科大・早稲田大・東京理科大・明治大・青山学院大・立教大・中央大・法政大・学習院大・同志社大ほか
＜主な就職先＞
フォーシーズンズホテル丸の内東京・プリンスホテル・日本ビューホテル・ニューオータニ・銀座アスター食品・精養軒・つばめほか

編集部注一本書の内容は2024年3月現在のものであり，変更されている場合があります。正確な情報は，学校のホームページ等で必ずご確認ください。

出題傾向と今後への対策　英語

出題内容

	2024		2023		2022	
	第1回	第2回	第1回	第2回	第1回	第2回
大問数	5	5	5	5	5	5
小問数	37	37	37	37	37	37
リスニング	○	○	○	○	○	○

◎大問数５題，小問数は35問程度。放送問題，長文読解２題，適語(句)選択，整序結合などで構成されている。

2024年度の出題状況

《第１回》

1 放送問題
2 適語(句)選択・語形変化
3 整序結合
4 長文読解総合─説明文
5 長文読解総合─ノンフィクション

《第２回》

1 放送問題
2 適語(句)選択・語形変化
3 整序結合
4 長文読解総合─物語
5 長文読解総合─ノンフィクション

解答形式

《第１回》　記　述／マーク／併　用

《第２回》　記　述／マーク／併　用

出題傾向

中学校の学習内容に沿った基本的な出題であったが，年々レベルが上昇している。とはいえ，試験問題はオーソドックスなものである。長文のジャンルは，物語，説明文などさまざまである。設問は文章内容の理解を試すものがほとんどである。文法問題は幅広く出題されている。放送問題は記号選択の英問英答が中心で一部記述式。

今後への対策

まず中学必修単語は教科書を何度も手書きして正確に全部覚えること。文法は，問題集を解いて弱点を克服しておこう。本校の出題形式に慣れておくことも重要だ。長文読解問題は，辞書を使わず問題を解いた後，必ず復習すること。定期テストなどでできなかった問題は，必ず見直しておこう。放送問題対策はラジオ講座などを利用し毎日英語を聴くことが重要。

◆◆◆◆ 英語出題分野一覧表 ◆◆◆◆

分野		年度	2022		2023		2024		2025予想※	
			1回	2回	1回	2回	1回	2回	1回	2回
音声	放送問題		★	★	★	★	★	★	◎	◎
	単語の発音・アクセント									
	文の区切り・強勢・抑揚									
語彙・文法	単語の意味・綴り・関連知識									
	適語(句)選択・補充		■	■	■	■	■	■	◎	◎
	書き換え・同意文完成									
	語形変化		●	●	●	●	●	●	◎	◎
	用法選択									
	正誤問題・誤文訂正									
	その他									
作文	整序結合		●	●	●	●	●	●	◎	◎
	日本語英訳	適語(句)・適文選択								
		部分・完全記述								
	条件作文									
	テーマ作文									
会話文	適文選択									
	適語(句)選択・補充									
	その他									
長文読解	内容把握	主題・表題								
		内容真偽	●	●	●	●	●	●	◎	◎
		内容一致・要約文完成		●				●		◎
		文脈・要旨把握	●			●	●	●	◎	◎
		英問英答	●	●	●	●	●	●	◎	◎
	適語(句)選択・補充		●	●	●	●	●	●	◎	◎
	適文選択・補充		●	●	●	●			◎	◎
	文(章)整序									
	英文・語句解釈(指示語など)		●	●	●	●	●	●	◎	◎
	その他(適所選択)			●						△

●印：１～５問出題，■印：６～10問出題，★印：11問以上出題。
※予想欄　◎印：出題されると思われるもの。　△印：出題されるかもしれないもの。

出題傾向と今後への対策　数学

出題内容

2024年度《第１回》

1は小間集合で，８問。各分野から出題されている。2は関数で，長方形の辺上を移動する点がつくる図形の面積に関する問題が３問。3はさいころを用いた確率３問。4は空間図形から円錐を題材にした計量題と文字式の利用に関する問題。

《第２回》

1は小間集合で，８問。各分野から出題されている。2は関数で，放物線と直線に関するもの。3は番号が書かれたカードを用いた場合の数・確率３問。4は連立方程式の応用問題と，長方形を題材にした平面図形の計量題。

2023年度《第１回》

1は小間集合で，８問。各分野から出題されている。2は関数で，放物線と直線に関するもの。3は独立した方程式の応用問題が２問。4は色鉛筆を利用した確率。5は小間集合で，数の性質と図形の面積，表面積を利用する問題。

《第２回》

1は小間集合で，８問。各分野から出題されている。2は関数で，放物線と直線に関するもの。3は独立した方程式の応用問題が２問。4は番号の書かれた球を利用した確率２問。5は小間集合で，約束記号，場合の数などの出題。

作…作図問題　証…証明問題　グ…グラフ作成問題

解答形式

《第１回》　記　述／マーク／併　用

《第２回》　記　述／マーク／併　用

出題傾向

17～20問の出題。平易な問題は含まれているものの，思考力や応用力を問うものや，個性的な問題もあり，総合的な力が求められている。また，途中の説明などを記述する問題も出題されている。

今後への対策

まずは基礎をしっかり身につけること。基礎が身についたら，標準レベルの問題集を利用して，数多くの問題に接し，いろいろな解法のパターンを習得しよう。演習の際は，すぐ答えを見たりせず，いろいろな角度から問題を見るよう心がけるとよい。複雑な計算も出題されるので，計算力の強化も併せて行うこと。

◆◆◆◆ 数学出題分野一覧表 ◆◆◆◆

分野	年度	2022		2023		2024		2025予想※	
		1回	2回	1回	2回	1回	2回	1回	2回
数と式	計算，因数分解	■	★	★	★	★	★	◎	◎
	数の性質，数の表し方	●	●	★				◎	◎
	文字式の利用，等式変形					■		△	
	方程式の解法，解の利用	★	●		●	●	●	◎	◎
	方程式の応用	■	★	■	■		■	◎	◎
関数	比例・反比例，一次関数				●	●		△	△
	関数$y=ax^2$とその他の関数	★	■	★	■		★	◎	◎
	関数の利用，図形の移動と関数					★		△	
図形	（平面）計　量	■	★	●		●	★	◎	◎
	（平面）証明，作図								
	（平面）その他								
	（空間）計　量	★		■	●	★		◎	◎
	（空間）頂点・辺・面，展開図								
	（空間）その他								
データの活用	場合の数，確率	■	★	★	★	★	★	◎	◎
	データの分析・活用，標本調査	●		●	●	■	■	◎	◎
その他	不等式								
	特殊・新傾向問題など		●						△
	融合問題								

●印：１問出題，■印：２問出題，★印：３問以上出題。
※予想欄　◎印：出題されると思われるもの。　△印：出題されるかもしれないもの。

出題傾向と今後への対策　国語

出題内容

2024年度

《第１回》

一 小説　二 国語の知識　三 論説文　四 古文　五 資料

課題文
一伊坂幸太郎『逆ソクラテス』
三稲垣栄洋『はずれ者が進化をつくる』
四兼好法師『徒然草』

《第２回》

一 小説　二 国語の知識　三 説明文　四 古文　五 資料

課題文
一西加奈子『ｉアイ』
三小菅正夫『動物が教えてくれた人生で大切なこと』
四『宇治拾遺物語』

2023年度

《第１回》

一 小説　二 国語の知識　三 論説文　四 古文　五 資料

課題文
一寺地はるな『水を縫う』
三竹田青嗣『自分探しの哲学』
四『古今著聞集』

《第２回》

一 小説　二 国語の知識　三 論説文　四 古文　五 資料

課題文
一朝倉宏景『あめつちのうた』
三小川仁志『不条理を乗り越える』
四紫式部『紫式部日記』

解答形式

《第１回》　記　述／マーク／併　用

《第２回》　記　述／マーク／併　用

出題傾向

現代文の読解問題は，内容理解に関するものが中心で，基本的なものの中に，応用レベルのものが含まれている。15～30字程度の記述問題も，複数出されている。古文の読解問題は，レベル的には基本的な設問が中心となっている。古典の知識について問われることもある。また，資料から基本的な事柄を読み解く設問が出題される。

今後への対策

現代文の読解問題については，実際に問題集をどんどん解いていくのが最も効果的な方法だろう。また，ふだんから新聞を読んだり，小説を読んだりすることも，学力増進には有効な手段である。古文についても同様である。国語の知識については，語句や文法を中心に知識を自分でノートに整理し，確認の意味で問題集をやるとよい。

◆◆◆◆◆ 国語出題分野一覧表 ◆◆◆◆◆

分野		年度	2022		2023		2024		2025予想※	
			1回	2回	1回	2回	1回	2回	1回	2回
現代文	論説文 説明文	主題・要旨	●	●	●	●	●	●	◎	◎
		文脈・接続語・指示語・段落関係		●	●	●	●	●	◎	◎
		文章内容	●	●	●	●	●	●	◎	◎
		表現			●		●	●	◎	△
	随筆 日記 手紙	主題・要旨								
		文脈・接続語・指示語・段落関係								
		文章内容								
		表現								
		心情								
	小説	主題・要旨								
		文脈・接続語・指示語・段落関係	●	●	●	●	●	●	◎	◎
		文章内容		●	●	●	●	●	◎	◎
		表現	●	●	●	●	●	●	◎	◎
		心情	●	●	●	●	●	●	◎	◎
		状況・情景								
韻文	詩	内容理解								
		形式・技法								
	俳句 和歌 短歌	内容理解	●						△	
		技法								
古典	古文	古語・内容理解・現代語訳	●	●	●	●	●	●	◎	◎
		古典の知識・古典文法	●	●		●	●	●	◎	◎
	漢文	(漢詩を含む)								
国語の知識	漢字 語句	漢字	●	●	●	●	●	●	◎	◎
		語句・四字熟語	●	●	●	●			◎	◎
		慣用句・ことわざ・故事成語	●			●	●	●	◎	◎
		熟語の構成・漢字の知識		●	●			●	△	◎
	文法	品詞		●		●		●		◎
		ことばの単位・文の組み立て					●		△	
		敬語・表現技法	●						△	
	文学史						●		△	
作文・文章の構成・資料			●	●	●	●	●	●	◎	◎
その他										

※予想欄　◎印：出題されると思われるもの。　△印：出題されるかもしれないもの。

合格を勝ち取るための

本書の使い方

本書に掲載されている過去問をご覧になって，「難しそう」と感じたかもしれません。でも，大丈夫。ほとんどの受験生が同じように感じるのです。高校入試の出題範囲は中学校の定期テストに比べて広いですし，残りの中学校生活で学ぶはずの，まだ習っていない内容からも出題されているかもしれません。

ですから，初めて本書に取り組む際には，点数を気にする必要はありません。点数は本番で取れればいいのです。

過去問で重要なのは「間違えること」です。自分の弱点を知るために，過去問に取り組むのです。当然，間違った問題をそのままにしておいては意味がありません。

本書には，長年にわたって高校受験に関わってきたベテランスタッフによる詳細な解説がついています。間違えた問題は重点的に解説を読み，何度も解きなおしてください。時にはもう一度，教科書で復習するのもよいでしょう。

別冊として，抜き取って使える解答用紙を収録しました。表示してあるように拡大コピーをとれば，実際の入試と同じ条件で，何度でも過去問に取り組むことができます。特に記述問題では解答欄の大きさがヒントになる場合があります。そうした，本番で使える受験テクニックの練習ができるのも，本書の強みです。

前のページにある「出題傾向と今後への対策」もよく読んで，本校の出題傾向に慣れておきましょう。

2025年度 高校受験用

花咲徳栄高等学校　3年間スーパー過去問

をご購入の皆様へ

お詫び

本書、花咲徳栄高等学校の入試問題につきまして、誠に申し訳ございませんが、以下の問題文は著作権上の問題により掲載することができません。設問と解説、解答は掲載してございますので、ご必要とされる方は原典をご参照くださいますよう、お願い申し上げます。

記

2024年度　第2回　国語　一　の問題文

以上

株式会社　声の教育社　編集部

2024年度　花咲徳栄高等学校(第１回)

【英　語】（50分）〈満点：100点〉

1　放送を聞いて答える問題

問題は、No.1～No.7の全部で7題あり、放送はすべて英語で行われます。放送される内容についての質問にそれぞれ答えなさい。No.1～No.6は、質問に対する答えとして最も適切なものを、①～④の中から1つずつ選び、その番号を(1)～(8)にマークしなさい。No.7は、それぞれの質問に対する答えを記述用解答用紙に英語で答えなさい。放送中メモを取ってもかまいません。各問題について英語は2回ずつ放送されます。

【No.1～No.3】

Listen to each talk, and choose the best answer for each question.

(1) No.1

①

②

③

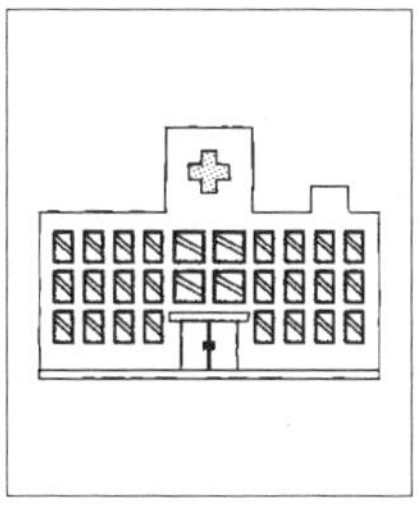
④

(2) No.2

①

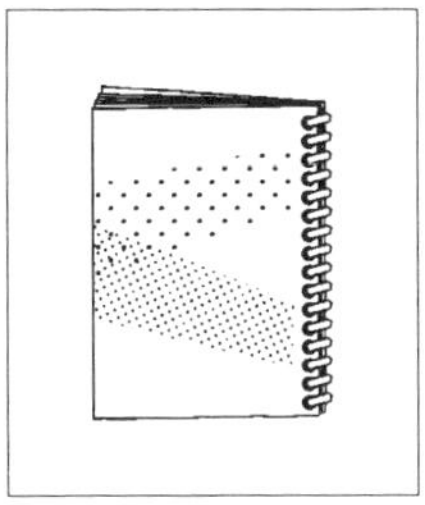
②

③

④

(3) No.3

①

②

③

④

【No.4, No.5】

Listen to each situation, and choose the best answer for each question.

(4) No.4

① Did you have a problem?
② Did you sleep well?
③ Did you have a good time?
④ Did you come to my house?

(5) No.5

① I can study with you tomorrow.
② I will help your mother tomorrow.
③ I can't study with you tomorrow.
④ I won't help your mother tomorrow.

【No.6】

Listen to the speech of an ALT, Mr. Jones, and choose the best answer for questions 1, 2 and 3.

(6) Question 1

① He talked about his family.
② He talked about the school festival.
③ He talked about his life in Australia.
④ He talked about music.

(7) Question 2

① He went to the station.
② He went to Takashi's high school.
③ He went to a lot of beautiful places.
④ He went to his friend's house.

(8) Question 3

① Mr. Jones was glad because Takashi showed him some pictures.
② Mr. Jones was happy because he played the guitar at the school festival.
③ Mr. Jones is sad because he will leave Saitama soon.
④ Mr. Jones is happy because he can work in Saitama as a teacher.

【No.7】

Listen to the talk between Saki and Mike, and read the questions. Then write the answer in English for questions 1, 2 and 3.

Question 1：Who works at the zoo?
Answer：Saki's (   ) does.
Question 2：When will Saki and Mike go to the zoo?
Answer：They will go there (   ).
Question 3：What will Saki and Mike do in the zoo in the morning?
Answer：They will watch a (   ) about animals.

※ 放送を聞いて答える問題の放送文は，英語の問題の終わりに付けてあります。

2 次の英文の(　　　)に入るべき語(句)を選び、その番号をマークしなさい。

(9) Tom enjoys (　　　) picture books.
① read　② reading　③ to read　④ reads

(10) My father let me (　　　) abroad to study Italian.
① to go　② going　③ gone　④ go

(11) I was talking with Ken a few minutes ago, but he has (　　　) somewhere.
① go　② going　③ gone　④ went

(12) My girlfriend is not only beautiful (　　　) also kind.
① and　② but　③ or　④ as

(13) (　　　) you like another cup of tea?
① Must　② Could　③ May　④ Would

(14) My mother gave a present (　　　) me.
① for　② to　③ by　④ as

(15) My grandmother is too old (　　　) that mountain.
① climb　② climbing　③ climbed　④ to climb

(16) Your sister likes studying Chinese, (　　　) she?
① don't　② do　③ does　④ doesn't

(17) This is the book (　　　) made me happy.
① who　② which　③ whom　④ whose

(18) Your watch is a few minutes (　　　).
① early　② fast　③ long　④ soon

3　(　　)内の語(句)を並べかえ、(　　)内で３番目になるものの番号をマークしなさい。

(19) 私は全教科の中で数学が一番好きだ。
I like (① all　② math　③ of　④ the　⑤ best) the subjects.

(20) 人々が環境を守ることは大切だ。
It is important (① people　② to　③ for　④ the environment　⑤ protect).

(21) あなたは何時に先生が来るか知っていますか。
Do you know (① time　② come　③ will　④ our teacher　⑤ what) ?

(22) 来週のこの時間、私たちは英語を勉強しているだろう。
We (① be　② at　③ studying　④ will　⑤ English) this time next week.

4　次の英文を読んで、問１～問６に答えなさい。

No other mountain in Africa is higher than (1) Kilimanjaro, and it is famous all over the world. It is in Northeastern Tanzania. There are no other mountains around Kilimanjaro, so people can see it from far away.

Kilimanjaro is 5,895 meters high, but it is possible (2) to walk to the top. People don't need special *equipment, but anyone who wants to climb it should be healthy and must take a guide. It is important to go slowly and take a break. It usually takes about five or six days to get to the top. When they climb the mountain too quickly, (3) many people get sick. Every year, almost 15,000 people try to climb it, but many don't get to the top.

Kilimanjaro is near the *equator, and the area around it is usually hot and dry. But when people go up the mountain, the weather changes. It gets colder and colder. There are *glaciers near the top, and it often snows there, even in summer. The plants on the mountain are also different from the plants in the area around it. People grow bananas and coffee on farms on the lower part of the mountain. Higher up, between 1,800 and 2,800 meters, there is a lot of forest, and it often rains. Kilimanjaro is very important for the people who live near it. They get a lot of their water from the rain that falls on the mountain.

Most people believe the name "Kilimanjaro" comes from Swahili, which is one of the languages spoken in East Africa, and means "(　　4　　)." They think the mountain probably got its name because people could see the white snow shining in the sun from far away.

〔注〕equipment 道具　　equator 赤道　　glacier 氷河

問１　下線部(1)の説明として最も適切なものを選び、その番号を(23)にマークしなさい。

① タンザニアの南西部に位置する。

② 頂上までは2、3日ほどかかる。

③ 毎年15,000人もの人が登山中に命を落としている。

④ 近くに住む人は豊富な水が手に入る。

問２　下線部(2)に対して求められる条件を、解答欄に合わせて２つ答えなさい。

問３　下線部(3)の原因として最も適切なものを選び、その番号を(24)にマークしなさい。

① 頂上に行く途中で飢えに耐えられなくなるから。

② 一度に多くの登山者が押し寄せるから。

③ 一気に頂上まで登ろうとするから。

④ その周辺は雨が多く、水害が起こりやすいから。

問４　次の質問の答えとして最も適切なものを選び、その番号を(25)にマークしなさい。

What is the weather usually like in the area around Kilimanjaro?

① There is often a lot of snow.

② There is a lot of rain in summer.

③ It's hot and doesn't rain often.

④ It's usually cold but doesn't snow.

問５　次の質問に英語で答えなさい。

What do people grow on the bottom area of Kilimanjaro?

問６　（　4　）にあてはまるものとして最も適切なものを選び、その番号を(26)にマークしなさい。

① hardest mountain

② shining mountain

③ coffee mountain

④ Snow White's mountain

5 次の英文を読んで、問1～問6に答えなさい。

Richard Feynman was a *Nobel Prize winning scientist. He is thought to have been one of the greatest teachers — and one of the greatest students — of all time.

Feynman believed that the best way to learn something was to try to explain it using simple language. (1) This is often called the Feynman *Technique.

Feynman used his technique to learn about math, music, art, *biology, and more. You can even use it to improve your (2) in another language. It's a great way to make sure you're not just *memorizing words and *grammar, but that you actually understand how to use the language.

The Feynman Technique:

Step1: Choose a topic or *subject that you can explain in your own language, but could be difficult to explain in another language. (3), you might choose "how to take a good photo" or "how to make a perfect sandwich."

Step2: Imagine that you're teaching a child or someone who doesn't know anything about your topic or subject. Then, using only simple words, write an *explanation of the topic in the language that you're learning.

Step3: *Review your explanation and try to see *if there are any *gaps in your knowledge. If you're not sure about something, you should check it out and then write again that part of your explanation. This is perhaps (4) the most important step.

Step4: Finally, check to see if your explanation is simple and easy to understand. If your explanation uses any (5) words, try not to use them.

〔注〕 Nobel Prize ノーベル賞　technique 技術・技法　biology 生物学
memorize ～ ～を記憶する　grammar 文法　subject 話題　explanation 説明
review ～ ～を振り返る　if ～ ～かどうか　gap 欠落

問1　下線部(1)の内容を、解答欄に合わせて答えなさい。

問2　(　2　)にあてはまる最も適切なものを選び、その番号を(27)にマークしなさい。

① signs　② effects　③ skills　④ minds

問3　(　3　)にあてはまる最も適切なものを選び、その番号を(28)にマークしなさい。

① For example　② However　③ Because　④ In the end

問4　下線部(4)が指すものを選び、その番号を(29)にマークしなさい。

① You should memorize words and grammar to learn another language.
② You should choose many topics that you can understand in your own language.
③ You should use simple words to teach a child or someone.
④ You should check out something you're not sure about and write again your explanation.

問5　(　5　)にあてはまる1語を本文中から抜き出しなさい。

問6　本文の内容と合うものを選び、その番号を(30)にマークしなさい。

① Richard Feynman was a Nobel Prize winning language teacher.
② The Feynman technique can be used to learn about math, language and more.
③ You must write some important points from textbooks.
④ You don't have to check if there are any gaps in your knowledge.

＜放送を聞いて答える問題放送文＞

これから「放送を聞いて答える問題」を始めます。

問題用紙の第１ページ，第２ページを見てください。問題は，No. 1 〜No. 7 の全部で７題あり，放送はすべて英語で行われます。放送される内容についての質問にそれぞれ答えなさい。No. 1 〜No. 6 は，質問に対する答えとして最も適切なものを，①〜④の中から１つずつ選び，その番号を(1)〜(8)にマークしなさい。No. 7 は，それぞれの質問に対する答えを記述用解答用紙に英語で答えなさい。放送中メモを取ってもかまいません。各問題について英語は２回ずつ放送されます。では，始めます。

Look at No. 1 to No. 3 on page 1. Listen to each talk, and choose the best answer for each question. Let's start.

No. 1

A : Hi, Mina. I saw your brother after school yesterday.

B : Where did you see him ?

A : Near the flower shop. Does he work around there ?

B : Yes. He works at the hospital near the flower shop.

Question What does Mina's brother work ?

No. 2

A : Is this yours, Lisa ?

B : Yes. I bought it last week. I like taking pictures.

A : Have you used it yet ?

B : Yes. I went to see a soccer game and took many pictures with it.

Question What did Lisa buy last week ?

No. 3

A : How about eating something before the movie ?

B : We can't. The movie starts at one o'clock. We have only ten minutes before it starts.

A : What time does it end ?

B : At three o'clock. Let's eat after the movie.

Question What time is it now ?

Look at No. 4 and No. 5 on page 2. Listen to each situation, and choose the best answer for each question. Let's start.

No. 4

Kate is talking to Shun before class. Shun looks tired. He says he is sleepy because he didn't sleep well last night.

Question What does Kate say to Shun ?

No. 5

Mika and Betty are classmates. They do their homework together every Saturday. Tomorrow is Saturday, but Mika has to help her mother. She doesn't have time to study with Betty tomorrow.

Question What does Mika say to Betty ?

Look at No. 6. Listen to the speech of an ALT, Mr. Jones, and choose the best answer for questions 1, 2 and 3. Let's start.

Hello, everyone. Today I'm going to talk about my first visit to Saitama.

I first came to Japan when I was a high school student. I stayed with a Japanese family then. When I arrived in Saitama, I was very excited. Takashi and his family were waiting at the station. After dinner that evening, I showed Takashi some pictures of Australia and talked about my life in Australia.

The next morning, I visited Takashi's high school with him. The school had its school festival that day. Takashi played the guitar in the festival. He said he liked music very much. I was glad because I liked music, too. At his school, many students talked to me in English. I enjoyed talking with them.

During my first stay in Saitama, I visited a lot of beautiful places and I found many wonderful things there. People in Saitama were also wonderful. When I had to leave Saitama, I was very sad. I wanted to be with my Japanese friends longer. After that, I studied Japanese hard. Now I'm very happy to work here in Saitama as a teacher.

Question 1　What did Mr. Jones talk about after dinner ?

Question 2　Where did Mr. Jones go on the second day of his visit ?

Question 3　Which answer is true ?

Look at **No. 7** . Listen to the talk between Saki and Mike, and read the questions. Then write the answer in English for questions 1, 2 and 3. Let's start.

Mike : Hi, Saki. I hear there is a zoo near this school.

Saki : Yes. It's famous in our city. It was built fifty years ago.

Mike : Do you often go there ?

Saki : Yes. I like animals very much. I visit there almost every month. And my brother works there. He began to work there three years ago.

Mike : Oh, really ? What does he do ?

Saki : There are many kinds of animals and birds in the zoo. He takes care of the birds.

Mike : I see. I want to visit the zoo. Can you go with me ?

Saki : Sure. In the zoo, we can see a movie about animals on weekends. How about next Sunday ?

Mike : OK. Can I meet your brother on that day ?

Saki : Yes, but he has many things to do in the morning. So let's watch the movie in the morning and meet my brother in the afternoon.

Mike : All right. So, let's meet at the station at nine o'clock.

Saki : OK. See you then.

以上で「放送を聞いて答える問題」を終わります。では，ほかの問題を始めてください。

【数　学】 (50分) 〈満点：100点〉

1 次の各問に答えなさい。解答はマークシート解答用紙に記入すること。

（1）次の計算をしなさい。

$-36\div4-4\times(-3)=$ [1]

（2）次の式を展開しなさい。

$(x-2)(x-1)(x+1)(x+2)=x^4-$ [2] x^2+ [3]

（3）$a=\sqrt{5}+\sqrt{3}$，$b=\sqrt{5}-\sqrt{3}$ のとき，$a^2+2ab+b^2$ の値は [4][5] である。

（4）2次方程式 $(x+3)^2=9$ を解くと，$x=$ [6]，$x=-$ [7] である。

（5）2点 (3，−5)，(−4，1) を通る直線の傾きは $-\dfrac{[\ 8\ ]}{[\ 9\ ]}$ である。

（6）右の表は，生徒 30 人の 1 週間の勉強時間を度数分布表に表したものである。

(i) 勉強時間の中央値が含まれる階級は[10]である。
[10]には該当する階級を解答群より選び番号で答えなさい。

【解答群】
① 5 時間以上 10 時間未満
② 10 時間以上 15 時間未満
③ 15 時間以上 20 時間未満

勉強時間（時間）			度数（人）
以上		未満	
0	～	5	4
5	～	10	6
10	～	15	7
15	～	20	6
20	～	25	5
25	～	30	2
合計			30

(ii) 中央値が含まれる階級の相対度数は[11].[12][13]である。
ただし，小数第 3 位を四捨五入し，小数第 2 位まででで答えよ。

（7）右図のように，ＡＣを直径とする円の周上に，$\overset{\frown}{AB}=\overset{\frown}{AD}$となるように点Ｂ，Ｄをとり，直線ＡＤと直線ＢＣの交点をＥとする。
このとき，∠ＡＢＣ＝[14][15]°である。
また，∠ＡＥＢ＝30° のとき，
∠ＡＣＥ＝[16][17][18]°である。

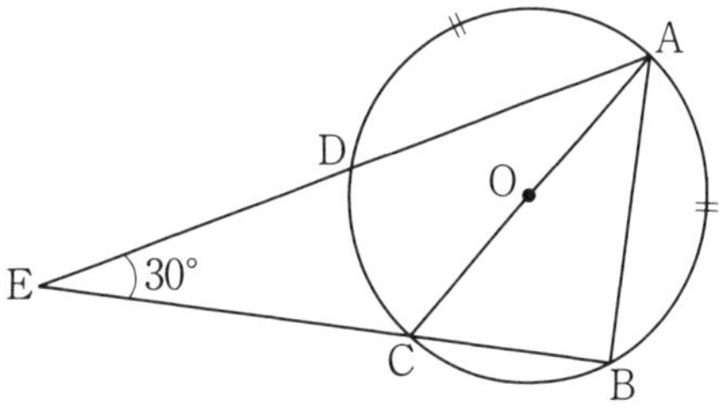

2

右図のように，長方形ＡＢＣＤがある。
点Ｐは毎秒１の速さでＡからＢまで移動し，点Ｑは毎秒１の速さでＡからＤを経由してＣまで移動する。また，x秒後の△ＡＰＱの面積をyとする。このとき，次の各問に答えなさい。解答はマークシート解答用紙に記入すること。

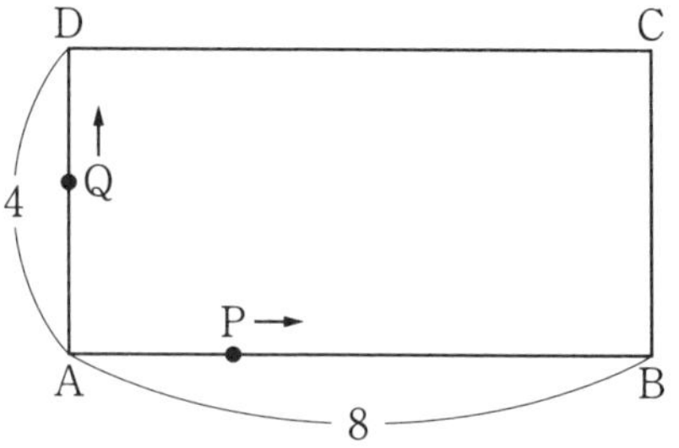

（１）$0 < x \leqq 4$のとき，$y=\frac{[19]}{[20]}x^2$である。

（２）$x=6$のとき，$y=$[21][22]である。

（３）$4 < x \leqq 8$のとき，四角形ＡＰＱＤの面積が20となるのは，$x=$[23]である。

3

次の各問に答えなさい。解答はマークシート解答用紙に記入すること。

（１）さいころ１個を投げるとき，６の約数の目が出る確率は，$\frac{[24]}{[25]}$である。

（２）大小２個のさいころを同時に投げるとき，出た目の和が８以上になる確率は，$\frac{[26]}{[27][28]}$である。

（３）大中小３個のさいころを同時に投げるとき，出た目の和が６以下になる確率は，$\frac{[29]}{[30][31]}$である。

4 次の各問に答えなさい。解答は記述用解答用紙に記入すること。
(1)の③，(2)の②は，途中の説明も書いて答えなさい。

(1) 右図のような，半径が3cmの円すいがある。
次の各問に答えなさい。
① 母線の長さが5cmのとき，円すいを展開したときにできる側面のおうぎ形の中心角を求めなさい。
② ①のとき，円すいの体積を求めなさい。
③ 円すいを展開したときにできる側面のおうぎ形の中心角が120°のとき，母線の長さを求めなさい。

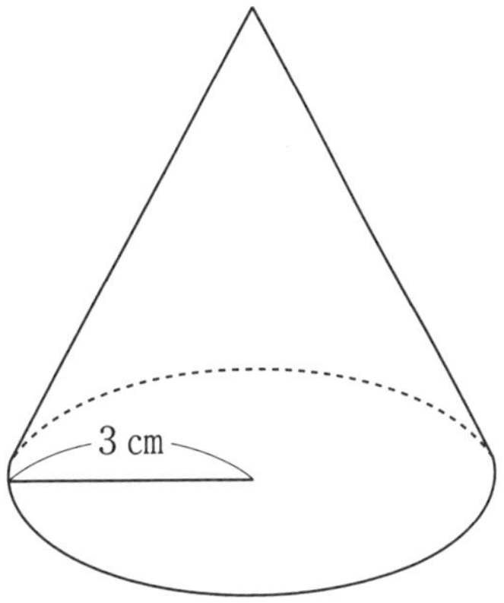

(2) 徳子さんが自転車の仕組みをまとめたところ，以下のようになった。
・自転車にはペダルと後輪の2箇所にギアがついている。
・ペダルを1回転させるとペダルについているギアを1回転させることができ，ギア比に応じて後輪を回転することができる。
ギア比＝(ペダルについているギアの歯の数)÷(後輪のギアの歯の数)で求めることができる。
※例えば，ギア比が3のとき，ペダルを1回転させると後輪は3回転することになる。
ペダルについているギアの歯の数が50個，後輪のギアについている歯の数が x 個であるとき，各問に答えなさい。
① ギア比を x を用いて表しなさい。

② タイヤの半径が30cmであるとする。ペダルを y 回転させたときに進む距離(m)を x，y を用いて表しなさい。

解答記入上の注意

問題文中の［1］、［2］などの［　］には、特に指示のない限り、数字（1～0）が入ります。これらを〔例〕に従って解答用紙にマークしなさい。また、分数形で解答する場合は、既約分数（それ以上約分できない分数）で答えなさい。

〔例〕

$\frac{[1]}{[2][3]}$ に $\frac{2}{15}$ と答えたいとき。

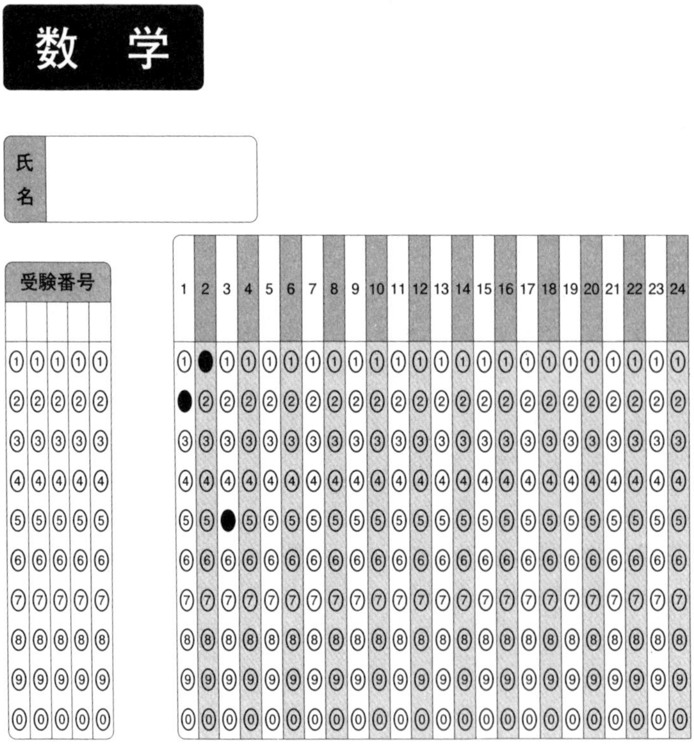

【国　語】（五〇分）〈満点：一〇〇点〉

一　次の文章を読んで、あとの問いに答えなさい。（設問の都合上、本文を一部改変してあります）

野球教室の日は晴れた。「日ごろの行いが良かったから」と校長先生は典型的な言い回しを口にし、「どうして大人はよくそう言いたがるのかな」と疑問に感じたが、とにかく前日とは打って変わり、快晴だった。（中略）

打点王氏は真面目な人だったのだろう、形式的に［ 1 ］歩き回り指導のふりをするのではなく、一人一人のフォームを見ては、肘《ひじ》や膝《ひざ》を触り、丁寧《ていねい》にアドバイスをした。

僕たちのいるあたりには、一時間もしてからやっと来た。

打点王氏は、僕と安斎《あんざい》に気づくと顔を少しひくつかせた。前日、タクシーに乗り込んできた二人だと分かったのだ。「昨日はどうも」と挨拶《あいさつ》する様子で、笑みも浮かべた。「どれ、振ってごらん」と声をかけてくる。

僕は、うん、とうなずき、バットを構えたが、「うん、じゃなくて、はい、だろ」と横から指摘された。見れば久留米《くるめ》が立っていた。スポーツウェア姿も様になり、打点王氏の隣に立つと、コーチのように見える。

「はい」僕は慌《あわ》てて、言い直す。ろくな素振りはできなかったが、打点王氏は笑うこともなく、「もう少し、顎《あご》を引いてごらん」とアドバイスをしてくれた。「体の真ん中に芯《しん》があるのを意識して」

はい、と答えてバットを振ると、僕自身は変化が分からぬものの、「うん、そうそう」と褒《ほ》められる。安斎も、僕と似たような扱いを受けた。

そして、だ。安斎がいよいよ 4 本来の目的に向かい、一歩踏み出す。「久留米先生、草壁《くさかべ》のフォーム、どうですか」と投げかけたのだ。

久留米は不意に言われたため、小さく驚き、同時に、草壁がどうかしたのか、と醒《さ》めた表情も浮かべた。5 草壁がいること自体、忘れている気配すらあった。

草壁は、僕たちのいる場所から少し離れたところにいたが、打点王氏が近づいていくと緊張のせいなのか、顔を真っ赤にした。

「やってごらん」打点王氏が声をかける。

草壁はうなずいた。

「うなずくだけじゃなくて、返事をきちんとしなさい」久留米がすかさず注意をした。

草壁は［ 2 ］背筋を伸ばし、「はい」と声を震わせた。

［ 3 ］しながら、バットを一振りする。僕から見ても不恰好《ぶかっこう》で、バランスが悪かった。腕だけで振っているため、どこか弱々しかった。

「草壁、女子じゃないんだから、何だそのフォームは」久留米の声は大きくはないのだが、低く、あたりによく聞こえる。近くにいた子供たちが、「草壁、女子みたいだって」と言い、土田《つちだ》か誰かが、「クサ子」と囃《はや》した。6 安斎が舌打ちをするのが聞こえた。久留米が意図的に言ったとは思わぬが、確かに、そういった発言により、他の子供たちが、「草壁のことを下位に扱っても良し」と決めている節はある。

A 安斎は縋《すが》るような目で、打点王氏を見上げた。「草壁はどうですか？」と、草壁の名前をはっきりと発音し、7 昨日の依頼を想起させるように言った。

打点王氏は眉《まゆ》を少し下げ、口元を歪《ゆが》めた。このスウィングを褒めるのは至難のわざ、と思ったのかもしれない。

「よし、じゃあ草壁、もう一回、やってみなさい」久留米が言ったが、そこで安斎が、「先生、黙ってて」と言い放った。

久留米は、自分に反発するような声を投げかけた安斎に、目をやった。自分に向けられた槍《やり》の切っ先の形を、じっと確認するかのようではあった。むっとしているかどうかも分からない。

「先生がそういうことを言うと、草壁は緊張しちゃうから」安斎の目には力がこもり、声も裏返っていた。

「こんなことで緊張して、どうするんだ。緊張も何も」

「先生」あの時の安斎はよくも臆《おく》せず、喋《しゃべ》り続けられたものだ。つくづく感心する。「草壁が何をやっても駄目《だめ》みたいな言い方はやめてください」

「安斎、何を言ってるんだ」

「子供たち全員に期待してください、とは思わないですけど、駄目だと決めつけられるのはきついです」

安斎は、ここが勝負の場だと覚悟を決めていたのかもしれない。立ち向かうと肚《はら》を決めたのが分かり、僕は気が気ではなかった。

打点王氏のほうはといえば、大らかなのか鈍感なのか、安斎と久留米との間で起きる火花を気に掛けることもなく、草壁のそばに歩み寄ると、「もう一回振ってみようか」と言った。

はい、と草壁は顎を引くと、すっと構えた。先ほどよりは強張りがなく、脚の開き方も良かった。

先入観を、と僕は念じていた。そのバットで吹き飛ばしてほしい、と。

もちろん草壁が、プロ顔負けの美しいスウィングを披露《ひろう》し、その場にいる誰もが呆気《あっけ》に取られ、いちやく学校の人気者になる、といった劇的な出来事が起こると期待していたわけではなかった。むろん、そのようなことは起きなかった。草壁の一振りは、先ほどの腰砕けのものに比べればはるかに良くなっていたが、目を瞠《みは》るほどではなかった。

B安斎を見ると、彼はまた、打点王氏を見上げていた。

腕を組んでいた打点王氏は、草壁を見つめ、「もう一回やってみよう」と言う。

こくりとうなずいた草壁がまた、バットを回転させる。弱いながらに風の音がした。

「君は、野球が好きなの？」打点王氏が訊《たず》ねると、草壁はまた首だけで答えかけたが、すぐに、「はい」と言葉を足した。

「よく練習するのかな」

「テレビの試合を観て、部屋の中だけど、時々」とぼそぼそと言った。「ちゃんとは、やったことありません」

「そうか」打点王氏はそこで、少し考える間を空けた。体を捻《ひね》り、安斎と僕に一瞥《いちべつ》をくれ、久留米とも視線を合わせた。その後で、草壁の肘や肩の位置を修正した。

草壁が素振りをする。

ずいぶん良くなったのは、僕にも分かる。同時に、打点王氏が、「いいぞ！」と大きな、透明の風船でも破裂させるような、威勢《いせい》の良い声を出した。まわりの子供たちからの注目が集まる。

「中学に行ったら、野球部に入ったらいいよ」打点王氏は言い、そして、僕たちが望んでいたあの言葉を口にした。「君には素質があるよ」と。

自分の周囲の景色が急に明るくなった。安斎もそうだったに違いない。白く輝き、肚の中から光が放射される。報われた、という思いだったのか、達成した、という思いだったのか、血液が指の先にまで辿《たど》り着く、充足感があった。

草壁は目を丸くし、まばたきを何度もやった。「本当ですか」

久留米がどういう顔をしていたのか、僕は見逃していた。もしかすると、見ていたのかもしれないが、今となっては覚えていない。

「プロの選手になれますか」草壁の顔面は朱に染まっていたが、それは恥ずかしさよりも、気持ちの高まりのためだったはずだ。久留米の立つ方向から、鼻で笑う声が聞こえたのもその時だ。何か、草壁をたしなめる台詞《ぜりふ》を発したかもしれない。

「　C　」

「　D　」久留米が冷静に、淡々といなす。

「　E　」佐久間《さくま》がいつの間にか、僕たちの背後に立っていた。「　F　」

草壁は首を力強く縦に振った。

恐る恐る目を向けると、打点王氏は僕の予想に反して、明るい顔をしていた。あれは、乗りかかった船、の気持ちだったのだろうか。それとも、先生と安斎とのやり取りから、噓《うそ》をつき通すべきだと判断したのか、そうでなければ、草壁の隠れた能力を実際に見抜いたのか、いやもしかすると、豪放磊落《ごうほうらいらく》の大打者はあまり深いことは考えていなかったのかもしれない。彼は、草壁に向かい、「そうだね。努力すれば、きっといい選手になる」と付け足した。

久留米はそこでも落ち着き払っていた。「何だかそんな風に、持ち上げてもらってありがたいです」と打点王氏に頭を下げた。「草壁、おまえ、本気にするんじゃないぞ」とも言った。「あくまでもお世辞だからな」

念押しする口調が可笑《おか》しかったからか、数人が笑った。場が和《なご》んだといえば、和んだが、わざわざそんなことを言わなくとも、と僕は承服できぬ思いを抱いた。

「先生、でも」草壁が言ったのはそこで、だ。「僕は」

「何だ、草壁」

「先生、僕は」草壁はゆっくりと、「僕は、そうは、思いません」と言い切った。

安斎の表情がくしゃっと歪み、笑顔となるのが目に入るが、すぐに見えなくなった。なぜなら、9僕も目を閉じるほど顔を歪め、笑っていたからだ。

（伊坂幸太郎《いさかこうたろう》著『逆ソクラテス』による）

問一　[1]～[3]に入れるのに最も適当な言葉を、次の①～④の中からそれぞれ一つずつ選び、その番号をマークしなさい。**（マークシート問題番号1・2・3）**

①　びくっと　　②　だらだら　　③　あたふた　　④　ふらふらと

問二　――部4「本来の目的」を具体的に説明したものとして最も適当なものを、次の①～④の中から一つ選び、その番号をマークしなさい。**（マークシート問題番号4）**

①　本心では野球が大好きな草壁が中学では自信を持って野球部に入部できるように、打点王氏に草壁の野球の才能を発見してもらうこと。

②　クラスメートが草壁を自分たちより低く見るという状況を変えるため、元凶となっている久留米先生の決めつけを覆そうとすること。

③　いつも威張っていて高圧的な指導をする久留米先生に不満を持っていたため、打点王氏が草壁を褒めて久留米先生をやり込めること。

④　元野球部で運動神経に優れた久留米先生に草壁の野球センスを褒めてもらい、クラスメー

トにいじめられている草壁を助けてやること。

問三　――部5「草壁がいること自体、忘れている気配すらあった」とありますが、「久留米先生」はなぜこのようになっていたのですか。最も適当なものを、次の①～④の中から一つ選び、その番号をマークしなさい。**(マークシート問題番号5)**

① 背が小さくて大人しい草壁は、校庭でたくさんの生徒が集まっている中では存在感がなく、大柄な久留米先生からは見えにくくなっているから。

② 体育の授業でさえも草壁は地味であまり存在感がない上に、校庭にはたくさんの生徒が練習をしていて久留米先生でも気が回らなかったから。

③ 草壁はなにをやっても駄目な生徒だという先入観から、スウィングの善し悪しどころか、存在さえも久留米先生の意識に上らなくなっているから。

④ ふだん完璧な教師であるかのように振る舞っている久留米先生だが、本当はそれぞれの生徒に適切に配慮できる能力を持っていなかったから。

問四　――部6「安斎が舌打ちをするのが聞こえた」とありますが、このときの「安斎」の気持ちを説明したものとして最も適当なものを、次の①～④の中から一つ選び、その番号をマークしなさい。**(マークシート問題番号6)**

① 打点王氏に草壁のことを褒めてもらおうと思って苦労しているのに、草壁は緊張しすぎてスウィングのバランスが悪く褒めてもらえないことにいらいらしている。

② いつも偉そうな久留米先生をやり込めてやろうと計画しているのに、草壁が運動音痴《おんち》を露《ろ》呈《てい》したことで久留米先生をいい気にさせてしまったことに怒っている。

③ 草壁に対してクラスメートに一目置かせようと打点王氏に依頼までしたのに、草壁本人のやる気が不足して、打点王氏から褒められないことに落胆している。

④ クラスでの草壁の扱いを変えようと計画して取りかかったのに、かえっていつものようにクラスメートが草壁をおとしめる結果になり、苦々しく思っている。

問五　～～～部A「安斎は縋《すが》るような目で、打点王氏を見上げた」と～～～部B「安斎を見ると、彼はまた、打点王氏を見上げていた」の「安斎」の気持ちの違いを次のようにまとめました。空欄にあてはまる内容をそれぞれ二十字以上、二十五字以内で書きなさい。**(記述用解答用紙)**

Aでは、安斎が意図せぬ展開になりつつある中で、打点王氏には計画通りに

であり、

Bでは、安斎が久留米先生の決めつけに肚を決めて立ち向かっている中、草壁が今までより上手にスウィングできたことで、

と考えている。

問六　――部7「昨日の依頼」を具体的に説明したものとして最も適当なものを、次の①～④の中から一つ選び、その番号をマークしなさい。**(マークシート問題番号7)**

① いつも威張っている久留米先生を懲《こ》らしめるため、草壁を褒めてほしいということ。
② 草壁という生徒のスウィングを褒めて、野球の才能があると言ってほしいということ。
③ 草壁の野球の才能を褒めて、いつも気弱な草壁に自信を持たせてほしいということ。
④ 草壁に代わっていつも草壁を見下している久留米先生に仕返ししてほしいということ。

問七　C ～ F の会話を次の①～④を並べ直して完成させたとき、E に入るものはどれですか。その番号をマークしなさい。**(マークシート問題番号8)**

① でも草壁君、野球ちゃんとやってみたらいいかもよ
② ほら、プロに太鼓判押されたんだから
③ 安斎はどうして、そんなにムキになっているんだ
④ 先生、草壁には野球の素質があるかもしれないよ。もちろん、ないかもしれないし。ただ、決めつけるのはやめてください

問八　――部9「僕も目を閉じるほど顔を歪め、笑っていた」とありますが、このときの「僕」の気持ちを説明したものとして最も適当なものを、次の①～④の中から一つ選び、その番号をマークしなさい。**(マークシート問題番号9)**

① いつも威張っている久留米先生が草壁を馬鹿にしたところ、大人しい草壁が反抗して久留米先生をやり込めたことがおかしくて仕方がない。
② クラスの担任で尊敬している久留米先生が、すぐに機転を利かせて緊迫した状況を和ませる発言をしてくれたことにほっとしている。
③ ふだん弱気な草壁が久留米先生の先入観を受け入れず、誰も否定できない自分の意見を表明できたことにうれしさがあふれ出ている。
④ 草壁を見下している久留米先生に対して草壁が自分の意見を主張して、久留米先生と対等な関係になれてよかったと思っている。

問九　花子さんは国語の授業で「逆ソクラテス」について発表することになり、生成AIを利用して「ソクラテス」について調べました。「逆ソクラテス」は生成AIが導き出したどの資料を主題としていますか。最も適当なものを、次の①～④の中から一つ選び、その番号をマークしなさい。**(マークシート問題番号10)**

① ソクラテスは倫理的な問題に関心を持ちました。彼は善や美徳について考え、人間の幸福や良き生き方について探求し、美徳を知識の不足から生じる無知に帰するとしました。
② ソクラテスは他人との対話でソクラティック・アイロニーを用いました。これは無知を装いつつ、相手の知識や意見を引き出し、それを深掘りして考えさせる手法です。
③ ソクラテスはアテネの市民たちによる裁判で死刑判決を受けました。その背後には、宗教的な疑念や市民の価値観に対する批判的な態度が影響したとされています。
④ ソクラテスはしばしば「自分は何も知らない」と述べました。これは彼自身の無知を認識する姿勢を示しており、知識を追求するために自己省察や他人との対話を重要視しました。

二 次の各問いに答えなさい。

問一 次の──部の漢字には読みがなをつけ、カタカナは漢字に改めなさい。（記述用解答用紙）

(1) 彼女の悲しみが如実にあらわれる。

(2) 王の暴挙に憤る。

(3) 犯罪をヨクシする。

(4) 両者の差はレキゼンとしている。

(5) お礼の申し出をコジする。

問二 次の文を文節で区切ったとき、いくつに分けられますか。次の①～④の中から一つ選び、その番号をマークしなさい。（マークシート問題番号11）

僕の弟は遠くの学校に通うために毎日自転車をこいでいる。

① 5　② 8　③ 10　④ 16

問三 次の文には、誤った慣用表現が用いられています。これを踏まえて、あとの問いに答えなさい。

彼は野球部のレギュラーだよ。その彼にキャッチボールを教えるのは「駆け馬に鞭《むち》」というものだよ。

(1) ──部では、本来どのような慣用表現を使用するのが適切ですか。次の①～④の中から一つ選び、その番号をマークしなさい。（マークシート問題番号12）

① 釈迦《しゃか》に説法　② 花に嵐　③ 犬に論語　④ 鬼に金棒

(2)「駆け馬に鞭《むち》」という慣用表現を使う具体例として最も適当なものを、次の①～④の中から一つ選び、その番号をマークしなさい。（マークシート問題番号13）

① 好き嫌いが多い人に栄養バランスの取れた食事を勧めたが、理解してもらえなかった。

② 二大会連続優勝を狙うチームに、プロで活躍した外部コーチを今年から招いた。

③ 合格を目指して日々勉強していたが、テスト直前にインフルエンザに感染した。

④ 長年外国で暮らしていた友人が、学校の英会話の授業でよどみなく英語を話している。

三 次の文章を読んで、あとの問いに答えなさい。（設問の都合上、本文を一部改変してあります）

古代中国の思想家・14孫子という人は「戦わずして勝つ」と言いました。孫子だけでなく、歴史上の偉人たちは「できるだけ戦わない」という戦略にたどりついているのです。

偉人たちは、どうやってこの境地にたどりついたのでしょうか。おそらく彼らはいっぱい戦ったのです。そして、いっぱい負けたのです。勝者と敗者がいたとき、敗者はつらい思いをします。どうして負けてしまったのだろうと考えます。どうやったら勝てるのだろうと考えます。彼らは傷つき、苦しんだのです。そして、ナンバー1になれるオンリー1のポジションを見つけたのです。そんなふうに「戦わない戦略」にたどりついたのです。

生物も、「戦わない戦略」を基本戦略としています。自然界では、激しい生存競争が繰り広げられます。生物の進化の中で、生物たちは戦い続けました。そして、各々の生物たちは、進化の歴史の中でナンバー１になれるオンリー１のポジションを見出しました。[1]そして、「できるだけ戦わない」という境地と地位にたどりついたのです。[2]

ナンバー１になれるオンリー１のポジションを見つけるためには、若い皆さんは戦ってもいいのです。そして、負けてもいいのです。[3]たくさんのチャレンジをしていけば、たくさんの勝てない場所が見つかります。[4]ナンバー１になれるオンリー１のポジションを見つけるために、負けるということです。

学校では、たくさんの科目を学びます。得意な科目も、苦手な科目もあることでしょう。得意な科目の中に苦手な単元があるかもしれませんし、苦手科目だからと言ってすべてが苦手なわけではなく、中には得意な単元が見つかるかもしれません。学校でさまざまなことを勉強するのは、多くのことにチャレンジするためでもあるのです。

苦手なところで勝負する必要はありません。嫌なら逃げてもいいのです。しかし、無限の可能性のある若い皆さんは、簡単に苦手だと判断しないほうが良いかもしれません。

ペンギンは地面の上を歩くのは苦手です。しかし、水の中に入れば、まるで魚のように自由自在に泳ぎ回ります。アザラシやカバも、地上ではのろまなイメージがありますが、水の中では生き生きと泳ぎ始めます。まだ進化することなく、地上生活をしていた彼らの祖先たちは、まさか自分たちが水の中が得意だとは思いもよらなかったでしょうし、さらに自分たちの祖先が水中生活を得意としていたとは思わなかったことでしょう。リスは、木をすばやく駆け上がります。しかし、リスの仲間のモモンガは、リスに比べると木登りが上手とは言えません。ゆっくりゆっくりと上がっていきます。しかし、モモンガは、木の上から見事に滑空《かっくう》することができます。木に登ることをあきらめてしまっては、空を飛べることに気がつかなかったかもしれません。

16 人間でも同じです。

サッカーには、ボールを地面に落とさないように足でコントロールするリフティングという基礎《きそ》練習があります。しかし、プロのサッカー選手でもリフティングが苦手だったという人もいます。リフティングだけで苦手と判断しサッカーをやめていたら、強力なシュートを打つ能力は開花しなかったかもしれません。

小学校では、算数は計算問題が主です。しかし、中学や高校で習う数学は、難しいパズルを解くような面白さもあります。大学に行って数学を勉強すると、抽象《ちゅうしょう》的だったり、この世に存在しえないような世界を、数学で表現し始めます。[17]哲学《てつがく》のようです。計算問題が面倒くさいというだけで、「苦手」と決めつけてしまうと、数学の本当の面白さに出会うことはないかもしれません。勉強は得意なことを探すことでもあります。苦手なことを無理してやる必要はありません。最後は、得意なところで勝負すればいいのです。しかし、得意なことを探すためには、すぐに苦手と決めて捨ててしまわないことが大切なのです。（中略）

勝者は戦い方を変えません。その戦い方で勝ったのですから、戦い方を変えないほうが良いのです。負けたほうは、戦い方を考えます。そして、工夫《くふう》に工夫を重ねます。負けることは、「考えること」です。そして、「変わること」につながるのです。負け続けるということは、変わり続けることでもあります。生物の進化を見ても、そうです。劇的な変化は、常に敗者によってもたらされてきました。

古代の海では、魚類の間で激しい生存競争が繰り広げられたとき、戦いに敗れた敗者たちは、他の魚たちのいない川という環境《かんきょう》に逃げ延びました。[18]、他の魚たちが川にいなかったのには理由があります。海水で進化をした魚たちにとって、塩分濃度《のうど》の低い川は棲《す》めるような環境ではなかったのです。しかし、敗者たちはその逆境を乗り越えて、川に暮らす淡水魚《たんすいぎょ》へと進化をしました。

しかし、川に暮らす魚が増えてくると、そこでも激しい生存競争が行われます。戦いに敗れた敗者たちは、水たまりのような浅瀬《あさせ》へと追いやられていきました。そして、敗者たちは進化をします。

ついに陸上へと進出し、両生類へと進化をするのです。懸命《けんめい》に体重を支え、力強く手足を動かし陸地に上がっていく想像図は、未知のフロンティアを目指す闘志にみなぎっています。しかし最初に上陸を果たした両生類は、20けっして勇気あるヒーローではありません。追い立てられ、傷つき、負け続け、それでも「ナンバー1になれるオンリー1のポジション」を探した末にたどりついた場所なのです。

やがて恐竜《きょうりゅう》が繁栄《はんえい》する時代になったとき、小さく弱い生き物は、恐竜の目を逃れて、暗い夜を主な行動時間にしていました。と同時に、恐竜から逃れるために、聴覚《ちょうかく》や嗅覚《きゅうかく》などの感覚器官と、それを司《つかさど》る脳を発達させて、敏速《びんそく》な運動能力を手に入れました。［19］、子孫を守るために卵ではなく赤ちゃんを産んで育児するようになりました。それが、現在、地球上に繁栄している哺《ほ》乳類となるのです。

人類の祖先は、森を追い出され草原に棲むことになったサルの仲間でした。恐ろしい肉食獣《じゅう》におびえながら、人類は二足歩行をするようになり、命を守るために知恵《ちえ》を発達させ、道具を作ったのです。

生命の歴史を振り返ってみれば、進化を作りだしてきた者は、常に追いやられ、迫害《はくがい》された弱者であり、敗者でした。そして進化の頂点に立つと言われる私たち人類は、敗者の中の敗者として進化を遂げてきたのです。

生命の歴史を見れば、進化の原動力になったものは、常にニッチを探し求めた敗者たちのチャレンジだったのです。

生物の世界はナンバー1しか生き残ることができません。激しく競《きそ》い合い、争い合い、敗れ去って滅びた生き物もあります。

幸い、私たちの暮らす現代の人間社会は、どんなに競争社会とは言っても、そこまで厳しいことはありませんね。負けたからと言って、命を失うわけではありませんし、絶滅《ぜつめつ》してしまうわけでもありません。ならば、恐れることなく、大きなチャレンジをしても良いかもしれません。

しかし生物の世界はそうではありません。負ければ命を奪われたり、滅んでしまうこともあります。現在、生き残ってきた生物は、負けることはあっても、［21］になるような大きな負け方はしてこなかったはずです。

負けることは変化するために効果的です。しかし、ただ負ければ良いというものでもないでしょう。あまりにダメージの大きい負け方をすれば、立ち直れなくなったり、大きな傷を負ってしまいます。

勝てそうか負けそうかを見極めて、負けると判断したら、無理せず負ける。そんな小さなチャレンジと小さな負けを繰り返すことが大切なのかもしれません。

自然界の動物たちは戦いません。戦いに負けることは滅びることを意味しているからです。

しかし、小さなチャレンジを繰り返します。

小さな勝ちを繰り返したり、次にチャンスがあるような負けを繰り返します。こうして22ニッチを探し求めていくのです。

（稲垣栄洋《いながきひでひろ》著『はずれ者が進化をつくる　生き物をめぐる個性の秘密』による）

問一　――部14「孫子」は戦闘に関する学問「兵法」を説いた人物です。この人物の残した有名な言葉として最も適当なものを、次の①～④の中から一つ選び、その番号をマークしなさい。**（マークシート問題番号14）**

①　虎穴に入らずんば虎子を得ず　　②　国破れて山河在《あ》り

③　過《あやま》ちて改めざるこれを過ちという　　④　敵を知り己を知れば百戦あやうからず

問二　〰〰部「生物も、『戦わない戦略』を基本戦略としています」とありますが、なぜ生物は戦わないのですか。その理由を二十三字で本文中から書き抜きなさい。**（記述用解答用紙）**

問三　次の一文は本文中の[1]～[4]のうち一箇所に入ります。該当する番号をマークしなさい。
（マークシート問題番号15）

こうしてナンバー1になれない場所を見つけていくことが、最後にはナンバー1になれる場所を絞りこんでいくことになるのです。

問四　――部16「人間でも同じです」とありますが、どのような点が同じですか。最も適当なものを、次の①～④の中から一つ選び、その番号をマークしなさい。
（マークシート問題番号16）

①　何事にもチャレンジできる、無限の可能性を誰もが持っているという点。

②　すぐに苦手だと判断してあきらめると得意なことが見つからないという点。

③　自分の得意なところだけを伸ばして勝負すれば相手に勝てるという点。

④　勝ち続けてしまうと、なかなか戦い方を変えることができないという点。

問五　[17]～[19]に入れるのに最も適当な言葉を、次の①～④の中からそれぞれ一つずつ選び、その番号をマークしなさい。**（マークシート問題番号17・18・19）**

①　そして　　②　もちろん　　③　ときには　　④　もはや

問六　――部20「けっして勇気あるヒーローではありません」とはどういうことですか。その説明として最も適当なものを、次の①～④の中から一つ選び、その番号をマークしなさい。
（マークシート問題番号20）

①　はじめから未知の土地を新しく切り開いていく目的があったわけではなく、逆境を乗りこえていく中で徐々に闘志が湧《わ》いてきたということ。

②　自分以外の何物かのために変わろうとしてきたわけではなく、迫害を受ける中で周囲を見返そうという反骨精神を培ってきたということ。

③　自ら進んで危険や困難に立ち向かっていこうとしたわけではなく、窮地に立たされたことで工夫を重ね変化してきたということ。

④　変化していくことへの不安がまったくなかったわけではなく、負け続ける中で仕方なく進化の道を選択してきたということ。

問七　**21** に入る言葉として最も適当なものを、次の①～④の中から一つ選び、その番号をマークしなさい。**（マークシート問題番号21）**

①　運命的　　②　本格的　　③　永続的　　④　致命的

問八　――部22「ニッチ」はもともと装飾品を飾るために教会の壁面に設けたくぼみのことでした。本文では何をこのように呼んでいますか。最も適当なものを、次の①～④の中から一つ選び、その番号をマークしなさい。**（マークシート問題番号22）**

①　生命の歴史における進化の原動力。

②　ナンバー1になれるオンリー1のポジション。

③　敗者によってもたらされてきた劇的な変化。

④　未知のフロンティアを目指す闘志。

問九　本文の内容に最もよく合っているものを、次の①～④の中から一つ選び、その番号をマークしなさい。**（マークシート問題番号23）**

①　自分にふさわしい場所を見つけるためには、競争に挑戦する必要があり、その過程で負けることがあっても最後は他者に勝るものをつかんでいくべきである。

②　自分の得意なことを探す上で勉強は良い機会であり、得意分野を見つけるためには得意な教科かそうでないかを速やかに把握していくべきである。

③　負けることは考えることや変わることにつながるため、勝つことにこだわらず、むしろ積極的に負けを受け入れて、自らの成長の糧《かて》にすべきである。

④　私たち人間の社会は、ナンバー1しか生き残ることのできない生物の世界とは違うため、恐れることなく大きな挑戦をしていくという選択肢もある。

四

次の文章を読んで、あとの問いに答えなさい。（------の左側は口語訳です）

24五月五日、賀茂《かも》の※競馬《くらべうま》を見はべりしに《上賀茂神社の競馬を見学しましたときに、》、車の前に雑人《ざふにん》立ち隔て《身分の低い者たちが立ちふさがって》て見えざりしかば、各《おのおの》おりて、※埒《らち》のきはに寄りたれど、ことに人多く立ちこみて、分け入《い》りぬべきやうもなし。かかる折に、向《むか》ひなる※棟《あふち》の木に、法師の登りて、木の股についゐて《ちょっと尻をすえて》物見るあり。とりつきながらいたう睡《ねぶ》りて、落ちぬべき時に目を覚ますこと、たびたびなり。これを見る人、嘲《あざけ》りあさみて、「世のしれ者かな《世にも珍しい馬鹿者だよ。》。かく危《あやふ》き枝の上にて、安き心ありて睡るらんよ」と言ふに、我が心にふと思ひしままに、「我らが《私たちに》生《しやう》死《じ》の到来《死がやってくるのは、》、ただ今にもやあらん。それを忘れて物見て日を暮らす、愚かなることはなほまさりたるものを」と言ひたれば、前なる人ども、「誠にさにこそさうらひけれ《おっしゃるとおりでございました。》。25尤《もつと》も愚かにさうらふ」と言ひて、皆、うしろを見かへりて、「ここへ入らせたまへ」とて、所を去りて《場所をあけて、》、呼び入れはべりにき。

（『徒然草』第四十一段による）

（注）※ 競馬《くらべうま》……馬を馬場で走らせて速さを競う競技。
※ 埒《らち》……馬場の周囲に作った柵。
※ 楝《あふち》の木…「せんだん」の古名。四月頃、淡紫色の小花をつける落葉高木。

問一 ——部24「五月」の読みとして最も適当なものを、次の①～④の中から一つ選び、その番号をマークしなさい。**（マークシート問題番号24）**

① きさらぎ　② さつき　③ うづき　④ むつき

問二 ——部25「尤《もつと》も愚かにさうらふ」とありますが、人々はどのようなことが「愚か」だと言っているのですか。最も適当なものを、次の①～④の中から一つ選び、その番号をマークしなさい。**（マークシート問題番号25）**

① 危険な木の上にしがみついてまで、必死に競馬を見ようとすること。
② 法師の滑稽《こつけい》な様子から、その品性までも低いと決めつけて嘲笑したこと。
③ 見物の順番はいずれ回ってくるはずなのに、焦って早く見ようとすること。
④ いつ死が訪れてもおかしくないことを忘れ、日々過ごしていること。

問三 本文の内容に最もよく合っているものを、次の①～④の中から一つ選び、その番号をマークしなさい。**（マークシート問題番号26）**

① 法師は居眠りをして何度も木から落ちたが、そのたびに木に登り直した。
② 作者が何気なく口にした言葉によって、人々は自らの愚かさに気づいた。
③ 人々は自らの愚かさを指摘してくれた法師に、お礼の品を贈って感謝した。
④ 見物客が多くいたため、作者は競馬を全く見られないまま帰宅した。

五

新しい水筒を買いたいと思っている徳雄君は、友人の栄太君に相談しながらオンラインショップを見ています。このときの【会話文】と、【資料A】～【資料C】を踏まえて、あとの問いに答えなさい。

【会話文】

徳雄「迷うなぁ……どれにしようかな」
栄太「何か希望はあるの？」
徳雄「希望は買い物メモにまとめたよ。あとは持ち運ぶことも考えて、なるべく軽いものにしたいと思っているんだ」
栄太「そうすると条件を全て満たすのは［27］だね」
徳雄「それにしても、水筒によって入れられない飲み物があるのはなぜなんだろう」
栄太「確か、僕の水筒にも入れられない飲み物があった気がするよ。使用上の注意を見てみよう」

【資料A】

〈買い物メモ〉
・**部活動で使用する水筒なので、容量は1L以上必要。**
・**熱中症対策としてスポーツドリンクも入れる。**
・**保冷機能がある水筒がよい。**
・**予算は5,000円以内。**

【資料B】

製品名	容量	水筒本体の重さ	値段（税込）	保冷機能	特　長
くま印	1.5L	300g	5,100円	×	軽くて丈夫なプラスチック製。スポーツドリンクは入れられますが、炭酸飲料はご遠慮ください。
さる印	1.2L	750g	4,800円	○	長時間温度キープ。特殊金属加工・当社独自構造をしているので炭酸飲料・スポーツドリンクもOK。
いぬ印	1.2L	400g	4,200円	○	丸洗いできて衛生的。どのような飲み物でもご利用いただけます。
ねこ印	950ml	300g	3,900円	○	軽量タイプで、スポーツやオフィスでも大活躍！スポーツドリンク・炭酸飲料不可。

【資料C】

使用上の注意

安全にご使用いただくために、ご使用前によくお読みください。

お手入れ方法

食器用洗剤を使用し、スポンジで優しく洗ってください。
たわし等でこすると傷がつくおそれがあります。
洗浄後は十分に乾燥させてください。

⃠ 食器洗浄機・乾燥機は使用しないでください。

⚠ 次のものはご使用いただけません

●ドライアイス・炭酸飲料
ガスにより内圧が上がり、飲み物が吹き出るおそれがあります。
●みそ汁・スポーツドリンク
本体内側はさびに強いステンレス鋼を使用していますが、飲み物に含まれる塩分でさびるおそれがあります。

⃠ 飲み物を入れた状態で長く放置しないでください

本製品では飲み物の長期保存はできません。飲み物は早めにお飲みください。腐敗や変質の原因になります。

問一　［27］に入る内容として最も適当なものを、次の①〜④の中から一つ選び、その番号をマークしなさい。**（マークシート問題番号27）**

①　くま印　　②　さる印　　③　いぬ印　　④　ねこ印

問二　栄太君は使用上の注意を読むうちに、水筒に入れられない飲み物とその理由が分かり、次のようにまとめました。空欄にあてはまる内容を、それぞれ二十字以内で書きなさい。

（記述用解答用紙）

炭酸飲料は
［　　　　　　　　　　　　　　　　　　　　］
可能性があり、
スポーツドリンクは
［　　　　　　　　　　　　　　　　　　　　］
可能性があるため、入れられない。

※これで問題は終わりです。28番以降のマークシートは使用しませんので、何も記入しないでください。

2024年度／花咲徳栄高等学校(第１回)

英語解答

1 No. 1　④(1)　No. 2　③(2)
No. 3　①(3)　No. 4　①(4)
No. 5　③(5)
No. 6　Question 1　③(6)
Question 2　②(7)
Question 3　④(8)
No. 7　Question 1　brother
Question 2　next Sunday
Question 3　movie

2 (9)　②　(10)　④　(11)　③　(12)　②
(13)　④　(14)　②　(15)　④　(16)　④
(17)　②　(18)　②

3 (19)　⑤　(20)　②　(21)　④　(22)　③

4 問１　④(23)　問２　健康，ガイド
問３　③(24)　問４　③(25)
問５　(例) They grow bananas and coffee there.
問６　②(26)

5 問１　簡単な言葉を使ってそれを説明しようとする
問２　③(27)　問３　①(28)　問４　④(29)
問５　difficult　問６　②(30)

1〔放送問題〕解説省略

2〔適語(句)選択・語形変化〕

(9) enjoy は，「～すること」という意味の目的語に to不定詞ではなく動名詞(～ing)をとる。　enjoy ～ing「～することを楽しむ」　「トムは絵本を読むのを楽しむ」

(10) ʻlet＋人＋動詞の原形ʼ で「〈人〉に～させる〔～することを許す〕」という ʻ許可ʼ を表す。　「私の父はイタリア語を勉強するために外国に行かせてくれた」

(11)直前に has があるので，ʻhave/has＋過去分詞ʼ の現在完了形にする。ここは ʻ完了ʼ 用法。　「私はケンと数分前に話をしていたが，彼はどこかに行ってしまった」

(12) ʻnot only *A* but (also) *B*ʼ「*A* だけでなく *B* も」　「私のガールフレンドは美しいだけでなく，優しい」

(13) Would you like ～?「～はいかがですか」は何かを勧める表現。　「お茶をもう１杯いかがですか」

(14) ʻgive＋物＋to＋人ʼ「〈人〉に〈物〉をあげる」の形。この形で前置詞に to を用いる動詞は他に send，show，lend，tell などがある。一方，前置詞に for を用いる動詞は buy，make，find，cook などがある。　「私の母はプレゼントを私にくれた」

(15) ʻtoo ～ to …ʼ「…するには～すぎる，～すぎて…できない」の構文。　「私の祖母は年を取りすぎているのであの山を登ることができない」

(16)「～ですよね」と念を押したり，確認を求めたりする付加疑問文。肯定文につく付加疑問は，ʻ否定の短縮形＋主語を受ける代名詞＋?ʼ の形。ここでは使われている動詞が３人称単数現在形の一般動詞 likes なので，ʻ否定の短縮形ʼ は doesn't になる。　「あなたの姉〔妹〕は中国語を勉強するのが好きですよね」

(17)適切な関係代名詞を選ぶ。先行詞が the book で直後に動詞が続いているので，ʻ物ʼ を先行詞とする主格の関係代名詞を選ぶ。なお，made me happy は ʻmake＋人＋形容詞ʼ「〈人〉を～(の状態)

にする」の形。　「これは私を幸せにしてくれた本です」

(18) fastには「(時計が)早い，進んでいる」という意味がある。「あなたの腕時計は数分進んでいます」

3〔整序結合〕

(19) まずI like mathとし，「全教科の中で一番」を‘the＋最上級＋of ～’「～の中で一番…」の形で表す。　I like math the best of all the subjects.

(20) ‘It is ～ for … to —’「…が〔…にとって〕—することは～だ」の形式主語構文をつくる。　It is important for people to protect the environment.

(21) 「何時に先生が来るか」はknowの目的語となるので‘疑問詞＋主語＋動詞...’の語順の間接疑問にする。‘疑問詞’はwhat time。　Do you know what time our teacher will come?

(22) 「勉強しているだろう」は‘未来における進行中の動作’を表す未来進行形(will be ～ing)で，will be studyingとする。　We will be studying English at this time next week.

4〔長文読解総合—説明文〕

≪全訳≫❶アフリカにはキリマンジャロより高い山は他になく，キリマンジャロは世界中で有名だ。キリマンジャロはタンザニア北東部にある。キリマンジャロの周りには他に山がないので，遠くからでもキリマンジャロは見える。❷キリマンジャロの標高は5895メートルだが，歩いて頂上まで行くことは可能だ。特別な装備は必要ないが，キリマンジャロに登りたい人は誰でも健康でなければならず，ガイドを連れていく必要がある。ゆっくりと休憩しながら進むことが重要である。頂上に着くまでには，通常5日から6日かかる。あまりに急いで山に登ると，多くの人が病気になってしまう。毎年，約1万5000人が登頂を試みるが，多くは頂上に到達しない。❸キリマンジャロは赤道に近く，その周辺の地域は通常暑くて乾燥している。しかし，人が山に登るとき，天気は変わる。どんどん寒くなるのだ。頂上付近には氷河があり，そこでは夏でもよく雪が降る。山の上の植物も周辺地域の植物とは異なる。人々は山の麓の農場でバナナとコーヒーを栽培する。それよりも高い，標高1800～2800メートルの高地には森林が多く，雨がよく降る。キリマンジャロは，その近くに住む人々にとって非常に重要だ。彼らは山に降る雨から大量の水の恵みを受けている。❹ほとんどの人は，「キリマンジャロ」という名前は東アフリカで話されている言語の1つ，スワヒリ語に由来し，「輝く山」を意味すると信じている。おそらく，白い雪が太陽に照らされて輝いているのが遠くから見えたことからこの山の名前がついたのではないかと彼らは考えている。

問1＜内容真偽＞①…×　第1段落第2文参照。Northeastern「北東部の」とある。　②…×　第2段落第4文参照。5日から6日かかる。　③…×　第2段落最終文参照。「15,000」は1年に登頂を試みる人の数。　④…○　第3段落最終文に一致する。

問2＜文脈把握＞キリマンジャロに登る条件は，直後の文の後半に書かれている。1つは，be healthy「健康である」こと。もう1つは，take a guide「ガイドを連れていく」こと。

問3＜文脈把握＞下線部を含む文の前半のclimb the mountain too quickly「あまりに急いで山に登る」が，多くの人が登山中に病気になる理由になっている。　‘get＋形容詞’「～(の状態)になる」

問4＜英問英答＞「キリマンジャロ周辺の地域は通常どのような天気であるか」—③「暑くてめったに雨が降らない」　第3段落第1文参照。dry「乾燥している」とは，雨が降らないということ。

問5＜英問英答＞「キリマンジャロの麓で人々は何を栽培するのか」—「彼らはバナナとコーヒーを

そこで栽培する」　第３段落第６文参照。答えでは繰り返しを避けるため，People の代わりに They，on the bottom area of Kilimanjaro の代わりに there を使うとよい。

問６＜適語句選択＞空所に入るのは Kilimanjaro という言葉の意味。この名前がつけられた理由が，直後の文で説明されている。because 以下で，キリマンジャロの名前の由来は白い雪が太陽に照らされて「輝いて」いたことだと述べられている。

５〔長文読解総合―ノンフィクション〕

≪全訳≫❶リチャード・ファインマンはノーベル賞を受賞した科学者だ。彼は史上最も偉大な教師の１人であり，最も偉大な生徒の１人であったと考えられている。❷ファインマンは，何かを学ぶ最良の方法は，簡単な言葉を使って説明しようとすることであると信じていた。これはしばしばファインマンテクニックと呼ばれている。❸ファインマンは自分のテクニックを使い，数学や音楽，芸術，生物学などを学んだ。このテクニックを使って別の言語のスキルを向上させることもできる。単語や文法をただ暗記するのではなく，実際にその言語の使い方を理解することを確実なものにするすばらしい方法だ。❹ファインマンテクニックとは，以下のとおりである。❺ステップ１：母国語では説明できるが，他の言語では説明するのが難しそうなトピックや話題を選ぶ。例えば，「良い写真を撮る方法」や「完璧なサンドイッチをつくる方法」といったことだ。❻ステップ２：子どもや，あなたのトピックや話題について何も知らない人に教えていると想像する。それから，簡単な単語だけを使って，学習している言語でそのトピックの説明を書く。❼ステップ３：説明を振り返り，知識に欠落があるかどうかを確かめる。何か確信を持てない点があれば，それを確認してから，説明のその部分をもう一度書くべきだ。これがおそらく最も重要なステップである。❽ステップ４：最後に，説明がシンプルで理解しやすいかどうかを確認する。説明に難しい言葉が使用されている場合は，使用しないようにする。

問１＜指示語＞この This が指すのは前文の the best way to learn something was to try to explain it using simple language の部分。解答欄に合わせて try to explain it using simple language の部分を答える。このように this は前の文，またはその一部の内容を指すことが多い。

問２＜適語選択＞直後に続く内容から，ここではファインマンテクニックを利用した，言語学習について述べていることがわかる。つまり，言語の「スキル」を向上させるということ。

問３＜適語句選択＞この後に挙げている「良い写真を撮る方法」や「完璧なサンドイッチをつくる方法」は，トピックや話題の具体例である。　for example「例えば」　in the end「結局，ついに」

問４＜語句解釈＞the most important step「最も重要なステップ」とは，主語の This のこと。この This は前文の内容を指している。④「確信を持てないものについては確認し，自分の説明をもう一度書き直す」が前文の内容をまとめている。

問５＜適語補充＞ファインマンテクニックとは，「簡単な言葉を使って説明しようとすること」（第２段落）。つまり，「難しい」言葉は使わない方がよいのである。

問６＜内容真偽＞①「リチャード・ファインマンは，ノーベル賞を受賞した語学教師だった」…×　第１段落第１文参照。科学者だった。　②「ファインマンテクニックは，数学や言語などについて学ぶために使うことができる」…○　第３段落第１，２文に一致する。　③「教科書の重要な点を書かなければならない」…×　このような記述はない。　④「知識に欠落があるかどうかを確認する必要はない」…×　第７段落第１文参照。確認しなくてはいけない。

2024年度／花咲徳栄高等学校(第１回)

数学解答

1 (1)　3　(2)　2…5　3…4
(3)　4…2　5…0
(4)　6…0　7…6
(5)　8…6　9…7
(6)　(i)　②
(ii)　11…0　12…2　13…3
(7)　14…9　15…0　16…1　17…2
18…0

2 (1)　19…1　20…2
(2)　21…1　22…2　(3)　7

3 (1)　24…2　25…3
(2)　26…5　27…1　28…2
(3)　29…5　30…5　31…4

4 (1)　①　216°　②　12π cm^3　③　9cm
(2)　①　$\dfrac{50}{x}$　②　$\dfrac{30\pi y}{x}$m

1 〔独立小問集合題〕

(1)<数の計算>与式$=-9-(-12)=-9+12=3$

(2)<式の計算>与式$=\{(x-2)(x+2)\}\{(x-1)(x+1)\}=(x^2-2^2)(x^2-1^2)=(x^2-4)(x^2-1)=(x^2)^2+(-4-1)x^2+(-4)\times(-1)=x^4-5x^2+4$

(3)<数の計算>$a^2+2ab+b^2=(a+b)^2$として，$a=\sqrt{5}+\sqrt{3}$，$b=\sqrt{5}-\sqrt{3}$を代入すると，与式$=\{(\sqrt{5}+\sqrt{3})+(\sqrt{5}-\sqrt{3})\}^2=(2\sqrt{5})^2=2^2\times(\sqrt{5})^2=4\times5=20$となる。

(4)<二次方程式>$(x+3)^2=9$より，$x+3=\pm3$，$x=-3\pm3$となる。よって，$x=-3+3=0$，$x=-3-3=-6$より，$x=0$，-6である。

(5)<関数─傾き>2点(3，−5)，(−4，1)を通る直線の傾きは$\dfrac{-5-1}{3-(-4)}=-\dfrac{6}{7}$である。

(6)<データの活用─度数分布表>(i)30人の勉強時間の中央値は，資料を時間の短い方から順に並べたときの15番目と16番目の値の平均である。度数分布表で，10時間未満の生徒は$4+6=10$(人)，15時間未満の生徒は$4+6+7=17$(人)なので，中央値が含まれるのは，10時間以上15時間未満の階級である。　(ii)(i)より，中央値が含まれる階級の度数は7人である。よって，この階級の相対度数は$7\div30=0.233\cdots\cdots$より，小数第3位を四捨五入して，0.23となる。

(7)<平面図形─角度>まず，右図で，線分ACは円の直径であり，∠ABCは半円の弧に対する円周角なので，∠ABC＝90°である。次に，2点C，Dを結ぶと，同様にして，∠ADC＝∠CDE＝90°であり，△CDEの内角の和から，∠DCE＝180°−(∠AEB＋∠CDE)＝180°−(30°＋90°)＝60°となり，∠BCD＝180°−∠DCE＝180°−60°＝120°となる。また，等しい弧に対する円周角の大きさは等しいので，$\overset{\frown}{AB}=\overset{\frown}{AD}$より，∠ACB＝∠ACDであり，∠ACD＝$\dfrac{1}{2}$∠BCD＝$\dfrac{1}{2}\times120°$＝60°となる。よって，∠ACE＝∠DCE＋∠ACD＝60°＋60°＝120°である。

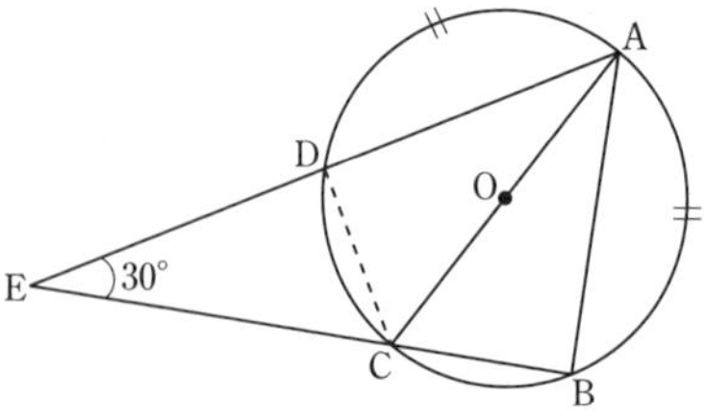

2 〔関数─図形の移動と関数〕

(1)<関係式>2点P，Qは，ともに毎秒1の速さで移動するので，$0<x\leqq4$のとき，右図1のように，点Pは辺AB上，点Qは辺AD上にある。このとき，AP＝AQ＝$1\times x=x$となるので，△APQ＝$\dfrac{1}{2}\times$AP$\times$AQ＝$\dfrac{1}{2}\times x\times x=\dfrac{1}{2}x^2$と表せる。よって，$y=\dfrac{1}{2}x^2$である。

図1

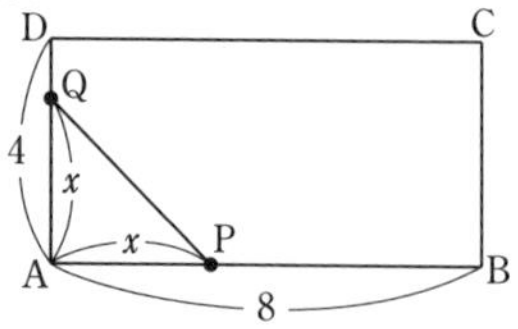

(2)<yの値>$x=6$のとき，2点P，Qはともに$1\times6=6$移動するので，次ページの図2のように，点P

は辺AB上，点Qは辺CD上にある。このとき，AP＝6であり，辺APを底辺とすると，△APQの高さはAD＝4となるので，△APQ＝$\frac{1}{2}$×AP×4＝$\frac{1}{2}$×6×4＝12となる。よって，y＝12である。

図2
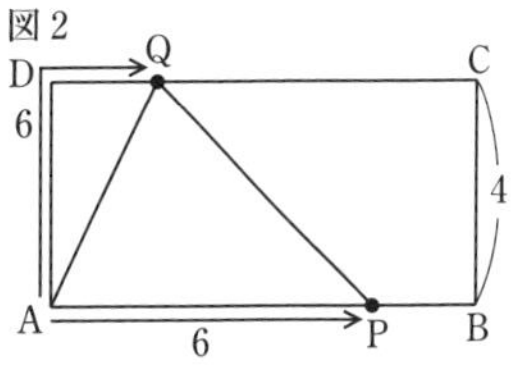

(3)＜$\boldsymbol{x}$の値＞4＜x≦8のとき，2点P，Qが移動する距離はともに4より大きく8以下だから，右図3のように，点Pは辺AB上，点Qは辺CD上にある。このとき，四角形APQDはAP∥DQの台形であり，高さはAD＝4となる。2点P，Qはx秒間にともに1×x＝x進むので，DQ＝x－AD＝x－4，AP＝xより，〔台形APQD〕＝$\frac{1}{2}$×(DQ＋AP)×AD＝$\frac{1}{2}$×{(x－4)＋x}×4＝$\frac{1}{2}$×(2x－4)×4＝4x－8となる。よって，4x－8＝20が成り立ち，これを解くと，4x＝28，x＝7となる。

図3
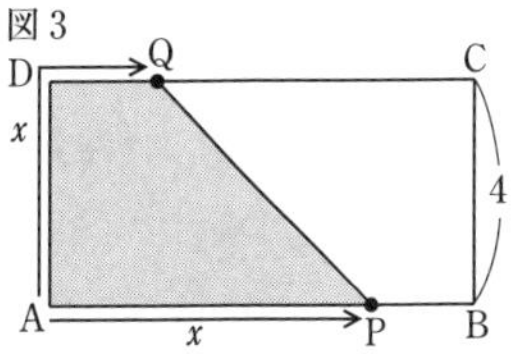

3 〔データの活用─確率〕

≪基本方針の決定≫条件に当てはまるさいころの目の出方を書き出す。

(1)＜確率─さいころ＞さいころの目は1から6の6通りであり，これらの目が出る場合は同様に確からしい。6の約数は1，2，3，6の4通りだから，求める確率は$\frac{4}{6}=\frac{2}{3}$となる。

(2)＜確率─さいころ＞大小2個のさいころの目の出方は，全部で6×6＝36(通り)ある。2個のさいころの目の和が8以上になるのは，和が8になるとき，(大，小)＝(2，6)，(3，5)，(4，4)，(5，3)，(6，2)の5通り，和が9になるとき，(大，小)＝(3，6)，(4，5)，(5，4)，(6，3)の4通り，和が10になるとき，(大，小)＝(4，6)，(5，5)，(6，4)の3通り，和が11になるとき，(大，小)＝(5，6)，(6，5)の2通り，和が12になるとき，(大，小)＝(6，6)の1通りある。よって，5＋4＋3＋2＋1＝15(通り)の目の出方があるから，求める確率は$\frac{15}{36}=\frac{5}{12}$となる。

(3)＜確率─さいころ＞大中小3個のさいころの目の出方は，全部で6×6×6＝216(通り)ある。3個のさいころの目の和は，最も小さいときで1＋1＋1＝3だから，和が3，4，5，6になるのは，和が3になるとき，(大，中，小)＝(1，1，1)の1通り，和が4になるとき，(大，中，小)＝(1，1，2)，(1，2，1)，(2，1，1)の3通り，和が5になるとき，(大，中，小)＝(1，1，3)，(1，2，2)，(1，3，1)，(2，1，2)，(2，2，1)，(3，1，1)の6通り，和が6になるとき，(大，中，小)＝(1，1，4)，(1，2，3)，(1，3，2)，(1，4，1)，(2，1，3)，(2，2，2)，(2，3，1)，(3，1，2)，(3，2，1)，(4，1，1)の10通りある。よって，1＋3＋6＋10＝20(通り)の目の出方があるから，求める確率は$\frac{20}{216}=\frac{5}{54}$となる。

4 〔独立小問集合題〕

(1)＜空間図形─角度，体積，長さ＞①母線の長さが5cm，底面の半径が3cmの円錐の展開図は，右図1のようになる。側面のおうぎ形をPAB，底面の円の中心をOとする。おうぎ形の$\overset{\frown}{AB}$の長さは底面の円Oの周の長さと等しいので，$\overset{\frown}{AB}$＝2π×3＝6πとなる。また，半径5cmの円の周の長さは2π×5＝10πで，おうぎ形の中心角は弧の長さに比例するから，弧の長さが6πcmのおうぎ形PABの中心角は360°×$\frac{6\pi}{10\pi}$＝216°である。　②次ページの図2の円錐で，円錐の頂点Pと底面の円の中心Oを結ぶと，POが円錐の高さとなる。△PAOで三平方の定理より，PO＝$\sqrt{PA^2-OA^2}$＝$\sqrt{5^2-3^2}$＝$\sqrt{16}$＝4となる。よって，円錐の体積は，$\frac{1}{3}\pi$×OA^2×PO＝$\frac{1}{3}\pi$×3^2×4＝12π(cm^3)で

図1
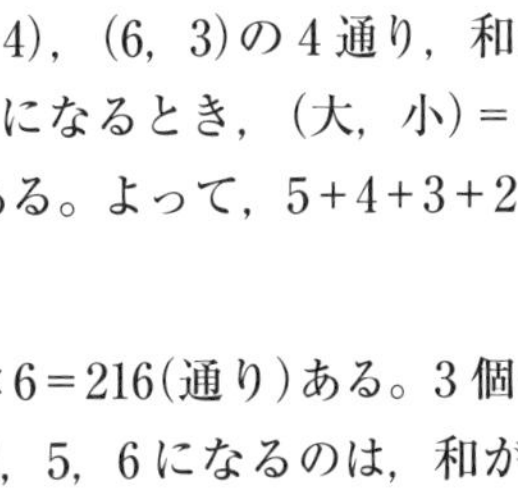

ある。　③右図3の円錐の展開図で，側面のおうぎ形をQCD，底面の円の中心をO′とする。おうぎ形の半径は円錐の母線の長さであり，母線の長さを$r$cmとすると，∠CQD＝120°より，$\overset{\frown}{\mathrm{CD}}=2\pi\times r\times\dfrac{120^\circ}{360^\circ}=\dfrac{2}{3}\pi r$と表せる。この長さが，半径3cmの底面の円O′の周の長さと等しいことから，$\dfrac{2}{3}\pi r=2\times\pi\times3$が成り立ち，これを解くと，$r=9$(cm)となる。

図2

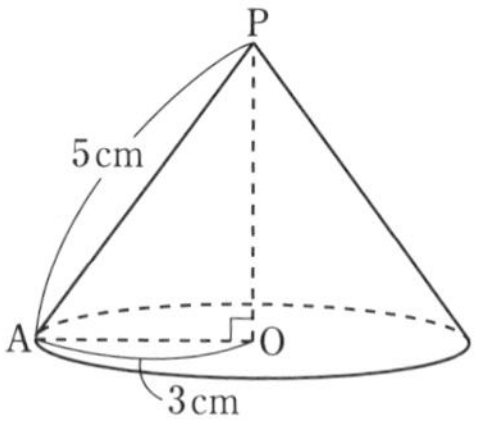

図3

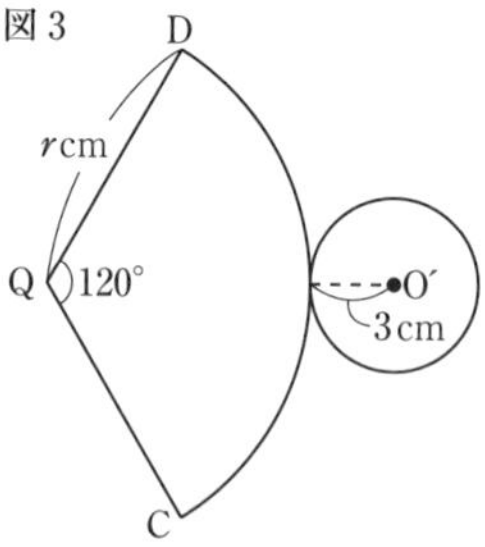

(2)＜文字式の利用＞①ギア比は，〔ペダルについているギアの歯の数〕÷〔後輪のギアの歯の数〕なので，ペダルについているギアの歯の数が50個，後輪のギアの歯の数がx個のとき，ギア比は$50\div x=\dfrac{50}{x}$と表せる。　②タイヤの半径は30cm，つまり0.3mなので，タイヤが1回転すると$2\pi\times0.3=0.6\pi$(m)進む。①より，ギア比は$\dfrac{50}{x}$なので，ペダルを1回転させると後輪は$\dfrac{50}{x}$回転する。よって，ペダルをy回転させたとき，後輪は$y\times\dfrac{50}{x}=\dfrac{50y}{x}$(回転)することになるので，進む距離は$0.6\pi\times\dfrac{50y}{x}=\dfrac{30\pi y}{x}$(m)となる。

2024年度／花咲徳栄高等学校（第１回）

国語解答

一 問一　1…④　2…①　3…③

問二　②$_{4}$　問三　③$_{5}$　問四　④$_{6}$

問五　・草壁を褒めて才能があると認めてほしいと願う気持ち（24字）

・打点王氏がどのように対応するのかなりゆきを見守ろう（25字）

問六　②$_{7}$　問七　①$_{8}$　問八　③$_{9}$

問九　④$_{10}$

二 問一　⑴　にょじつ　⑵　いきどお

⑶　抑止　⑷　歴然　⑸　固辞

問二　③$_{11}$

問三　⑴…①$_{12}$　⑵…②$_{13}$

三 問一　④$_{14}$

問二　戦いに負けることは滅びることを意味しているから

問三　④$_{15}$　問四　②$_{16}$

問五　17…④　18…②　19…①

問六　③$_{20}$　問七　④$_{21}$　問八　②$_{22}$

問九　④$_{23}$

四 問一　②$_{24}$　問二　④$_{25}$　問三　②$_{26}$

五 問一　③$_{27}$

問二　・ガスにより内圧が上がり，飲み物が吹き出る

・飲み物に含まれる塩分でさびる

一〔小説の読解〕出典：伊坂幸太郎『逆ソクラテス』（『逆ソクラテス』所収）。

問一＜表現＞１．打点王氏は，「形式的」に当てもなく「歩き回り指導のふりをする」のではなく，一人ひとりに「丁寧にアドバイス」をした。　２．久留米に「返事をきちんとしなさい」と注意され，草壁は，驚いて身を震わせながら「背筋を伸ばし」た。　３．打点王氏に「やってごらん」と言われた草壁は，返事をし直した後，慌てた様子で「バットを一振り」した。

問二＜文章内容＞他の子どもたちが「草壁のことを下位に扱っても良し」と決めているのは，久留米の発言によるものだと，「僕」は思っており，安斎は「草壁が何をやっても駄目みたいな言い方はやめてください」と，久留米に直接的に訴えている。安斎は，草壁についての久留米の評価を変えてもらうために，行動を起こした。

問三＜文章内容＞久留米は，草壁は「何をやっても駄目」と決めつけていたので，「草壁のフォーム」どころか「草壁がいること自体」を全く意識していなかった。

問四＜心情＞安斎は，久留米の発言によって草壁が低く見られてしまうことを防ぐという「目的」に向かい，久留米に声をかけた。しかし，久留米の発言によって，草壁が「クサ子」などとはやし立てられ，みんなにばかにされる結果になってしまったので，安斎は，いら立ったのである。

問五＜心情＞草壁のスウィングは「不恰好で，バランスが悪かった」が，それでも安斎は，「依頼」したとおりに，打点王氏に草壁を褒めて「素質がある」と言ってほしいと，すがるような思いで，打点王氏の評価を待った（…Ａ）。打点王氏がもう一回バットを振るよう促すと，草壁のスウィングは「先ほどの腰砕けのものに比べればはるかに良くなっていた」ので，安斎は，打点王氏の評価に関心を持った（…Ｂ）。

問六＜文章内容＞打点王氏は，修正後の草壁の素振りを見て，「君には素質があるよ」と「僕たちが望んでいた」言葉を発した。「僕」と安斎は，昨日打点王氏のタクシーに乗り込み，草壁のスウィングを褒めて素質があると言ってほしいと頼み込んだのである。

問七＜文脈＞「プロの選手になれますか」という草壁の問いに対して，久留米の立つ方向から「鼻で笑う声」で「草壁をたしなめる」ような言葉が聞こえてきた。そこで安斎は，久留米に対し，「草壁には野球の素質があるかもしれない」から「決めつけるのはやめてください」と正面から言い放った（Ｃ…④）。それに対して久留米は「安斎はどうして，そんなにムキになっているんだ」と淡々

といなした(D…③)。そこへ佐久間が，草壁は「野球ちゃんとやってみたらいいかもよ」と言って話の方向性を変え(E…①)，「プロに太鼓判押されたんだから」と理由をつけ加えた(F…②)。

問八＜心情＞いつもは久留米の一方的な決めつけを受け入れるだけの草壁が，「僕は，そうは，思いません」と言いきって否定し，自分の思いをきちんと表せたことに，「僕」と安斎は感動した。

問九＜主題＞古代ギリシアの哲学者であるソクラテスは，「無知の知」，つまり自分が何も知らないということを知ることが重要であると説いた。物語では，草壁を「何をやっても駄目」と決めつける久留米に対する，「僕」や安斎の様子が描かれており，「逆ソクラテス」という題名は，自分の先入観によって一方的に決めつけてしまうことを批判したものと考えられる。

二〔国語の知識〕

問一＜漢字＞(1)現実のままであること。　(2)音読みは「憤慨」などの「フン」。　(3)他者に一定の行動をやめさせること。　(4)明らかであるさま。　(5)断固として辞退すること。

問二＜ことばの単位＞文節に区切ると「僕の／弟は／遠くの／学校に／通う／ために／毎日／自転車を／こいで／いる」となる。

問三＜慣用句＞(1)「釈迦に説法」は，ある分野を知り尽くしている人にその道を説く愚かさを表す。(2)「駆け馬に鞭」は，実力者にさらに力を添えてやっていっそう強くすること。

三〔論説文の読解―自然科学的分野―自然〕出典：稲垣栄洋『はずれ者が進化をつくる　生き物をめぐる個性の秘密』。

≪本文の概要≫歴史上の偉人たちが，多くの負けを経て勝てる方法を考えた末に「できるだけ戦わない」戦略にたどり着いたのと同じように，生物も「戦わない戦略」を基本としている。生物は，戦い続ける過程でナンバー１になれるオンリー１のポジションを見出し，できるだけ戦わないという境地にたどり着いたのである。ただし，若い皆さんはナンバー１になれるオンリー１のポジションを見つけるために戦ってもよい。多くのチャレンジによってたくさんの勝てない場所が見つかることが，オンリー１のポジションを見つけることにつながるからである。また，無限の可能性がある若い皆さんは，得意なことを探すためには，すぐに苦手と決めてしまわないことが大切である。生命の歴史を振り返ってみると，進化をつくり出してきた者は，常に追いやられて迫害された弱者であった。生物の世界はナンバー１しか生き残ることができないが，現代の人間社会は，負けたからといって命を失うことはない。勝てそうか負けそうかを見きわめ，負けると判断したら無理せず負けるといった，小さなチャレンジと小さな負けを繰り返すことが大切なのである。

問一＜文学史＞孫子は，中国春秋時代の兵法家。「敵を知り己を知れば百戦あやうからず」は，敵と味方の情勢をよく知って戦えば何度戦っても負けることはない，という意味。

問二＜文章内容＞人間社会では，負けたからといって「命を失うわけ」ではないので，「恐れることなく，大きなチャレンジ」をしてもよいかもしれないが，生物の世界の場合，「戦いに負けることは滅びることを意味」するので，生物は「戦わない戦略」を基本としてきた。

問三＜文脈＞「たくさんのチャレンジ」をしていくことで「たくさんの勝てない場所」を見つけることができる。そうしていく中で，「ナンバー１になれない場所を見つけていくことが，最後にはナンバー１になれる場所を絞りこんでいくこと」になる。「ナンバー１になれるオンリー１のポジションを見つける」ために，負けることは必要なのである。

問四＜文章内容＞モモンガが「木に登ることをあきらめて」いたら，「空を飛べることに気がつかなかった」かもしれないように，人間も「苦手と判断」して諦めてしまうと，得意な「能力は開花」しないかもしれないのである。

問五＜接続語＞17．大学の数学は，「抽象的」だったりして，まさに「哲学」のようなものである。

18. 海で「戦いに敗れた」魚類は，「他の魚たちのいない川という環境」に逃げ延びたが，当然のことながら「他の魚たちが川にいなかったのには理由」がある。　　19.「小さく弱い生き物」は，恐竜から逃れるために「感覚器官」と「脳」を発達させて「敏速な運動能力」を手に入れ，また「卵ではなく，赤ちゃんを産んで育児する」ようになった。

問六＜文章内容＞進化を遂げた両生類は「未知のフロンティアを目指す闘志にみなぎって」いるようにも想像されるが，「最初に上陸を果たした両生類」は，「追い立てられ，傷つき，負け続け」た末の陸上への進出だったので，「勇気あるヒーロー」とはいえない。

問七＜表現＞生物の世界では，負ければ「滅んでしまうこと」もありえるので，「生き残ってきた生物」は，命を失うほどの「大きな負け方」はしてこなかったと考えられる。

問八＜文章内容＞「自然界の動物たち」は，「小さな勝ちを繰り返したり，次にチャンスがあるような負けを繰り返し」たりしながら，自分が生き延びられる「ナンバー１になれるオンリー１のポジション」を探し求めていくのである。

問九＜要旨＞「生物の世界はナンバー１しか生き残ること」ができないが，人間の社会は負けたからといって命を失うわけではないので，人間は，「恐れることなく，大きなチャレンジ」をすることもできる。

四〔古文の読解―随筆〕出典：兼好法師『徒然草』第四十一段。

≪現代語訳≫五月五日，上賀茂神社の競馬を見学しましたときに，牛車の前に身分の低い者たちが立ちふさがって見えなかったので，おのおの(牛車から)降りて，馬場の周りの柵のきわまで寄ったが，(そこは)特に人が多く混雑していて，分けて入っていけそうな様子もない。そのようなときに，向かいにある楝の木に，法師が登って，木のまたにちょっと尻をすえて見物している姿があった。(木に)しがみつきながら深く眠っていて，(今にも)落ちそうなときに目を覚ますことが，何度もあった。これを見る人は，(法師を)ばかにして驚きあきれて，「世にも珍しいばか者だよ。このような危ない枝の上で，安心して眠っているのであろうよ」と言うので，(私が)自分の心にふと思いついたままに，「私たちに死がやってくるのは，今すぐであるかもしれない。それを忘れて(競馬を)見物して日を暮らすのは，愚かさにおいては(あの法師より)ずっと勝っているのになあ」と言ったところ，(私の)前にいる人たちが，「本当におっしゃるとおりでございました。最も愚かでございます」と言って，みんな，後ろを振り返って，「ここへお入りください」と言い，(その)場所を空けて，(私を)呼び入れました。

問一＜古典の知識＞陰暦の「きさらぎ」は「如月」で二月，「うづき」は「卯月」で四月，「むつき」は「睦月」で一月である。

問二＜古文の内容理解＞作者が，死が今すぐにも「到来」するかもしれないのに，競馬を見物して一日を過ごすのは木の上で居眠りをしている法師よりも愚かだと言ったことに対して，前にいる人たちは，本当におっしゃるとおりだと言った。

問三＜古文の内容理解＞作者が「心にふと思ひしまま」に言った言葉によって，周囲にいた人たちは心を動かされ，自分たちの愚かさに気づかされた。

五〔資料〕

問一.「買い物メモ」にある「１Ｌ以上」「5,000円以内」「スポーツドリンクも入れる」という条件を満たすのは，「さる印」と「いぬ印」である。さらに，「なるべく軽いもの」という要望をふまえると，400gの「いぬ印」になる。

問二.「次のものはご使用いただけません」の注意書きより，「ドライアイス・炭酸飲料」を入れられないのは「ガスにより内圧が上がり，飲み物が吹き出るおそれ」があるからであり，「みそ汁・スポーツドリンク」は「飲み物に含まれる塩分でさびるおそれ」があるからである。

Memo

2024年度　花咲徳栄高等学校（第２回）

【英　語】（50分）〈満点：100点〉

1　放送を聞いて答える問題

問題は、No.1～No.7の全部で7題あり、放送はすべて英語で行われます。放送される内容についての質問にそれぞれ答えなさい。No.1～No.6は、質問に対する答えとして最も適切なものを、①～④の中から1つずつ選び、その番号を(1)～(8)にマークしなさい。No.7は、それぞれの質問に対する答えを記述用解答用紙に英語で答えなさい。放送中メモを取ってもかまいません。各問題について英語は2回ずつ放送されます。

【No.1～No.3】

Listen to each talk, and choose the best answer for each question.

(1) No.1

①

②

③

④

(2) No.2

①

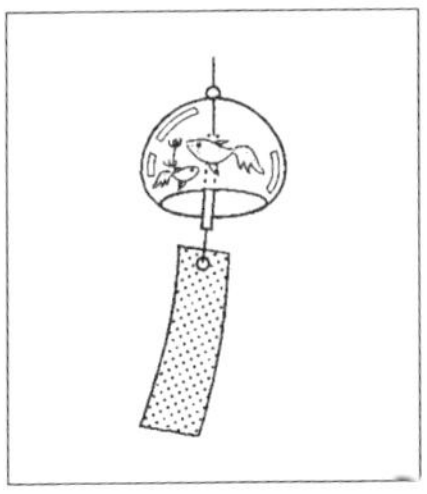
②

③

④

(3) No.3

	チーム	A	B	C	D	勝ち	負け
①	A		○	×	○	2	1
②	B	×		×	×	0	3
③	C	○	○		○	3	0
④	D	×	○	×		1	2

○ 勝ち　× 負け

【No.4, No.5】

Listen to each situation, and choose the best answer for each question.

(4) No.4

① I wanted to go there.
② I'm glad to hear that.
③ I'll never cook for you.
④ Thank you for calling me.

(5) No.5

① Sorry, I'm not hungry now.
② Let's have lunch there.
③ Please bring your lunch.
④ Yes, it was a nice restaurant.

【No.6】

Listen to the speech of Masaru, and choose the best answer for questions 1, 2 and 3.

(6) Question 1

① During summer vacation.
② For two weeks.
③ About twenty days.
④ A lot of students.

(7) Question 2

① He learned Australia is an exciting country.
② He learned Australia is an important country.
③ He learned English is an exciting language.
④ He learned English is an important language.

(8) Question 3

① We should learn perfect English to talk with people from other countries.
② Many people visiting Japan want to speak Japanese.
③ We can talk with people from other countries in easy English.
④ Masaru wants to go to Australia with his friends next year.

【No.7】

Listen to the talk between Haruka and her English teacher, Mr. Green, and read the questions. Then write the answer in English for questions 1, 2 and 3.

Question 1 : What book does Haruka want to buy?
Answer : She wants to buy a book about (　　　　　　　　　　).
Question 2 : What is Mr. Green interested in?
Answer : He is interested in (　　　　　　　　　　).
Question 3 : When will Mr. Green visit Haruka's class next week?
Answer : He will visit her class on (　　　　　　　　　　).

※　放送を聞いて答える問題の放送文は，英語の問題の終わりに付けてあります。

2 次の英文の(　　　)に入るべき語(句)を選び、その番号をマークしなさい。

(9) I lost my pen. May I (　　　) yours?
① save　② spend　③ lend　④ borrow

(10) What a beautiful flower this (　　　)!
① is　② does　③ do　④ are

(11) Get up early and (　　　) breakfast!
① eaten　② eating　③ eat　④ to eat

(12) A (　　　) of girls are playing tennis in the park.
① many　② other　③ most　④ number

(13) It is kind (　　　) you to help us.
① to　② of　③ in　④ at

(14) The book (　　　) bought yesterday is interesting.
① which　② which I　③ who　④ who I

(15) Have you ever (　　　) to Germany?
① be　② been　③ go　④ went

(16) This is a novel (　　　) by Natsume Soseki.
① written　② writing　③ write　④ to write

(17) The countryside is (　　　) than the city.
① quiet　② quietest　③ quieter　④ quietly

(18) If I had much money, I (　　　) a new bicycle.
① buy　② could buy　③ bought　④ was bought

3 （　　　）内の語(句)を並べかえ、（　　　）内で３番目になるものの番号をマークしなさい。

(19) トムはとても忙しかったので、会議に来られなかった。

Tom was (① couldn't ② that ③ busy ④ he ⑤ so) come to the meeting.

(20) ジョーは、父親が買ってくれたカメラを自慢に思っている。

Joe (① that ② of ③ the camera ④ is ⑤ proud) his father bought for him.

(21) クッキーの作り方を教えてください。

Please (① me ② make ③ how ④ tell ⑤ to) cookies.

(22) 私たちは夜遅くまで起きていない方が良い。

We (① not ② up ③ better ④ stay ⑤ had) late.

4 次の英文を読んで、問１～問６に答えなさい。

(1) A doctor came running into her hospital, after being called in to do an *emergency surgery on a boy. She went straight to the *surgical ward.

She found the boy's father in the *hall outside the operating room. When he saw the doctor, the father said with anger, "Where have you been? What took you so long? Don't you know my boy is dying in there? If he dies, it will be your fault!"

The doctor smiled gently and said, "I'm sorry, I was not in the hospital when I got the call. I came as fast as I could. Please, *calm down, and let us do our work."

"Calm down? If it were your son in the next room, would you be *calm?" the father said and became angrier than before. "What would you do if there were no doctor around and your son died?"

The doctor said quietly, "Doctors cannot save every life; we can only try our best. We will do our best to help him."

(2) "You don't know what I'm talking about," the father *mumbled, walking over to a sofa and sat. His wife sat silently next to him.

The boy was in surgery for hours. When the doctor finally came out, she said to the parents, "Everything went well. Your son is going to be OK." Without waiting for a *reply, she ran down the hall. She called back, "If you have any questions, just ask the nurse!" before getting onto the elevator.

"So *arrogant," the father said to his wife. "Can't she even stop to talk to us for a minute, to tell us how our son is doing?"

The nurse, who had heard what he said, came over and put her hands on their shoulder. "Her son died yesterday in a car crash. She was at the *wake yesterday when she got your call. *Now that she has saved your son, she started running to be there when they *bury hers."

〔注〕emergency surgery 緊急手術　surgical ward 外科病棟　hall 廊下
calm down 落ち着く　calm 落ち着いている　mumble ぶつぶつ言う　reply 返事
arrogant 無礼な、傲慢な　wake 通夜　now that ～ もう～なので
bury ～ ～を埋葬する

問１　下線部(1)の理由として最も適切なものを選び、その番号を(23)にマークしなさい。

① 父親を説得して落ち着かせるため。

② 急患が入り緊急手術をするため。

③ 外科病棟が離れているため。

④ 休暇を過ごすため。

問２　次の質問に英語で答えなさい。

Why was the father angry when the doctor arrived?

問３　下線部(2)と発言した理由として最も適切なものを選び、その番号を(24)にマークしなさい。

① 父親は医者が息子を絶対に助けると確信したから。

② 父親は医者の発言に納得していなかったから。

③ 医者は父親に謝罪の言葉を言ってほしかったから。

④ 医者は父親の言葉が聞こえなかったから。

問４　手術後の医者の行動に合うように、次の英文の(　　　)にあてはまる最も適切な語を本文中から抜き出しなさい。

The doctor ran down the hall (　　　) stopping to talk about the surgery.

問５　本文の内容と合うように、次の英文に続けるのに最も適切なものを選び、その番号を(25)にマークしなさい。

The nurse told the father that (　　　).

① the doctor would see her parents

② the doctor was going to do another emergency surgery

③ the doctor went to see her son

④ the doctor had to check the surgical ward

問６　本文の内容と合うものを選び、その番号を(26)にマークしなさい。

① 医者は父親に怒鳴った。

② 手術は数十分で終了した。

③ 看護師は父親にメールを送った。

④ 医者は自分の息子を亡くした。

5 次の英文を読んで、問１～問６に答えなさい。

Every day, Todd went surfing at Marina State Beach. People often see *sharks there, but *attacks almost never happen. There were only 10 attacks in the last 60 years. Two of those people died. Todd almost became the third.

Todd was surfing with some friends one morning. There were a lot of dolphins playing in the water near the surfers. Some of his friends talked about the dolphins.

"I'm glad there are a lot of dolphins here."

"Why?"

"Dolphins only go to places with no sharks!"

But (1) Todd's friend was wrong.

After surfing for a while, Todd was resting on his surfboard in the sea. (2) Then suddenly, a shark hit his surfboard. It was like being hit by a big car. Todd is not a small man. He is 190 centimeters tall and weighs 90 kilograms. But he flew up into the air and came down four meters away. He quickly swam to his surfboard and climbed on. Todd started going back to the beach.

Then, the shark attacked him again. This time, it came from the side. The shark *bit Todd and his board like a sandwich. The shark held Todd in its mouth. Todd *punched the shark again and again near its eye. Finally, the shark left. Todd started going to the beach again, but now he was badly injured.

The shark came back. This time, it bit Todd's leg. He punched it again, and the shark left. But Todd was becoming weak. He knew the shark would kill him the next time.

Suddenly, a (3) thing happened. The dolphins swam over to Todd and started jumping all around him. They swam between Todd and the shark, so the shark could not get to him again. (4) It was like a wall of dolphins. There were big dolphins and small dolphins all around him. He climbed on his board. Just then, a small wave came, and he rode the wave back to the beach.

On the beach, his friends helped him. He was losing a lot of blood. So his friends *tied a rope around his leg. A helicopter soon came and took him to the hospital.

Today, Todd is fine. He said, "The dolphins really saved my life!"

〔注〕shark サメ　　attack 襲撃　　bite ～ ～を噛む（bitはbiteの過去形）
punch ～ ～を殴る　　tie ～ ～を結ぶ

問１　下線部(1)の理由として最も適切なものを選び、その番号を(27)にマークしなさい。

① Because there were a lot of dolphins.

② Because Todd's friend can't go surfing.

③ Because there was a shark near dolphins.

④ Because Todd was glad to see a lot of dolphins.

問２　下線部(2)のあと、Toddに起こったこととして最も適切なものを選び、その番号を(28)にマークしなさい。

① 車に乗って逃げた。

② 衝撃が強く、宙に飛び上がった。

③ サーフボードの上で休んだ。

④ 再び沖に向かって泳ぎ始めた。

問３　（　３　）にあてはまる最も適切なものを選び、その番号を(29)にマークしなさい。

① surprising　② bad　③ sad　④ boring

問４　下線部(4)の状況を日本語で説明しなさい。

問５　次の質問に英語で答えなさい。

Why did Todd's friends tie a rope around Todd's leg?

問６　本文の内容と合わないものを選び、その番号を(30)にマークしなさい。

① Marina State Beachではサーフィンをすることが禁止されている。

② サメはToddとサーフボードをサンドウィッチのようにはさんだ。

③ サメはToddに抵抗されても何度もToddを襲った。

④ Toddは最終的にヘリコプターで病院に運ばれた。

＜放送を聞いて答える問題放送文＞

これから「放送を聞いて答える問題」を始めます。

問題用紙の第１ページ，第２ページを見てください。問題は，No. 1 ～No. 7 の全部で７題あり，放送はすべて英語で行われます。放送される内容についての質問にそれぞれ答えなさい。No. 1 ～ No. 6 は，質問に対する答えとして最も適切なものを，①～④の中から１つずつ選び，その番号を(1)～(8)にマークしなさい。No. 7 は，それぞれの質問に対する答えを記述用解答用紙に英語で答えなさい。放送中メモを取ってもかまいません。各問題について英語は２回ずつ放送されます。では，始めます。

Look at No. 1 to No. 3 on page 1. Listen to each talk, and choose the best answer for each question. Let's start.

No. 1

A : Excuse me. Which bus goes to the City Library ?

B : City library ? Please take No. 11 bus.

A : Which one is No. 11 ?

B : That one is.

Question Which picture shows them ?

No. 2

A : Look. I bought this for you at the summer festival.

B : Thank you. Oh, it makes a beautiful sound !

A : Yes. The sound is good on a hot summer day.

B : I'll enjoy it in my room.

Question What are they talking about ?

No. 3

A : Did your basketball team have games yesterday, Saki ?

B : Yes. We played three games. We were tired.

A : Did you win all the games ?

B : No. We were not bad, but one team was stronger than us.

Question Which is Saki's team ?

Look at No. 4 and No. 5 on page 2. Listen to each situation, and choose the best answer for each question. Let's start.

No. 4

Ayumi visits her friend Emily's house. Emily cooks dinner for Ayumi. The dinner is very good. Ayumi says Emily cooks very well.

Question What does Emily say to Ayumi ?

No. 5

John and Yumi are walking on the street. John finds a restaurant. He tells Yumi that he wants to have lunch there. But Yumi has already had lunch at home.

Question What does Yumi say to John ?

Look at No. 6 . Listen to the speech of Masaru, and choose the best answer for questions 1, 2 and 3. Let's start.

Hello, everyone. Today I'll tell you about learning English. I studied English in Australia during summer vacation. I stayed there for two weeks and went to a school there. In my class, there were about twenty students from different countries. I talked with them in English and learned many things. It was an exciting experience.

From this experience, I learned that English is an important language. Today English is very popular around the world. It is used by a lot of people in the world. When people from different countries meet, they can understand each other in English.

Now many people from other countries are visiting Japan. They want to know a lot about Japan. Why don't you talk about Japan with them in English ? Don't worry. You don't have to speak perfect English. You have learned many English words at school. They are easy, but you can use them when you talk with people from other countries. It is fun for me to learn English. I want to go to Australia again and make many friends.

Question 1　How long did Masaru stay in Australia ?

Question 2　What did Masaru learn from his experience in Australia ?

Question 3　Which answer is true ?

Look at **No. 7**. Listen to the talk between Haruka and her English teacher, Mr. Green, and read the questions. Then write the answer in English for questions 1, 2 and 3. Let's start.

Haruka　: Hi, Mr. Green.

Mr. Green : Hi, Haruka. Do you often come to this bookstore ?

Haruka　: Yes, I do. Today I came here to buy a book about science. Did you buy any books ?

Mr. Green : Yes, I have just bought a book about Kyoto. I'm going to visit Kyoto this weekend. I will read it before my trip.

Haruka　: That's nice. What will you do there ?

Mr. Green : I will see some old temples. I'm interested in old buildings. I think Kyoto is a good place to see them.

Haruka　: I see.

Mr. Green : Have you ever been to Kyoto ?

Haruka　: No, I haven't.

Mr. Green : Well, after I come back from Kyoto, I will tell you many things about my trip in English class.

Haruka　: When will you visit our class ?

Mr. Green : You're in Class B, right ? I usually visit your class on Monday and Thursday, but next week I'll visit your class only on Thursday.

Haruka　: I see. Then, I'll see you next Thursday. Have a nice trip.

以上で「放送を聞いて答える問題」を終わります。では，ほかの問題を始めてください。

【数　学】（50分）〈満点：100点〉

1　次の各問に答えなさい。解答はマークシート解答用紙に記入すること。

（1）次の計算をしなさい。

①　$2-7\times3=-$［1］［2］

②　$\sqrt{6}\times2\sqrt{3}-\dfrac{4}{\sqrt{2}}=$［3］$\sqrt{［4］}$

（2）$x=2$，$y=3$ のとき，$(2x)^3\times3xy^5\div\dfrac{6y^4}{x^2}=$［5］［6］［7］である。

（3）2次方程式 $x^2+9x-8=3x+19$ を解くと $x=-$［8］，［9］である。

（4）4枚の硬貨を同時に投げたとき，表が2枚出る確率は $\dfrac{［10］}{［11］}$ である。

（5）右図のように，ＡＢを直径とする円Ｏの周上に点Ｃをとる。
ＢＣ＝$\sqrt{5}$，ＣＡ＝$\sqrt{15}$ のとき，円Ｏの直径は[12]$\sqrt{[13]}$，∠ＡＯＣが 180°より小さい方のおうぎ形ＯＡＣの面積は$\frac{[14]}{[15]}\pi$である。

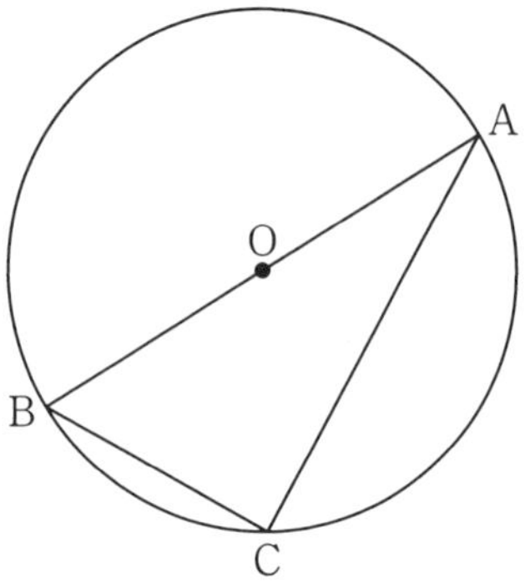

（6）10 点満点のゲームをＡとＢが 20 回ずつ行い，Ａの結果をヒストグラム（図 1），Ｂの結果を箱ひげ図（図 2）で表した。
ただし，1 回のゲームで得られる点数は，0 点以上 10 点以下の整数とする。

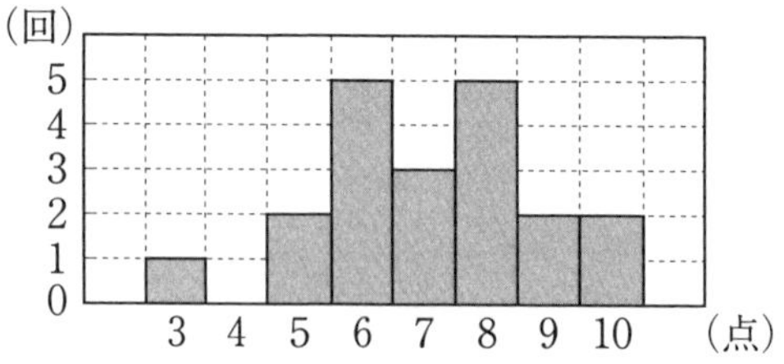

図 1　Ａの結果

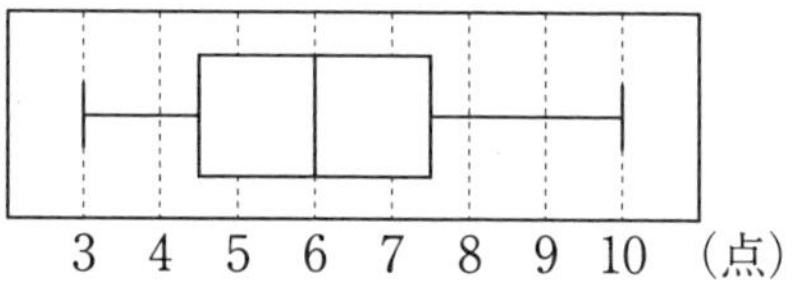

図 2　Ｂの結果

（ⅰ）Ａがゲームを 20 回行ったときの点数の平均値は[16].[17]点である。

（ⅱ）次の①～⑤うち，必ず正しいといえるものは[18]と[19]である。

（[18]と[19]は順不同）

① Ａの最頻値は，6 点と 8 点である。
② Ｂが 6 点以上得られた回数は，ちょうど 10 回である。
③ ＡとＢの中央値は等しい。
④ ＡとＢの四分位範囲は，Ａのほうが大きい。
⑤ ＡとＢの 5 点以上 7 点以下の回数は等しい。

2 右図のような放物線 $y=ax^2$ と $y=\frac{1}{a}x^2$,
直線 $y=bx+5$ がある。
放物線と直線との各交点を点A，B，C，D
とし，点Cの座標を（2，8）とする。
このとき，次の各問に答えなさい。
解答はマークシート解答用紙に記入すること。

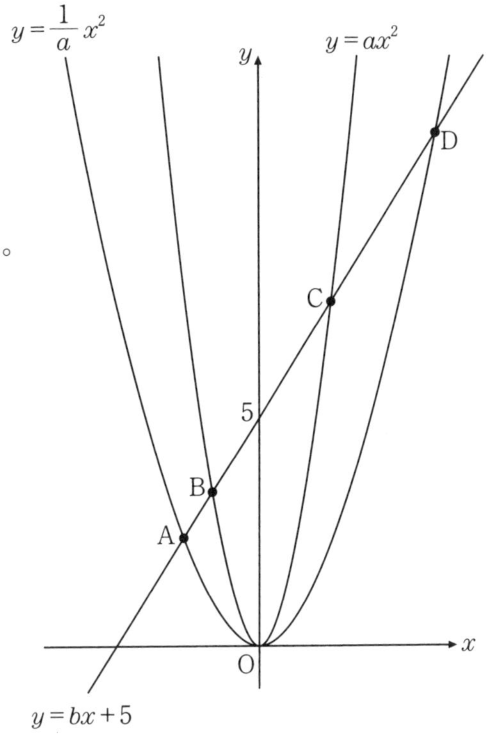

（1）$a=$[20]，$b=\frac{[21]}{[22]}$ である。

（2）点Dの y 座標は $\frac{[23][24]}{[25]}$ である。

（3）△ＡＯＣと△ＢＯＤの面積比は[26][27]：[28][29]である。

3 袋Ａには１から５までの番号が書かれたカード，袋Ｂには４から６までの番号が書かれたカードが，それぞれ１枚ずつ入っている。このとき，次の各問に答えなさい。
解答はマークシート解答用紙に記入すること。

（１）袋Ａ，Ｂからそれぞれ１枚ずつ取り出したとき，番号の和が９以上となる確率は$\frac{[30]}{[31]}$である。

（２）次の手順に従って２けたの整数をつくる。

1. 袋Ａからカードを１枚取り出す。カードの番号を確認したら袋Ａに戻す。 2. １で取り出したカードの番号が３以下の場合，袋Ｂからカードを取り出して番号を確認する。それ以外の場合，袋Ａからカードを取り出して番号を確認する。 3. １回目の番号を十の位，２回目の番号を一の位とする。

① ２けたの整数のうち，偶数であるものは[32][33]通りである。

② ２けたの整数のうち，４の倍数であるものは[34]通りである。

4 次の各問に答えなさい。解答は記述用解答用紙に記入すること。
（2）は，途中の説明も書いて答えなさい。

（1）ある水泳部は次の（ア），（イ）を満たしている。

（ア）男子の部員数は，女子の部員数よりも 12 人多い。

（イ）女子の部員数は，男子の部員数の 40 ％と等しい。

この水泳部の男子の部員数を x 人，女子の部員数を y 人とするとき，次の①，②の各問に答えなさい。

① （ア）について，x と y の関係を式で表しなさい。

② （ア）と（イ）をもとに，男子と女子の部員数をそれぞれ求めなさい。

（2）ＡＢ＝6，ＡＤ＝12 の長方形ＡＢＣＤがある。図１のように，線分ＡＣを折り目として折ったとき，点Ｂの移った点をＥとする。また，線分ＣＥと辺ＡＤとの交点をＦとする。次の各問に答えなさい。

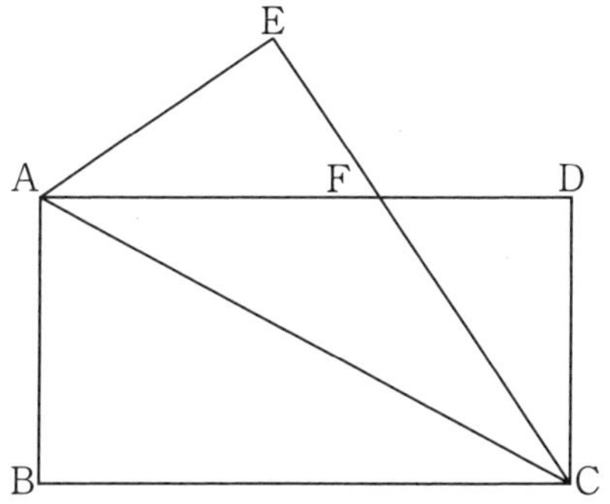

図１

① 線分ＥＦの長さを求めなさい。

② 図１において線分ＣＦをかき，もとに戻す。図２のように線分ＤＢを折り目として折ったとき，点Ａの移った点をＧとする。また，線分ＧＤと線分ＢＣ，ＡＣ，ＣＦとの交点をそれぞれＨ，Ｉ，Ｊとする。このとき△ＣＩＪの面積を求めなさい。

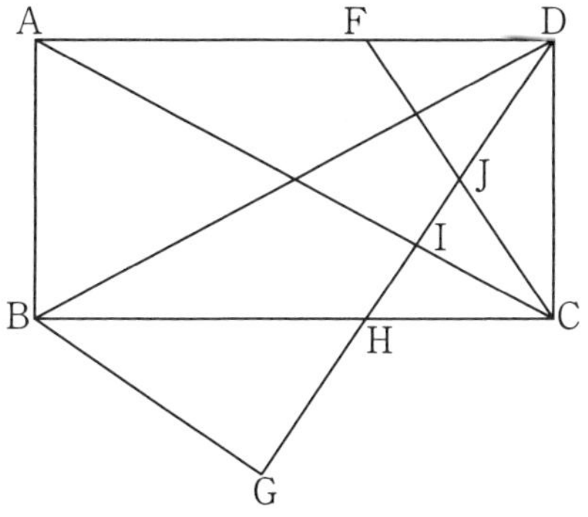

図２

解答記入上の注意

問題文中の［1］、［2］などの［　］には、特に指示のない限り、数字（1～0）が入ります。これらを〔例〕に従って解答用紙にマークしなさい。また、分数形で解答する場合は、既約分数（それ以上約分できない分数）で答えなさい。

〔例〕

$\frac{[1]}{[2][3]}$ に $\frac{2}{15}$ と答えたいとき。

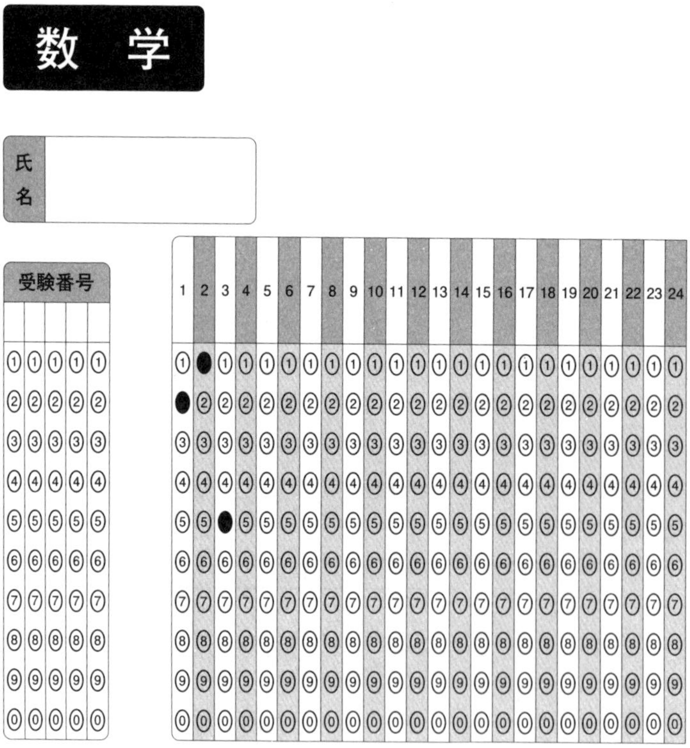

【国　語】（五〇分）〈満点：一〇〇点〉

一　**次の文章を読んで、あとの問いに答えなさい。（設問の都合上、本文を一部改変してあります）**

アイはシリアで生まれ、養子としてアメリカ人の父と日本人の母に東京で育てられた。

〔編集部注…課題文は著作権上の問題により掲載しておりません。作品の該当箇所につきましては次の書籍を参考にしてください〕
・西加奈子著『i アイ』〈ポプラ社　二〇一九年一一月五日第一刷発行〉
三八頁七行目～四一頁九行目（中略）四八頁六行目～五二頁四行目

（注）※　イニシアチブ……主導権。
※　カタリナ……アイがアメリカに住んでいた時に世話をしてくれたベビーシッターの娘。アイの母はアイの古着をカタリナにあげていた。
※　1パイント……ヤード・ポンド法の体積の単位。1パイントは473㎖。

問一　━━部1「ここ数日、アイは教室の様子を隅々まで観察していた」とありますが、その理由を説明したものとして最も適当なものを、次の①～④の中から一つ選び、その番号をマークしなさい。**（マークシート問題番号1）**

①　教室内の人間関係を詳しく調べ上げ、どのグループと仲良くすればクラスの中心的存在になることができるか計画を立てるため。

② 人間関係におけるトラブルを起こさずに平穏な学校生活を送る上で、クラスの中でどのように立ち回ればよいかを把握するため。

③ まだ一人も友人ができずに寂しかったので、自分と同じようにどのグループにも属さない生徒を探して仲間にするため。

④ クラスメイト一人一人の性格を注意深く観察し、自分に危害を加えるような問題のある人物がいないか見極めるため。

問二 [2] 〜 [4] に入れるのに最も適当な言葉を、次の ① 〜 ④ の中からそれぞれ一つずつ選び、その番号をマークしなさい。**（マークシート問題番号２・３・４）**

① 自然な　② 曖昧《あいまい》な　③ 興味深そうな　④ 近寄りがたい

問三 ──部**5**「咄嗟《とっさ》に身がまえた」とありますが、このときの「アイ」の気持ちを説明したものとして最も適当なものを、次の ① 〜 ④ の中から一つ選び、その番号をマークしなさい。**（マークシート問題番号５）**

① 思いがけず「権田美菜」から声をかけられ緊張して対応した「アイ」の、処世術である柔和な表情がかえって彼女の気分を害してしまい、きつい口調で責められると警戒し、体勢を整えている。

② クラスの皆から一目置かれている「権田美菜」に話しかけられて嬉しくなった「アイ」は、気づかれないようにこっそり笑ったつもりが彼女に見咎《とが》められ、大きな声で指摘されたので恥ずかしくなっている。

③ 初めて人から頼りにされて張り切った「アイ」は、「権田美菜」に対して失礼があってはならないと思って気を遣って笑いかけたのに、彼女に真意が伝わらず、馬鹿にしていると咎められてしまい怯えている。

④ いつも一人で行動している「権田美菜」が急に声をかけてきたので、何か裏があるのではないかと疑っていた「アイ」は、彼女が自分の作り笑顔に気づき指摘してきたことで、より一層疑心暗鬼になっている。

問四 [A] 〜 [D] の会話を次の ① 〜 ④ を並べ直して完成させたとき、[C] に入るものはどれですか。その番号をマークしなさい。**（マークシート問題番号６）**

① あ、うん、あの、笑ってた。

② え、いや、あの、う、嬉しいなって……。

③ なんか、笑ってない？　気のせいかな？

④ やっぱり！　なんで？

問五 ──部**7**「ミナに言いたくなかった」とありますが、このときの「アイ」の気持ちを説明したものとして最も適当なものを、次の ① 〜 ④ の中から一つ選び、その番号をマークしなさい。**（マークシート問題番号７）**

① 自分は他の人と比べて恵まれている自覚があり、自分だけ何の苦労もせずに夏休みを満喫していることが、東京に残っている「ミナ」よりも恵まれているのではないかと心配になっている。

② 養子である自分は恵まれた環境にいるべきではないという後ろめたさがあり、経済的に恵まれていないことが予想される「ミナ」には、自分が恵まれた環境にあることを知られたくない。

③ 養子であるにも関わらず裕福な家庭で何不自由なく暮らしていることを、苦学生であろう「ミナ」が知ったら、住む世界が違うと思われて距離を置かれてしまうのではないかと恐れている。

④ 夏休み中も家業の手伝いをして家族の一員として家計を支えている「ミナ」と比べて、運良く手に入れた今の悠々自適な生活に甘んじて、両親からなかなか自立できずにいる自分が情けない。

問六 〰〰部「そのことはアイを安心させた」とありますが、それはなぜですか。空欄にあてはまる内容を本文中の語句を用いて、前半は十字以内、後半は十字以上、十五字以内で書きなさい。**(記述用解答用紙)**

ミナも															ことを知り、
															と思ったから。

問七 ▬部8「アイはでも、ミナの環境が少しだけ羨《うらや》ましかった」とありますが、「アイ」はどのような点を「羨まし」いと思ったのですか。それを説明したものとして最も適当なものを、次の①～④の中から一つ選び、その番号をマークしなさい。

(マークシート問題番号8)

① 親に人生を半ば強制的に決められながらも、それに抗《あらが》い、自分の意志と力で道を切り拓いていこうとしている点。

② 無限の可能性を秘めたミナが、自分の能力を信じてこれからの人生をすべて思い通りに決めて生きていくことができる点。

③ 両親によって人生に立ちはだかる壁や危険があらかじめ全て取り除かれ、安心、安全で完璧な人生が用意されている点。

④ 人生において生じるさまざまな選択を自分以外の誰かが行ってくれ、自分は決められたレールを歩くだけでよい点。

問八 ▬部9「アイの胸は高鳴った」とありますが、これ以降の「アイ」の気持ちを説明したものとして最も適当なものを、次の①～④の中から一つ選び、その番号をマークしなさい。**(マークシート問題番号9)**

① 「ミナ」から来年の夏休みを一緒に過ごしたいと言われ、「ミナ」は今だけではなく、これからも友達でいようとしてくれていることを知り、嬉しく思っている。

② これまで両親に心配をかけまいと、楽しそうに見せる努力をしていたが、「ミナ」という親友が出来たことで、これからは心から楽しむ姿を見せることができると安心している。

③ 夏休みに「ミナ」と一緒に旅行に行きたいと思いつつも誘えずにいたが、「ミナ」の方から旅行に誘ってくれたことで、「ミナ」も自分と同じ気持ちだったのだと知り驚いている。

④ 親友の「ミナ」と夏休みを一緒に過ごすことができるのが嬉しくて、まだ先のことなのに今からあれこれと想像してしまうほど、「ミナ」との旅行を楽しみにしている。

問九　本文の表現上の特色と内容の説明として最も適当なものを、次の①〜④の中から一つ選び、その番号をマークしなさい。**(マークシート問題番号10)**

① 「ふざけんなー!」「まじー?」など、「ミナ」のくだけた口調は、「ミナ」の馴れ馴れしさを強調し、「アイ」の謙虚さや思慮深さを一層際立たせている。

② 主人公の「アイ」が、孤高の存在の「ミナ」と出会いその内面に触れることで、平凡な日常が一変する様子が、「アイ」の目線で情感豊かに語られている。

③ 自分の境遇を素直に受け入れられず必要以上に卑下《ひげ》しようとする「アイ」の屈折した考え方が、折に触れて「アイ」の持つ特徴を描くことで浮き彫りになっている。

④ 自分の生い立ちに悩む「アイ」と、親の束縛から逃れられず苦しんでいる「ミナ」が出会い、心を通わせていく過程を、繊細な筆致で描き出している。

二　**次の各問いに答えなさい。**

問一　次の━━部の漢字には読みがなをつけ、カタカナは漢字に改めなさい。**(記述用解答用紙)**

(1) 夏になると草木が繁茂する。
(2) 汗を拭いながら運動に励む。
(3) 制服のサイスンをする。
(4) バスのシャソウから海が見える。
(5) 湖の水面に山がサカさに映る。

問二　次の━━部と同じ品詞のものを、次の①〜④の中から一つ選び、その番号をマークしなさい。**(マークシート問題番号11)**

彼女は委員長にふさわしい人物だ。

① 大きな進歩を遂げた。
② つらさに耐えられない。
③ 私でなくとも構わない。
④ 使った食器を洗い終えた。

問三　「読書」と同じ構成の熟語を、次の①〜④の中から一つ選び、その番号をマークしなさい。**(マークシート問題番号12)**

① 明暗　② 地震　③ 道路　④ 消火

問四　次の慣用句の□に共通して入る漢字として最も適当なものを、次の①〜④の中から一つ選び、その番号をマークしなさい。**(マークシート問題番号13)**

・目から□へ抜ける　・□を明かす　・□にかける

① 口　② 鼻　③ 耳　④ 眉

三　次の文章を読んで、あとの問いに答えなさい。（設問の都合上、本文を一部改変してあります）

動物の世界は常に争いのある弱肉強食という厳しい社会であると考えられている方が多いと思います。テレビなどで紹介される動物の躍動的なシーンも、争いの場面が多いような気がしています。

ここで間違えてはいけないのが、ライオンがシマウマを襲ったり、キツネがウサギを捕らえたりすることを争いと考えてしまうことです。食物連鎖における、食うものと食われるものとのあいだに見られる厳しい命のやりとりは、争いではありません。なぜなら、食べる側が一方的に攻撃し、食べられる側は逃げるだけだからです。14 争いとはお互いが攻撃し合うことがなければ成立しません。

弱肉強食の意味を考えてみましょう。みなさんは、ライオンがシマウマを食べるように、「強い動物が弱い動物を食べる」というように思っていませんか。

A ライオンはシマウマばかりを食べているわけではありませんが、16 シマウマをよく捕食していることは事実です。そこで両者の走るスピードを調べてみると、ライオンもシマウマも時速60km前後で走るとされています。資料によってはシマウマの方がやや速いというデータもありました。しかも、持続力はシマウマの方があります。

B ということは、ライオンが必死に追いかけてもシマウマには追いつけず、結局は逃げられてしまい、ライオンは何度襲ってもシマウマを食べることができずに餓死《がし》してしまいます。これでは、ライオンという種《しゅ》が存続できません。また、その逆にシマウマの方が遅かったとしたら、いつでもライオンはシマウマを食べることができますが、シマウマは食べられ続けて種が存続できません。

C 私は、幸運にもウガンダのクイーン・エリザベス国立公園で、早朝の靄《もや》の中、ライオンがレイヨウの仲間であるウガンダコーブを襲撃する場に居合わせました。2頭のコーブが首を立ててライオンの様子をうかがっています。ライオンは頭を下げて草の陰に隠れていました。ライオンがダッシュした瞬間には、2頭のコーブは反転してものすごい勢いで走り始めていました。その距離はどんどん離れていき、ライオンが追撃をあきらめるのに、それほど時間はかかりませんでした。

このように、ライオンの狩りはいつも成功するとは限らず、現地のガイドに聞いたところ、成功確率は10～20%程度だということでした。［17］、ほとんどが失敗するのです。［18］、ライオンはシマウマやコーブなどを食べて生きています。［19］、ライオンがこれらの草食動物を食べることができるかを考えてみると、弱肉強食の意味が理解できると思います。

シマウマもいつも健康で暮らしていけるという保証はありません。ときには腹痛が起きたり、捻挫《ねんざ》してしまったり、動きに精彩《せいさい》を欠くことがあるはずです。そういうシマウマは全速力で走ることができません。また、ライオンの中でも同じように体調がすぐれないときや、足に棘《とげ》が刺さって速く走れないライオンもいると思います。これが弱肉強食の本当の意味です。「弱ってしまったシマウマだけが食べられ、健康で強いライオンだけが食べることができる」ということだと私は解釈《かいしゃく》しています。

もうひとつ、命を左右する大きな要因は〝運〟です。どんなに健康体でも、運悪く逃げる途中で転んでしまったり、別方向へ向かったところにたまたま運悪くライオンがいたりすると食べられてしまいます。一方のライオンも同じで、追いかけているときに運悪く足を滑らせてしまったり、お腹が痛くて寝ころんでいたとしても、運良く目の前にシマウマがやってきて偶然捕まえることができたりするわけです。弱肉強食は〝［20］〟といえなくもありません。私は、動物が生きていく上で、この〝運〟の良し悪しがとても大きな意味を持っていると思っています。

食べられる側のシマウマは、ただただライオンの腹を満たすために存在しているようで、何も良いことがないように思われます。しかし、21ライオンはシマウマの存続に関してとても大きな役割を果たしているのです。ここで伝染病の蔓延《まんえん》を考えてみてください。

人間社会では、感染力の強い伝染病が発生した際には、患者を隔離して治療《ちりょう》します。家畜の世界では、即刻殺処分が基本です。最近では2010年に発生した宮崎県での口蹄疫《こうていえき》の大流行や2014年に熊本県で発生した鳥インフルエンザを記憶されている方も多いと思います。その際、宮崎県は牛、豚、水牛29万頭弱を、熊本県は鶏11万2000羽を殺処分しています。感染してしまった動物は治療を受けているあいだもウイルスを排出し続けますので、治療していては、大流行を阻止することができないのです。感染の拡大を防ぐためには、罹患《りかん》動物を殺処分して適切に埋却《まいきゃく》するしか方法がないのです。その役割は獣医師が担っています。[1]

野生動物にも同じことがいえるのです。シマウマに重篤《じゅうとく》な伝染病が発生してしまえば、どんどん感染が拡大して群れが壊滅してしまう可能性が大きいのですが、そうなる前、つまり感染の初期において、数頭の個体が感染したばかりの段階で、それらの個体を群れから取り除いてしまえば、多くの健康な個体は感染を免れることができるわけです。発症してウイルスを撒《ま》き散らかす前、私たちでいえば「どうも体調が思わしくない」という感じの時点でライオンがこの群れを襲えば、体調の万全でない個体は逃げ遅れてライオンに食べられてしまいます。[2]

病気のシマウマを食べて、ライオンに病気がうつらないのかと思われますが、実は我々が口蹄疫にかかったウシやブタを食べても感染しません。では、どうして作業に当たる獣医師が宇宙服のようなものものしい服装をして作業しているのかというと、獣医師がウイルスを衣服に付けてほかの家畜に伝搬《でんぱん》してしまうことを防いでいるからです。[3]

ライオンも、シマウマに重篤な症状を引き起こす病原体を食べたとしても、感染しません。このシステムが何も考えずに自然にできたとは考えられません。実に巧妙にできています。この絶妙なシステムの中で、すべての動物たちは生きているのです。[4]

（小菅正夫《こすげまさお》著『動物が教えてくれた人生で大切なこと。』による）

問一 ━━部14「争い」とありますが、その具体例として最も適当なものを、次の①～④の中から一つ選び、その番号をマークしなさい。**（マークシート問題番号14）**

① 時速60km前後で走るライオンとシマウマが、どちらの方が速いか競っている。
② 川で捕食しようとするクマに捕まらないようにサケが必死に逃げる。
③ 部屋の端に追い詰められたネズミがネコに飛びかかり、ネコが逃げていく。
④ オスのカバ同士がメスをめぐって、大きく口を開けてぶつかり合っている。

問二 段落[A]～[C]で述べられている内容として最も適当なものを、次の①～④の中から一つ選び、その番号をマークしなさい。**（マークシート問題番号15）**

① 段落[A]が文章の中心となる話題の内容で、段落[B]・[C]は話題の事柄に関する具体例をそれぞれ別の視点から示している。
② 段落[A]がデータを、段落[B]はデータから生じる仮定を、段落[C]はその仮定に対する説明のきっかけとなる筆者の体験を示している。
③ 段落[A]が事実を、段落[B]は事実に対する筆者の解釈を、段落[C]は話題を切り替えて別

の問題の具体例を示している。

④ 段落**A**が筆者の調査結果で、段落**B**はその結果を受けて新たな問題を提起し、段落**C**でその問題に関する解答を示している。

問三 ━━部16「シマウマをよく捕食していることは事実です」とありますが、ライオンに捕食されるシマウマの本文中の例として**適当でないもの**を、次の①〜④の中から一つ選び、その番号をマークしなさい。**(マークシート問題番号16)**

① ライオンに追われている最中に、石につまずいて転んでしまう。

② ライオンから逃げている最中に、別のライオンに出くわしてしまう。

③ 群れで狩りをするライオンに追いかけられ、体力が尽きて走れなくなる。

④ 突発的な体調不良やケガの影響で、普段のように走ることができない。

問四 **17** 〜 **19** に入れるのに最も適当な言葉を、次の①〜④の中からそれぞれ一つずつ選び、その番号をマークしなさい。**(マークシート問題番号17・18・19)**

① なぜ　② でも　③ また　④ つまり

問五 **20** に入れるのに最も適当な言葉を、次の①〜④の中から一つ選び、その番号をマークしなさい。**(マークシート問題番号20)**

① 弱体肉・強体食　② 弱体肉・強運食　③ 弱運肉・強運食　④ 弱運肉・強体食

問六 ━━部21「ライオンはシマウマの存続に関してとても大きな役割を果たしている」とはどういうことですか。その説明として最も適当なものを、次の①〜④の中から一つ選び、その番号をマークしなさい。**(マークシート問題番号21)**

① 伝染病に感染して死んだシマウマを、同じ伝染病に感染することのないライオンが捕食することで、死骸からの二次感染を防ぐということ。

② 群れで発生した伝染病が広がる前に、感染したシマウマをライオンが捕食することで、その他の多くのシマウマが感染を免れるということ。

③ ライオンがケガなどで弱ったシマウマを食べることで、伝染病に負けない強靱《きょうじん》なシマウマのみが残り、群れ全体の免疫力が向上するということ。

④ 伝染病を媒介するシマウマが増えると自然界に大きな影響を及ぼすため、ライオンがシマウマを捕食し、パンデミックを回避しているということ。

問七 次の一文は本文中の**1**〜**4**のうち一箇所に入ります。該当する番号をマークしなさい。
(マークシート問題番号22)
つまりライオンは、シマウマの群れを健全に維持する獣医師の役割を果たしているのです。

問八 〰〰部「この絶妙なシステム」とはどのようなシステムですか。二十字以上、三十字以内で書きなさい。**(記述用解答用紙)**

獲	物	が																	
														システム。					

問九　この文章を読んだ生徒が会話をしています。この中で本文の主旨に沿った発言をしている生徒を、次の①～④の中から一つ選び、その番号をマークしなさい。

（マークシート問題番号23）

①　生徒A――ライオンが弱ったシマウマを数頭ずつ食べていき個体数を管理しているように、人もさまざまな動物の個体数を管理して、結果としてその動物を絶滅の危機から守っているんだね。

②　生徒B――ライオンの狩りの成功確率が低いのは、天候やそのときの体調といった運が絡む要素も影響したんだろうけど、シマウマの個体数が伝染病によって減少したことが一番の原因なんだね。

③　生徒C――筆者は口蹄疫や鳥インフルエンザの流行に対して、家畜の大規模な殺処分と埋却しか感染を防ぐ方法がないと言っていたけど、最近は別の拡大防止策も講じられるようになってきているね。

④　生徒D――口蹄疫は人間には感染しないはずなのに、ものものしい服装をして作業に当たるのは、衣服に付着したウイルスが他の家畜に伝染することを防ぐ意味があったんだね。

四　次の文章を読んで、あとの問いに答えなさい。（------の左側は口語訳です）

昔、天竺《てんぢく》の人、宝を買はんために（買うために）、銭《ぜに》五十貫※を子に持たせてやる。大きなる川の端《はた》（ほとり）を行くに、舟に乗りたる人あり。舟の方を見やれば、舟より亀、首をさし出《いだ》したり。銭持ちたる人立ち止りて、この亀をば、「何の料《れう》ぞ」（どうするのですか）と問へば、「殺して物にせんずる」（あることに使おうとしているのだ）といふ。「その亀買はん」といへば、この舟の人曰《いは》く、いみじき（ずいぶん）大切の事ありて設《まう》けたる（用意した）亀なれば、いみじき価《あたひ》なりとも（どんなに高い値段でも）売るまじき由《よし》をいへば、なほあながちに手を摺《す》りて（懸命に頼み込んで）、この五十貫の銭にて亀を買ひ取りて放ちつ。

心に思ふやう、「親の、宝買ひに隣の国へやりつる銭を、亀にかへてやみぬれば（使いきってしまったので）、親、いかに（どれほど）腹立ち給《たま》はんずらん」。さりとてまた、親のもとへ行かであるべきにあらねば、親のもとへ帰り行くに、道に人の 24 ゐていふやう、「ここに亀売りつる人は、この下《しも》の渡《わたり》（下流の渡し場）にて舟うち返して死ぬ（転覆して死んだ）」と語るを聞きて、親の家に帰り行きて、銭は亀にかへつる由語らんと思ふ程《ほど》に、親のいふやう、「何とてこの銭をば返しおこせたるぞ」と問へば、子のいふ、「25 さる事なし（そういうことはありません）。その銭にては、しかじか亀にかへてゆるしつれば（放してやったので）、その由を申さんとて参りつるなり」といへば、親のいふやう、「黒き衣《ころも》きたる人、同じやうなるが五人、おのおの十貫づつ持ちて来たりつる。これ、そなる（これがその銭だ）」とて見せければ、この銭いまだ濡《ぬ》れながらあり。

（『宇治拾遺物語』巻第十三による）

（注）※　貫……銭貨を数える単位。

問一 ━━部**24**「ゐていふやう」を現代仮名遣いに直したものとして最も適当なものを、次の①〜④の中から一つ選び、その番号をマークしなさい。**（マークシート問題番号24）**

① いていうやう
② いていうよう
③ えていうやう
④ えていうよう

問二 ━━部**25**「さる事」の示す内容として最も適当なものを、次の①〜④の中から一つ選び、その番号をマークしなさい。**（マークシート問題番号25）**

① 親からもらったお金を使わないで親のもとへ返したこと。
② 親からもらったお金を殺されそうな亀と引き換えたこと。
③ 親からもらったお金を誤って川に落としてしまったこと。
④ 親からもらったお金を舟に乗るための運賃に使ったこと。

問三 本文の内容に最もよく合っているものを、次の①〜④の中から一つ選び、その番号をマークしなさい。**（マークシート問題番号26）**

① 亀を買おうとしたが値段があまりに高く、手が出せなかったことを子どもは悔やんでいる。
② 悪人から助け出した亀を家へ持ち帰り、大切に飼育していこうと子どもは張り切っている。
③ 宝を買わずに亀を買ってしまったため、親を怒らせてしまうと子どもは不安に思っている。
④ 絶体絶命な状況の亀を救ったので、きっと恩返しされるはずだと子どもは期待している。

五

松島さんと森田さんが、「敷居が高い」という慣用句について話しています。【会話文】と【資料A】・【資料B】を踏まえて、あとの問いに答えなさい。

【会話文】

松島「森田さん、『敷居が高い』という慣用句の意味を知っている？」
森田「自信ないなぁ」
松島「**【資料A】**を見て。本来の意味を知っている人は以前と比べて約13％減っているんだ」
森田「なるほど。本来の意味とは違う認識の人が増えているね」
松島「『敷居が高い』の本来の意味は［27］ということなんだよね」
森田「**【資料B】**を見ると、世代によって認識の違いに大きな差があるね」
松島「70歳以上を除く全ての世代で［x］認識をする傾向があるね。［y］代以下では（ア）を選択する人の割合と（イ）を選択する人の割合に40％以上の差があるよ」

【資料A】

「敷居が高い」とはどのような意味だと思うか。	令和元年度	平成20年度
（ア）相手に不義理などをしてしまい、行きにくい	29.0	42.1
（イ）高級すぎたり、上品すぎたりして、入りにくい	56.4	45.6
（ア）と（イ）の両方	12.2	10.1
（ア）、（イ）とは、全く別の意味	0.6	0.3
分からない	1.9	1.9

令和元年度「国語に関する世論調査」による（数字は%）

【資料B】

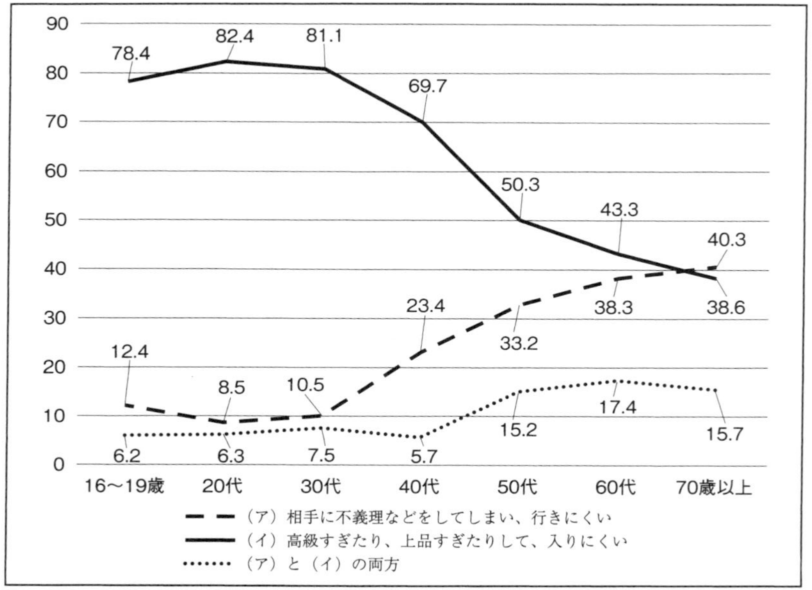

令和元年度「国語に関する世論調査」による（数字は%）

問一　[27]に入る内容として最も適当なものを、次の①～④の中から一つ選び、その番号をマークしなさい。**（マークシート問題番号27）**

①　（ア）相手に不義理などをしてしまい、行きにくい
②　（イ）高級すぎたり、上品すぎたりして、入りにくい
③　（ア）と（イ）の両方
④　（ア）、（イ）とは、全く別の意味

問二　空欄にあてはまる内容を、[x]は**【会話文】**から十字以内で書き抜きなさい。[y]は二字以内で書きなさい。**（記述用解答用紙）**

x
y

※これで問題は終わりです。28番以降のマークシートは使用しませんので、何も記入しないでください。

英語解答

1 No. 1 ④(1)　No. 2 ②(2)
No. 3 ①(3)　No. 4 ②(4)
No. 5 ①(5)
No. 6 Question 1 ②(6)
Question 2 ④(7)
Question 3 ③(8)
No. 7 Question 1 science
Question 2 old buildings
Question 3 Thursday

2 (9) ④　(10) ①　(11) ③　(12) ④
(13) ②　(14) ②　(15) ②　(16) ①
(17) ③　(18) ②

3 (19) ②　(20) ②　(21) ③　(22) ①

4 問１ ②(23)
問２ （例）the doctor was late
問３ ②(24)　問４ without
問５ ③(25)　問６ ④(26)

5 問１ ③(27)　問２ ②(28)　問３ ①(29)
問４ （例）イルカがトッドとサメの間に入り，邪魔をしたこと。
問５ （例） Todd was losing a lot of blood
問６ ①(30)

1〔放送問題〕解説省略

2〔適語（句）選択・語形変化〕

(9) borrow「～を借りる」⇔ lend「～を貸す」　「私はペンをなくしてしまいました。あなたのペンを借りてもいいですか」

(10) ‘What (a/an)＋形容詞＋名詞＋主語＋動詞...!’ の形の感嘆文。　「これはなんて美しい花だろう」

(11) 直前の and に着目する。and は文法上対等の要素を結ぶので Get (up) と同じ動詞の原形を選ぶ。「早く起きて朝ご飯を食べなさい」

(12) a number of ～で「たくさんの～」という意味を表す。　「たくさんの女の子たちが公園でテニスをしている」

(13) ‘It is ～ of＋人＋to …’「…するとは〈人〉は～だ」の形。この構文では‘～’の部分に kind などの‘人の性質’を表す形容詞が入る。　「私たちを助けてくれるとはあなたは親切だ」

(14) The book が bought の目的語に当たるので目的格の関係代名詞が入る。The book は‘物’なので関係代名詞は which になる。また，目的格の関係代名詞の後には主語が必要。　「私が昨日買った本はおもしろい」

(15) Have you ever been to ～? で「～に行ったことはありますか」という意味。　「ドイツに行ったことはありますか」

(16)「夏目漱石によって書かれた小説」となればよい。「～される（た）」という受け身の意味を表すのは過去分詞。　write－wrote－written　「これは夏目漱石によって書かれた小説です」

(17) 後ろに than があるので比較級の文。‘比較級＋than ～’「～より…」の形。　「田舎は都会より静かだ」

(18) ‘If＋主語＋動詞の過去形～，主語＋助動詞の過去形＋動詞の原形…’ の形で「もし～なら，…なのに」という意味を表す。これは‘現在の事実に反する仮定’を述べる仮定法過去の文。　「私にたくさんお金があれば，新しい自転車を買えるのに」

3〔整序結合〕

(19) ‘so ～ that＋主語＋cannot …’「とても～なので―は…できない」の構文。ここは過去の内容なので couldn't になっている。　Tom was so busy that he couldn't come to the meeting.

(20)「～を自慢に思っている」はbe proud of ～ で表せる。thatはthe cameraを先行詞とする目的格の関係代名詞として使う。 Joe is proud of the camera that his father bought for him.

(21)「～を(私に)教えてください」はPleaseの後に‘tell＋人＋物事’「〈人〉に〈物事〉を教える」の形を続けて表す。‘物事’に当たる「クッキーの作り方」はhow to ～「～の仕方」を使ってhow to make cookiesとする。 Please tell me how to make cookies.

(22)「～しない方が良い」は‘had better not＋動詞の原形’で表せる(notの位置に注意)。これは‘had better＋動詞の原形’「～した方がいい」の否定形。 We had better not stay up late.

4〔長文読解総合―物語〕

≪全訳≫❶少年の緊急手術をするために呼び出され，1人の医者が病院に駆け込んできた。彼女は外科病棟へ直行した。❷彼女は手術室の外の廊下に少年の父親がいるのがわかった。父親は医者を見ると，怒りを込めて言った。「どこにいたんだ？ 何でこんなに時間がかかったんだ？ 息子があそこで死にかけていることを知らないのか？ もし息子が死んだら，あなたのせいだ！」❸医者は優しくほほ笑んで言った。「すみません，電話をもらったとき私は病院にいませんでした。できるだけ早く来ました。どうか落ち着いて，私たちに仕事をさせてください」❹「落ち着けだって？ 隣の部屋にいるのがあなたの息子だったら，落ち着いてなんかいられるのか？」と父親は言い，前よりも怒りが増した。「もし医者が近くにいなくて自分の息子が死んだらどうする？」❺医者は静かに言った。「医者は全ての命を救うことはできません。私たちにできるのは最善を尽くすことだけです。私たちは彼を助けるために最善を尽くします」❻「私が話していることがわからないんだろうな」と父親はぶつぶつ言い，ソファーの所まで歩いていって腰を下ろした。彼の妻は黙って彼の隣に座っていた。❼少年は何時間も手術を受けた。ようやく医者が出てきたとき，彼女は両親に言った。「全てうまくいきました。息子さんは大丈夫ですよ」 返事を待たずに彼女は廊下を走っていった。エレベーターに乗る前に彼女は振り向いて言った。「何か質問があれば，看護師にきいてください！」❽「なんて無礼なんだ」と父親は妻に言った。「彼女は息子の様子を私たちに伝えるために，少しでも立ち止まって話をすることさえできないのか？」❾彼の言うことを聞いていた看護師がやってきて，彼女の手を両親の肩に当てた。「彼女の息子さんが昨日交通事故でなくなったのです。昨日彼女があなたからの電話を受けたとき，彼女は通夜に参列していたんですよ。彼女はあなたの息子さんを救ったので，自分の息子が埋葬されるときにそこに居合わせるために急いで行ったのです」

問1＜文脈把握＞下線部に続く部分から，緊急手術をするために呼び出されたことがわかる。

問2＜英問英答＞「医者が到着したとき，なぜ父親は怒っていたのか」―「医者が遅かったから」 第2段落参照。息子の手術を待つ父親の医者に対する発言から，父親は医者の到着が遅かったことに対していらいらしていたことがわかる。 (別解例) Because he didn’t know why she was so late.

問3＜文脈把握＞息子の命を救ってほしいと願う父親にとって，「医者は全ての命を救うことはできません」という第5段落の医者の発言は納得できるものではなかったと考えられる。

問4＜内容一致＞「医者は手術について話をするために立ち止まることなく，廊下を走っていった」 第7段落後半～第8段落の内容から，医者は患者の様子を患者の両親に説明せずに急いでどこかに向かったことがわかる。without ～ingで「～せずに」という意味。 stop to ～「～するために立ち止まる」

問5＜内容一致＞「看護師は父親に(　　)と伝えた」―③「医者は彼女の息子に会いに行った」 最終段落参照。看護師が医者の事情を両親に説明している。

問6＜内容真偽＞①…× そのような記述はない。医者は患者の父親に対して常に冷静に接している。

②…×　第７段落第１文参照。何時間もかかった。　③…×　そのような記述はない。　④…○　最終段落の内容に一致する。

5〔長文読解総合―ノンフィクション〕

≪全訳≫❶毎日，トッドはマリーナ・ステート・ビーチにサーフィンをしに行っていた。人々はそこでサメをよく見かけるが，襲撃されることはほとんどない。過去60年間に起きたサメの襲撃はわずか10件だった。そのうち２人が死亡した。トッドはもう少しで３人目の死者になるところだった。❷ある朝，トッドは何人かの友達とサーフィンをしていた。サーファーたちの近くの海でたくさんのイルカが遊んでいた。彼の友人の中にはイルカについて話していた者もいた。❸「ここにはイルカがたくさんいてうれしいよ」❹「どうして？」❺「イルカはサメのいない場所にしか行かないから！」❻しかしトッドの友人は間違っていた。❼しばらくサーフィンをした後，トッドは海に浮かぶサーフボードの上で休んでいた。すると突然，サメが彼のサーフボードを襲った。大きな車にはねられたようだった。トッドは小さい男ではなかった。身長は190センチ，体重は90キロあった。しかし，彼は空中に舞い上がり，４メートル先に落ちた。彼はすぐに泳いでサーフボードの所まで行き，それによじ登った。トッドはビーチに戻り始めた。❽その後，サメが再び彼を襲った。今度はサメは横から来た。サメはサンドイッチを食べるようにトッドとボードにかみついた。サメはトッドを口でくわえた。トッドはサメの目の近くを何度も何度も殴った。ようやくサメは去っていった。トッドは再びビーチへ向かい始めたが，そのとき彼は重傷を負っていた。❾サメが戻ってきた。今度はトッドの脚にかみついた。トッドが再び殴ると，サメは去っていった。しかし，トッドは弱っていた。彼は，次はサメに殺されるだろうとわかっていた。❿突然，驚くべきことが起こった。イルカたちがトッドの所に泳いで行き，彼の周りで飛び跳ね始めたのだ。イルカたちはトッドとサメの間を泳いでくれたので，サメは再びトッドに近づくことができなかった。それは，まるでイルカの壁のようだった。大小のイルカが彼の周りを囲んでいた。彼はボードの上に上がった。ちょうどそのとき，小さな波が来て，彼はその波に乗ってビーチに戻った。⓫ビーチでは友達が彼を助けてくれた。彼は大量に出血していた。そこで友人たちは，彼の脚をロープで縛った。すぐにヘリコプターが来て彼を病院に運んだ。⓬今日，トッドは元気だ。彼は言った。「イルカが本当に私の命を救ってくれたんだ！」

問１＜文脈把握＞この前でトッドの友人たちは「イルカはサメのいない場所にしか行かない」と言っていたが，この後イルカのいる海でサーフィンをしていたトッドがサメに襲われてしまった。つまり，③「イルカの近くにサメがいたから」，友人たちは間違っていたのである。

問２＜要旨把握＞下線部の４文後の he flew up into the air and came down four meters away が，最初にサメに襲われたときの具体的な描写になっている。flew は fly の過去形(fly－flew－flown)。flew up into the air は「空中に舞い上がった」という意味。

問３＜適語選択＞次の文以降に，そのとき起きたことが書かれている。イルカたちがサメに襲われているトッドの所に駆けつけて守ってくれたのは，surprising「驚くべき」ことである。

問４＜指示語＞下線部を含む文の「それは，まるでイルカの壁のようだった」という意味から，It「それ」は前文の「イルカたちはトッドとサメの間を泳いでくれたので，サメは再びトッドに近づくことができなかった」という内容を指しているとわかる。この内容をわかりやすく説明する。

問５＜英問英答＞「なぜトッドの友人たちはトッドの脚をロープで縛ったのか」―「トッドが大量に出血していたから」　第11段落第２，３文参照。第３文の文頭にある So は「だから」の意味。この前後は‘理由’→‘結果’の関係になる。

問６＜内容真偽＞①…×　第１段落に反する。　②…○　第８段落第３文に一致する。　③…○　第８，９段落に一致する。　④…○　第11段落最終文に一致する。

2024年度／花咲徳栄高等学校(第2回)

数学解答

1 (1) ① 1…1　2…9
　② 3…4　4…2
(2) 5…7　6…6　7…8
(3) 8…9　9…3
(4) 10…3　11…8
(5) 12…2　13…5　14…5　15…3
(6) (i) 16…7　17…1　(ii) ①，⑤

2 (1) 20…2　21…3　22…2
(2) 23…2　24…5　25…2
(3) 26…1　27…6　28…2　29…5

3 (1) 30…2　31…5
(2) ① 32…1　33…0　② 5

4 (1) ① $x=y+12$
　② 男子…20人　女子…8人
(2) ① $\frac{9}{2}$　② $\frac{135}{44}$

1〔独立小問集合題〕

(1)＜数の計算＞①与式＝$2-21=-19$　②与式＝$2\sqrt{6\times3}-\frac{4\times\sqrt{2}}{\sqrt{2}\times\sqrt{2}}=2\sqrt{3^2\times2}-\frac{4\sqrt{2}}{2}=2\times3\sqrt{2}-2\sqrt{2}=6\sqrt{2}-2\sqrt{2}=4\sqrt{2}$

(2)＜数の計算＞与式＝$8x^3\times3xy^5\times\frac{x^2}{6y^4}=\frac{8x^3\times3xy^5\times x^2}{6y^4}=4x^6y$として，$x=2$，$y=3$を代入すると，与式＝$4\times2^6\times3=4\times64\times3=768$となる。

(3)＜二次方程式＞$x^2+6x-27=0$より，$(x+9)(x-3)=0$　$\therefore x=-9,\ 3$

(4)＜確率―硬貨＞4枚の硬貨をA，B，C，Dとする。4枚の硬貨を同時に投げたとき，それぞれ，表，裏の2通りの出方があるから，4枚の硬貨の表，裏の出方は，全部で$2\times2\times2\times2=16$(通り)ある。このうち，表が2枚出る場合は，表となる2枚が，AとB，AとC，AとD，BとC，BとD，CとDである6通りだから，求める確率は$\frac{6}{16}=\frac{3}{8}$である。

(5)＜平面図形―長さ，面積＞右図で，線分ABは円Oの直径だから，$\angle ACB=90°$である。よって，円Oの直径は，△ABCで三平方の定理より，$AB=\sqrt{BC^2+AC^2}=\sqrt{(\sqrt{5})^2+(\sqrt{15})^2}=\sqrt{20}=2\sqrt{5}$となる。また，$BC:AB:AC=\sqrt{5}:2\sqrt{5}:\sqrt{15}=1:2:\sqrt{3}$となるから，△ABCは3辺の比が$1:2:\sqrt{3}$の直角三角形であり，$\angle ABC=60°$となる。よって，$\overset{\frown}{AC}$に対する円周角と中心角の関係より，$\angle AOC=2\angle ABC=2\times60°=120°$である。円Oの半径は$OA=\frac{1}{2}AB=\frac{1}{2}\times2\sqrt{5}=\sqrt{5}$だから，〔おうぎ形OAC〕＝$\pi\times(\sqrt{5})^2\times\frac{120°}{360°}=\frac{5}{3}\pi$となる。

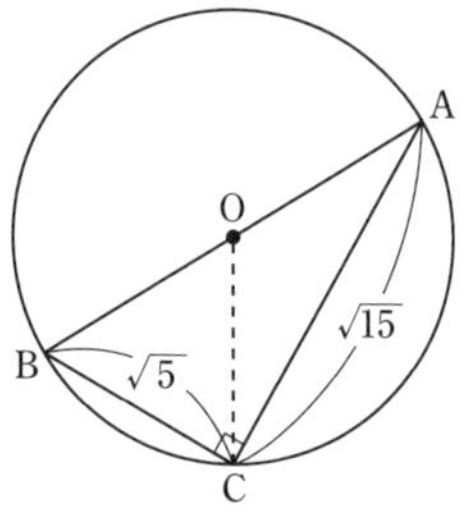

(6)＜データの活用―平均値，正誤問題＞(i)問題の図1で，Aの20回の結果は，3点が1回，5点が2回，6点が5回，7点が3回，8点が5回，9点が2回，10点が2回だから，平均値は，$(3\times1+5\times2+6\times5+7\times3+8\times5+9\times2+10\times2)\div20=142\div20=7.1$(点)である。　(ii)①…正。図1で，Aは，6点と8点の回数が5回で最も多いから，最頻値は6点と8点である。　②…誤。問題の図2で，Bの20回の結果の中央値は6点である。中央値は小さい方から10番目と11番目の平均値だから，10番目と11番目がともに6点であることも考えられる。このとき，10番目～20番目が6点以上となり，その回数は$20-9=11$(回)となる。　③…誤。図1で，Aは，6点以下が$1+2+5=8$(回)，7点以下が$8+3=11$(回)だから，小さい方から10番目と11番目はともに7点であり，中央値は7点である。②より，Bの中央値は6点なので，AとBの中央値は異なる。　④…誤。四分位範囲は，第3四分位数から第1四分位数をひいた差である。Aの小さい方10回の中央値は，小さい方か

ら5番目と6番目の平均値となる。図1で，5点以下が1+2=3(回)，6点以下が8回より，小さい方から5番目と6番目は6点だから，第1四分位数は6点である。第3四分位数は，大きい方10回の中央値だから，15番目と16番目の平均値である。7点以下が11回，8点以下が11+5=16(回)より，小さい方から15番目と16番目は8点だから，第3四分位数は8点となる。よって，Aの四分位範囲は8−6=2(点)である。また，図2で，Bの第1四分位数は4.5点，第3四分位数は7.5点だから，四分位範囲は7.5−4.5=3(点)となる。したがって，四分位範囲は，Aの方が小さい。　⑤…正。図1で，Aの5点以上7点以下の回数は2+5+3=10(回)である。また，図2で，Bは，第1四分位数が4.5点より，小さい方から5番目は4点以下，6番目は5点以上である。第3四分位数が7.5点より，小さい方から15番目は7点以下，16番目は8点以上である。よって，Bの5点以上7点以下は，小さい方から6番目から15番目であり，その回数は15−5=10(回)となる。したがって，AとBの5点以上7点以下の回数は等しい。

2〔関数―関数 $\boldsymbol{y=ax^2}$ と一次関数のグラフ〕

≪基本方針の決定≫(3)　△AOC，△BODを y 軸で2つの三角形に分けて，面積を求める。

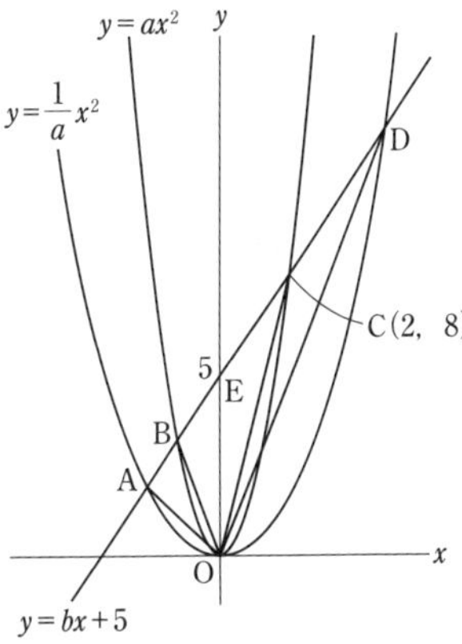

(1)＜$\boldsymbol{a}$，$\boldsymbol{b}$ の値＞右図で，C(2, 8)は放物線 $y=ax^2$ 上にあるので，$x=2$，$y=8$ を代入して，$8=a\times2^2$ より，$a=2$ となる。また，点Cは直線 $y=bx+5$ 上にもあるので，$8=b\times2+5$，$-2b=-3$，$b=\frac{3}{2}$ となる。

(2)＜$\boldsymbol{y}$ 座標＞右図で，(1)より，点Dは，放物線 $y=\frac{1}{2}x^2$ と直線 $y=\frac{3}{2}x+5$ の交点となる。2式より y を消去して，$\frac{1}{2}x^2=\frac{3}{2}x+5$，$x^2-3x-10=0$，$(x+2)(x-5)=0$　$\therefore x=-2, 5$　よって，点Dの x 座標は5であり，y 座標は，$y=\frac{1}{2}\times5^2=\frac{25}{2}$ である。

(3)＜面積比＞右図で，直線 $y=\frac{3}{2}x+5$ と y 軸の交点をEとすると，△AOC=△AOE+△COE，△BOD=△BOE+△DOEである。また，切片が5より，E(0, 5)だから，OE=5となる。点Aは放物線 $y=\frac{1}{2}x^2$ と直線 $y=\frac{3}{2}x+5$ の交点だから，(2)より，点Aの x 座標は−2である。これより，△AOEは，底辺をOEと見ると高さは2だから，△AOE $=\frac{1}{2}\times5\times2=5$ である。また，C(2, 8)より，点Cの x 座標は2だから，△COEは，底辺をOEと見ると高さは2であり，△COE $=\frac{1}{2}\times5\times2=5$ である。よって，△AOC=5+5=10となる。次に，(1)より，点Bは放物線 $y=2x^2$ と直線 $y=\frac{3}{2}x+5$ の交点だから，$2x^2=\frac{3}{2}x+5$，$4x^2-3x-10=0$ より，解の公式を利用して，$x=\frac{-(-3)\pm\sqrt{(-3)^2-4\times4\times(-10)}}{2\times4}=\frac{3\pm\sqrt{169}}{8}=\frac{3\pm13}{8}$ となり，$x=\frac{3-13}{8}=-\frac{5}{4}$，$x=\frac{3+13}{8}=2$ となる。これより，点Bの x 座標は $-\frac{5}{4}$ だから，△BOEは，底辺をOEと見ると高さは $\frac{5}{4}$ であり，△BOE $=\frac{1}{2}\times5\times\frac{5}{4}=\frac{25}{8}$ となる。(2)より，点Dの x 座標は5だから，△DOEは，底辺をOEと見ると高さは5であり，△DOE $=\frac{1}{2}\times5\times5=\frac{25}{2}$ となる。よって，△BOD $=\frac{25}{8}+\frac{25}{2}=\frac{125}{8}$ である。以上より，△AOC：△BOD $=10:\frac{125}{8}=16:25$ となる。

3〔データの活用―場合の数・確率―数字のカード〕

≪基本方針の決定≫(2)①　2回目に取り出すカードの番号は偶数である。　②　4の倍数である2

けたの整数は，①でできる2けたの偶数の中に全て含まれる。

(1)＜確率＞袋Aにはそれぞれ1，2，3，4，5の番号が書かれた5枚のカード，袋Bにはそれぞれ4，5，6の番号が書かれた3枚のカードが入っているので，袋A，袋Bから1枚ずつカードを取り出したときの取り出し方は，袋Aからは5通り，袋Bからは3通りであり，全部で$5\times3=15$(通り)ある。このうち，番号の和が9以上となるのは，(袋A，袋B)=(3，6)，(4，5)，(4，6)，(5，4)，(5，5)，(5，6)の6通りある。よって，求める確率は$\frac{6}{15}=\frac{2}{5}$となる。

(2)＜場合の数＞①2けたの整数が偶数になるとき，2回目に取り出したカードの番号が偶数である。1回目は袋Aから取り出すので，1回目の番号は1，2，3，4，5のいずれかである。1回目の番号が1のとき，2回目は，袋Bから取り出すので，偶数は4，6の2通りある。1回目の番号が2，3のときも同様に，それぞれ2通りある。1回目の番号が4のとき，2回目は，取り出したカードを戻した袋Aから取り出すので，偶数は2，4の2通りある。1回目の番号が5のときも同様に2通りある。以上より，2けたの整数が偶数となる場合は$2\times5=10$(通り)ある。　②4の倍数は偶数だから，①の10通りの2けたの偶数の中に全て含まれる。10通りの2けたの偶数は，14，16，24，26，34，36，42，44，52，54である。このうち，4の倍数であるものは，16，24，36，44，52の5通りある。

4 〔独立小問集合題〕

(1)＜連立方程式の応用＞①男子の部員数がx人，女子の部員数がy人で，男子の部員数は女子の部員数より12人多いので，$x=y+12$……㋐が成り立つ。　②女子の部員数は男子の部員数の40%と等しいので，$y=x\times\frac{40}{100}$より，$y=\frac{2}{5}x$……㋑が成り立つ。①の㋐と㋑を連立方程式として解く。㋑を㋐に代入して，$x=\frac{2}{5}x+12$，$\frac{3}{5}x=12$　$\therefore x=20$　これを㋑に代入して，$y=\frac{2}{5}\times20$　$\therefore y=8$　よって，男子の部員数は20人，女子の部員数は8人である。

(2)＜平面図形—長さ，面積＞①右図1で，EF=xとする。線分ACを折り目として折っているので，AE=AB=6，EC=BC=12となり，CF=EC−EF=$12-x$と表せる。また，∠ACF=∠ACBであり，四角形ABCDが長方形より，AD∥BCだから，∠CAF=∠ACBとなる。これより，∠CAF=∠ACFとなるので，△ACFは二等辺三角形であり，AF=CF=$12-x$と表せる。∠AEF=∠ABC=90°だから，△AEFで三平方の定理$AE^2+EF^2=AF^2$より，$6^2+x^2=(12-x)^2$が成り立つ。これを解くと，$36+x^2=144-24x+x^2$，$24x=108$，$x=\frac{9}{2}$となるので，EF=$\frac{9}{2}$である。　②図1で，①より，AF=$12-x=12-\frac{9}{2}=\frac{15}{2}$である。これより，FD=AD−AF=$12-\frac{15}{2}=\frac{9}{2}$となる。右図2で，同様に考えて，BH=$\frac{15}{2}$となり，HC=$\frac{9}{2}$となるから，△CDH=$\frac{1}{2}\times$HC×CD=$\frac{1}{2}\times\frac{9}{2}\times6=\frac{27}{2}$である。さらに，2点F，Hを結ぶと，FD=HC，∠HCD=∠CDF=90°より，四角形CDFHは長方形だから，DJ=HJとなり，△CDJ=△CHJ=$\frac{1}{2}$△CDH=$\frac{1}{2}\times\frac{27}{2}=\frac{27}{4}$となる。次に，∠AID=∠CIH，∠IAD=∠ICHだから，△ADI∽△CHIである。対応する辺の比より，DI：HI=DA：HC=$12:\frac{9}{2}=8:3$だから，△CDI：△CHI=8：3となる。よって，△CDI=$\frac{8}{8+3}$△CDH=$\frac{8}{11}\times\frac{27}{2}=\frac{108}{11}$となる。したがって，△CIJ=△CDI−△CDJ=$\frac{108}{11}-\frac{27}{4}=\frac{135}{44}$である。

図1

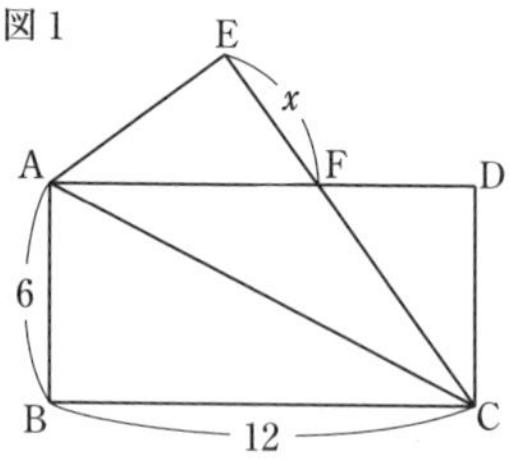

図2

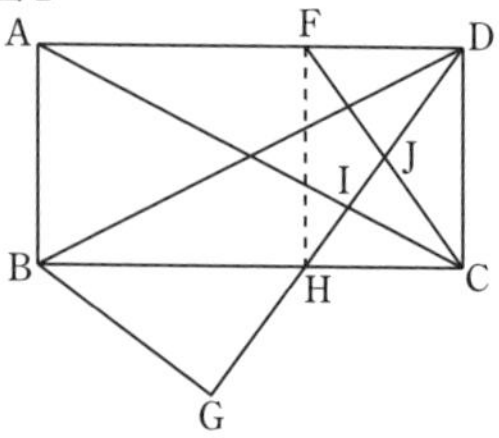

2024年度／花咲徳栄高等学校(第２回)

国語解答

一　問一　②$_{1}$

問二　2…④　3…③　4…①

問三　①$_{5}$　問四　④$_{6}$　問五　①$_{7}$

問六　［ミナも］恵まれた環境にある［ことを知り，］自分の方が恵まれすぎていない［と思ったから。］

問七　④$_{8}$　問八　①$_{9}$　問九　③$_{10}$

二　問一　(1)　はんも　(2)　ぬぐ　(3)　採寸　(4)　車窓　(5)　逆

問二　③$_{11}$　問三　④$_{12}$　問四　②$_{13}$

三　問一　④$_{14}$　問二　②$_{15}$　問三　③$_{16}$

問四　17…④　18…②　19…①

問五　③$_{20}$　問六　②$_{21}$　問七　②$_{22}$

問八　［獲物が］重篤な症状を引き起こす病原体を持っていても捕食者は感染しない(30字)［システム。］

問九　④$_{23}$

四　問一　②$_{24}$　問二　①$_{25}$　問三　③$_{26}$

五　問一　①$_{27}$

問二　X　本来の意味とは違う

Y　四十

一〔小説の読解〕出典：西加奈子『ｉアイ』。

問一＜文章内容＞アイは，学校で「誰の気分も害さず，穏やかに過ごすにはどうすればいいのか」ということをしっかりと理解するため，クラスの人間関係などを細かく観察していた。

問二＜文章内容＞２．美菜は「大人びて」見えたし，美菜に対しては「皆もどこか避けているよう」であり，容易には近づけない雰囲気があった。　３．アイは，美菜に「咎められている」と思ったが，美菜は関心のありそうな顔で「アイを見ているだけ」だった。　４．アイは，「ただ単に」生物室の場所をきくために声をかけてきた美菜の率直な態度に，心を許すようになった。

問三＜心情＞周囲に配慮して過ごしているアイは，皆が「避けている」ような美菜に話しかけられて「緊張」し，「失礼なことがないように」薄く口角を上げ，和やかな表情をつくってみせた。しかし，美菜に「笑ってる？」と言われたので，アイは「咎められている」と思い，身構えた。

問四＜文脈＞「あの…」と言って戸惑うアイに，美菜は「なんか，笑ってない？」と同じ質問を口にした(…③)。アイが「あ，うん，あの，笑ってた」とたどたどしく答えると(…①)，それに対して美菜は「なんで？」とその理由を尋ねてきた(…④)。アイは，とっさに「う，嬉しいなって…」と答えたが(…②)，美菜は「嬉しい？　何が？」とさらに質問を重ねてきた。

問五＜心情＞アイは，「自分は特別『恵まれている』という想い」から逃れられないでいたので，友人関係においては，自分の方が「恵まれすぎていないこと」が重要であった。アイは，夏休みに自分だけが「避暑で軽井沢にいる」ことを，ミナよりも恵まれすぎているように感じたのである。

問六＜文章内容＞自分の方が「上」でないことが重要だと考えるアイは，ミナの実家が有名な老舗という「恵まれた環境」にあったので，自分の方が「恵まれすぎていないこと」に安心した。

問七＜文章内容＞アイは，「これから起こるすべての出来事を選ぶ権利がある」と言われて「広い荒野に送り出される」よりは，「何もかも決められた道をすみやかに歩いてゆく方が心安いのではないか」と考えていたので，将来のことが決められているミナの環境を，うらやましく思った。

問八＜心情＞ミナが来年の夏休みのことを約束してくれたことで，アイは，「ミナが来年も」自分と「友達でいようと思ってくれている」と思い，うれしくなった。

問九＜表現＞「自分が恵まれた環境の恩恵にあずかる正当な人間ではない」と境遇を受け入れられずにいるアイの考えが，夏休みの過ごし方やミナとの関係の中で描き出されている。

二〔国語の知識〕

問一＜漢字＞(1)草木が盛んに生い茂ること。　(2)他の訓読みは「ふ(く)」。　(3)衣類をつくる際，体の各部分の寸法を測ること。　(4)列車や自動車などの窓のこと。　(5)音読みは「逆転」などの「ギャク」。

問二＜品詞＞「ふさわしい」は，形容詞「ふさわしい」の連体形。「なく」は，形容詞「ない」の連用形。「大きな」は，連体詞。「つらさ」は，名詞。「洗い」は，動詞「洗い終える」の一部。

問三＜熟語の構成＞「読書」と「消火」は，下の漢字が上の漢字の目的語となっている熟語。「明暗」は，反対の意味の漢字を重ねた熟語。「地震」は，上の漢字が主語で，下の漢字が述語となっている熟語。「道路」は，似た意味の漢字を重ねた熟語。

問四＜慣用句＞「目から鼻へ抜ける」は，頭の回転が早くて抜け目がない，という意味。「鼻を明かす」は，相手を出し抜いて驚かせる，という意味。「鼻にかける」は，自慢する，という意味。

三〔説明文の読解―自然科学的分野―自然〕出典：小菅正夫『動物が教えてくれた人生で大切なこと。』。

≪本文の概要≫動物の世界は，弱肉強食の厳しい社会であると考えられているが，弱肉強食は，強い動物が弱い動物を食べるという意味ではない。例えばライオンとシマウマを比べてみると，ライオンよりシマウマの方が速いというデータもあるし，持続力はシマウマの方がある。つまり，ライオンが必死に追いかけても，シマウマには追いつけないことになる。本当の意味での弱肉強食とは，その折々における動物の体調や状況において，弱ってしまった動物だけが食べられ，健康で強い動物だけが食べることができるということなのである。また，食べる側のライオンは，食べられる側のシマウマの存続に関して，大きな役割を果たしている場合もある。重篤な伝染病がシマウマの群れに拡大する前に，体調のよくない個体のいる群れをライオンが捕食することで，他のシマウマへの感染を防ぐのである。しかも，ライオンは，その病気には感染しない。動物の世界には，病原体を持っている他の動物を食べても感染しないという巧妙なシステムが存在しているのである。

問一＜文章内容＞「食べる側が一方的に攻撃し，食べられる側は逃げるだけ」という関係は，「争い」ではない。「争い」とは，「お互いが攻撃し合う」ことで成立するものである。

問二＜段落関係＞Aでは，ライオンとシマウマの走るスピードはどちらも「時速60km 前後」だが，「資料によってはシマウマの方がやや速い」というデータがあり，さらに「持続力はシマウマの方が」あることが述べられている。Bでは，提示したデータから「ライオンは何度襲ってもシマウマを食べることができずに餓死」するという仮定が示され，Cでは，逃げていくコープの「追撃をあきらめる」ライオンの姿を「私」が目撃した体験をもとに，その仮定の正しさが説明されている。

問三＜文章内容＞ライオンの狩りの「成功確率は10～20％程度」だが，捕食される側がけがや病気で「動きに精彩」を欠いていたり(④…○)，「逃げる途中で転んで」しまったりした場合，ライオンは捕食に成功する(①…○)。また，捕食される側が「別方向へ向かったところ」にたまたま運悪く別のライオンがいる場合も，捕食される側はライオンに捕らえられてしまう(②…○，③…×)。

問四．17＜接続語＞ライオンの狩りの「成功確率は10～20％程度」ということは，言い換えれば「ほとんどが失敗する」ということである。　18＜接続語＞確率的には，ライオンの狩りはほとんど「失敗する」ことになるが，「ライオンはシマウマやコープなどを食べて生きて」いる。　19＜表現＞ライオンが，どうして「草食動物を食べることができるか」を考察すると，「弱肉強食の意味が理解」できる。

問五＜文章内容＞健康なシマウマでも，「運悪く」逃げる途中で転んでしまったり，逃げた方向に「運悪く」ライオンがいたりすると捕食されてしまう。また，追いかけているライオンも，けがや病気で捕食できない状態でいても，「運良く」目の前にシマウマがやってくると捕まえられる。つまり，運の弱い側が「肉」となり，運の強い側が「食」となるといえる。

問六＜文章内容＞シマウマに伝染病が発生し，「どんどん感染が拡大」していくと「群れが壊滅」する可能性も大きくなるが，数個の個体だけが感染している「初期」の段階で，ライオンがそれらの個体を捕食して群れから取り除けば，「多くの健康な個体は感染を免れることができる」のである。

問七＜文脈＞伝染病の「罹患動物を殺処分して適切に埋却する」役割を獣医師がになうことで，感染の拡大は防がれている。野生動物の場合，重篤な伝染病に感染した「体調の万全でない」シマウマを，ライオンが捕食し，群れから取り除くことがある。つまり，「ライオンは，シマウマの群れを健全に維持する獣医師の役割を果たしている」といえる。

問八＜文章内容＞「シマウマに重篤な症状を引き起こす病原体」を，ライオンが食べても感染しないというシステムが絶妙に機能している中で，全ての動物たちは生きているのである。

問九＜要旨＞口蹄疫にかかった家畜を食べても人間は感染しないが，「ほかの家畜に伝搬してしまう」のを防ぐために，獣医師は「宇宙服のようなものものしい服装」をする。

四〔古文の読解—説話〕出典：『宇治拾遺物語』巻第十三ノ四。

≪現代語訳≫昔，天竺の人が，宝を買うために，銭五十貫を子に持たせて(使いに)やった。(その子が)大きな川のほとりを通っていくと，船に乗っている人がいる。船の方を見ると，船から亀が，首を差し出している。銭を持った子は立ち止まって，この亀を，「どうするのですか」と尋ねると，(船に乗った人は)「殺してあることに使おうとしているのだ」と言う。(子が)「その亀を買いましょう」と言うと，この船の人が言うには，ずいぶん大切なことがあって用意した亀なので，どんなに高い値段でも売ることができないということを言うので，(子は)それでも懸命に頼み込んで，この五十貫の銭で亀を買い取って放してやった。／(子が)心に思うには，「親が，宝を買いに隣の国へやった(そのための)銭を，亀と交換して使いきってしまったので，親は，どれほど腹を立てなさるだろう」(と思う)。そうかといってまた，親の元へ行かないわけにはいかないので，親の元へ帰っていくと，(途中の)道に人がいて(その人が)言うには，「ここで亀を売った人は，この下流の渡し場で船が転覆して死んだ」と語るのを聞いて，(子は)親の(いる)家に帰り着き，銭は亀と交換してしまったことを(正直に)語ろうと思っていたちょうどそのとき，親が言うには，「どうしてこの銭を返してよこしたのか」と尋ねるので，子が言うには，「そういうことはありません。その銭で，これこれ(の事情)で亀と交換して放してやったので，そのことをお話ししようと(ここに帰って)参ったのです」と言うと，親が言うには，「黒い衣を着た人で，同じような格好の人が五人，それぞれ十貫ずつ持ってやってきた。これが，その銭だ」と言って見せたところ，この銭はまだ濡れたままである。

問一＜歴史的仮名遣い＞歴史的仮名遣いの「ゐ」は，現代仮名遣いでは「い」になる。また，歴史的仮名遣いの「au」は，現代仮名遣いでは「ou」になる。

問二＜古文の内容理解＞親がどうして銭を返してよこしたのかと言ったので，子は，預かった銭を使わずに親の元へ返していないと答えた。

問三＜古文の内容理解＞子は，亀を買い取って放した後，宝を買うために渡された銭五十貫を亀を助けるために使ってしまったので，親はどれほど腹を立てるだろうと心配した。

五〔資料〕

問一．平成20年度から令和元年度にかけて，「約13％減っている」のは，「相手に不義理などをしてしまい，行きにくい」という本来の意味を答えた人である。

問二．70歳以上では，本来の意味を知っている人の方が多いが，他の年代では「本来の意味とは違う認識の人」の方が多い(…Ｘ)。特に，40代以下の全ての世代では，本来の意味である(ア)と選択した人と，(イ)と選択した人の割合の差が「40％以上」に広がっている(…Ｙ)。

Memo

2023年度 花咲徳栄高等学校（第１回）

【英　語】（50分）〈満点：100点〉

1 放送を聞いて答える問題

問題は、No.1～No.7の全部で7題あり、放送はすべて英語で行われます。放送される内容についての質問にそれぞれ答えなさい。No.1～No.6は、質問に対する答えとして最も適切なものを、①～④の中から1つずつ選び、その番号を(1)～(8)にマークしなさい。No.7は、それぞれの質問に対する答えを記述用解答用紙に英語で答えなさい。放送中メモを取ってもかまいません。各問題について英語は2回ずつ放送されます。

【No.1～No.3】

Listen to each talk, and choose the best answer for each question.

(1) No.1

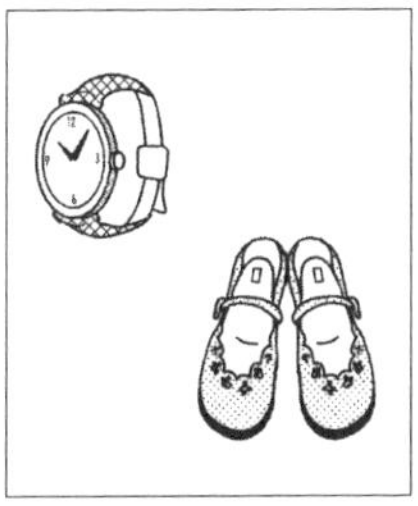

①

②

③

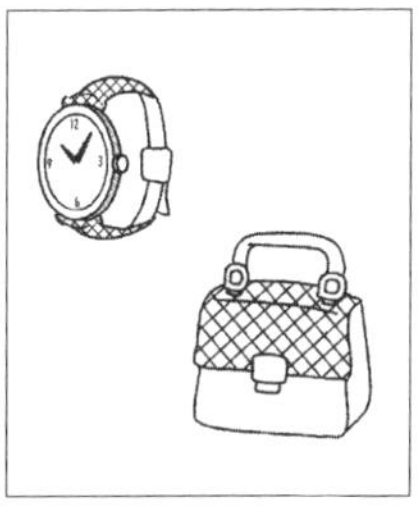

④

(2) No.2

①

②

③

④

(3) No.3

1位	バスケットボール
2位	サッカー
3位	野球
4位	テニス

①

1位	バスケットボール
2位	野球
3位	テニス
4位	サッカー

②

1位	サッカー
2位	バスケットボール
3位	野球
4位	テニス

③

1位	サッカー
2位	野球
3位	テニス
4位	バスケットボール

④

【No.4, No.5】

Listen to each situation, and choose the best answer for each question.

(4) No.4

① It will start soon.　② See you next time.

③ Me too.　④ I didn't think so.

(5) No.5

① I will help you.　② Will you be busy?

③ Let's do something.　④ Can you clean my room?

【No.6】

Listen to the speech of Kazuki, a member of the computer club, and choose the best answer for questions 1, 2 and 3.

(6) Question 1

① Two computers.　② Twelve computers.

③ Eighteen computers.　④ Twenty computers.

(7) Question 2

① They can talk to other students.

② They can have something to drink.

③ They can watch DVDs from their homes.

④ They can do their homework.

(8) Question 3

① To help students.　② To study about science.

③ To meet Mr. Sato.　④ To ask some questions.

【No.7】

Listen to the talk between Yuji and Emma, and read the questions. Then write the answer in English for questions 1, 2 and 3.

Question 1	:	What is Yuji going to do this afternoon?
Answer	:	He's going to practice (　　　　　　　　　　).
Question 2	:	When will Emma visit Mr. Uchida?
Answer	:	She will visit him next (　　　　　　　　　　).
Question 3	:	Where is Mr. Uchida's house?
Answer	:	It is (　　　　　　　　　　).

※ 放送を聞いて答える問題の放送文は，英語の問題の終わりに付けてあります。

2 次の英文の(　　　)に入るべき語(句)を選び、その番号をマークしなさい。

(9) (　　　) takes 30 minutes to walk from my house to school.

① It　② We　③ Time　④ That

(10) How (　　　) does the soccer team practice?

① old　② many　③ often　④ far

(11) The machine (　　　) broke down is working again now.

① who　② which　③ whose　④ how

(12) (　　　) hot it is today!

① As　② If　③ What　④ How

(13) This is one of the (　　　) stories in the USA.

① popularest　② popularer　③ most popular　④ more popular

(14) Many people live in Tokyo. They're from all (　　　) the world.

① over　② near　③ up　④ by

(15) The birds in this picture (　　　) beautiful.

① is　② am　③ do　④ are

(16) I work in a post office now. I (　　　) in a book store before.

① work　② works　③ worked　④ am working

(17) Do you know the woman (　　　) to Bill?

① talk　② talking　③ talked　④ be talked

(18) Do you want me (　　　) with you?

① come　② to come　③ came　④ comes

3 (　　)内の語(句)を並べかえ、(　　)内で4番目になるものの番号をマークしなさい。ただし、文頭に来る語も小文字にしてあります。

(19) 夕食に招待してくれてありがとう。

Thank (① for　② you　③ inviting　④ to　⑤ me) dinner.

(20) なぜあなたはそんなに早く出かけなければならないの。

Why (① you　② leave　③ do　④ to　⑤ have) so early?

(21) その花は村をとても有名にしました。

(① the village　② famous　③ the flower　④ made　⑤ very).

(22) 私はそれの使い方を知りません。

I (① use　② how　③ to　④ don't　⑤ know) it.

4 次の英文を読んで、問1～問6に答えなさい。

One hot summer day, Jay and his friends were playing outside. The sun shined down on Jay and his friends as they kicked a soccer ball (1) back and forth. Soccer was Jay's favorite sport to play. Almost every day Jay invited his friends to play soccer in the street. Jay dreamed that he would be a professional soccer player one day. His favorite team was AC Milan of Italy. He imagined shooting a goal in its red and black uniform and hearing the *roar of thousands of people as they shouted out his name throughout the soccer stadium. Jay knew he would need a lot of practice if he wished to make his dream a reality.

One day, as the sun was *beaming down on the street where Jay and his friends played earlier, an *ice-cream truck approached. As soon as Jay heard the ice-cream truck's music playing, he ran outside his house with two dollars in his hand. Jay looked around to see where the ice-cream truck was. As soon as he saw it down the street, he ran towards it. Jay's friends had arrived first and were already asking the ice-cream man for a cone of their favorite *flavor of ice cream. This gave Jay time to think about what flavor to get. "Should I get chocolate, vanilla, or strawberry? Should I try mint?" Jay asked himself. "What's it going to be, son?" the ice-cream man asked Jay when he noticed he was the last kid standing without an ice-cream cone. "I'll have (2), please. Red is the color of my favorite soccer team," Jay said to him.

This summer had turned out to be the best so far for Jay. Tomorrow he would play soccer once more, and if the ice-cream truck came around, (3) he would ask his parents for another two dollars. Jay was not looking forward to starting his school year in two weeks. Jay wanted to play soccer all day with his friends *rather than study in school.

〔注〕roar 歓声　　beam down 照りつける
ice-cream truck アイスクリームの移動販売車　　flavor 味
… rather than ～ ～よりむしろ…

問1　下線部(1)の意味に最も近いものを選び、その番号を(23)にマークしなさい。

① to the goal　② to each other　③ to the ground　④ up into the air

問2　次の質問の答えとして最も適切なものを選び、その番号を(24)にマークしなさい。

How would Jay make his dream a reality?

① By practicing soccer a lot.
② By joining a soccer club.
③ By running around a soccer stadium every day.
④ By leaving school to play soccer in Italy.

問3　(　2　)にあてはまる1語を本文中から抜き出しなさい。

問4　下線部(3)に関して、次の質問の答えとなるように、(　　　)に入る適切な英語を答えなさい。

Question：Why would he do so?
Answer　：Because he wanted to (　　　　　) again.

問5　次の質問の答えとして最も適切なものを選び、その番号を(25)にマークしなさい。

How did Jay feel about school coming up?

① He was excited because he liked studying more than playing soccer.
② He didn't want to go back to school so much.
③ He felt OK about it.
④ He was happy because he became a member of the school soccer team.

問6　本文の内容と合うものを選び、その番号を(26)にマークしなさい。

① Jayはよく一人でサッカーの練習をしていた。
② Jayは一度イタリアでサッカーをしたことがあった。
③ Jayがアイスクリームを買った日はよく晴れていた。
④ Jayは友だちよりも先にアイスクリームを注文した。

5 次の英文を読んで、問１～問６に答えなさい。

Manabu: There's a door that doesn't open, Shunya?

Shunya: Yeah. It's in the boys' restroom on the second floor. The door of one of the *stalls was locked yesterday, the day before yesterday and... It's always locked, Manabu!

Manabu: Do you mean from morning to night?

Shunya: Well, I only use the restroom during lunchtime, so I don't know about all day...

Manabu: Then maybe someone is using it.

Shunya: I thought so, too. So I knocked, but no one answered.

Manabu: Then why is it locked?

Shunya: I think someone is playing a trick.

Manabu: （ A ）

Shunya: I have no idea, but it's not funny at all. I know! If it's locked again today, I'm going to *pour water into the toilet stall!

Manabu: What? You can't do that!

Shunya: （ B ）

Manabu: (1) Something bad may happen to you.

Shunya: Something bad? Like what?

Manabu: You're new to our school, Shunya, so maybe you don't know... It's said there are ghosts in that boys' restroom. Our school is built on top of an old *battlefield, you know.

Shunya: Ghosts? You're joking!

Manabu: I'm（ 2 ）. People say they have seen samurai ghosts.

Shunya: (*Laughs*) All schools have ghosts stories like that! I don't believe it.

Manabu: But it's true!

Classmate: Hey, Shunya! Who are you talking to? Come on! We have to run to music class or we'll be late!

Shunya: Okay, can you wait for me? Manabu, let's go!

Manabu: Umm, I have something to do.

Shunya: Okay, I'll wait.

Manabu: Go, Shunya. I'll *catch up with you later.

Classmate: Shunya! Hurry up!

Shunya: All right, I'll see you later, Manabu.

＊　　＊　　＊

Shunya: I'm so glad class is over. Now I'll just go to the toilet before we eat lunch... Oh, no. There's a long line again. And that toilet stall is locked again.
(*Knock, knock*)

Shunya: Hello! Is someone inside? Hello! If you don't answer, I'm going to pour water into the stall!

(*Sound of water*)

Shunya: Everyone get back! Here I go, 3, 2,...

Manabu: Stop!

Shunya: Huh? Was that Manabu's voice? Manabu, where are you?

Manabu: Here.

(*Door opens*)

Shunya: Manabu? Why are you inside the locked stall?

Manabu: Umm...

Shunya: Are you inside this stall every day?

Classmate: Didn't you know, Shunya? Manabu doesn't have friends to eat lunch with. So he locks himself in during lunchtime. Right, Manabu? You're always alone.

(*Laughs*)

Shunya: Hey!

Classmate: Shunya! Why did you pour that water on me! I'm wet!

Shunya: Manabu isn't (3), he has me. Come on, Manabu. Let's eat lunch together.

〔注〕stall トイレの個室　　pour ～ ～をかける　　battlefield 戦場
catch up with ～ ～に追いつく

問１　(A)と(B)に入る組み合わせとして正しいものを選び、その番号を(27)にマークしなさい。

① A: What for?　　B: Why not?
② A: How's it going?　　B: What happened?
③ A: Which one?　　B: Who is that?
④ A: What do you mean?　　B: When?

問２　下線部(1)についてManabuが言っていることを選び、その番号を(28)にマークしなさい。

① 水をかけられること。
② 仲間はずれにされること。
③ 幽霊が出ること。
④ 戦争が起こること。

問3　(　2　)にあてはまる最も適切なものを選び、その番号を(29)にマークしなさい。

① hungry

② joking

③ serious

④ making fun of you

問4　次の質問に英語で答えなさい。

Why does Manabu lock himself in during lunchtime?

問5　(　3　)にあてはまる1語を本文中から抜き出しなさい。

問6　本文の内容と合うものを選び、その番号を(30)にマークしなさい。

① 学校の男子トイレにいつも鍵がかかっている個室が2つある。

② Manabuたちの学校は戦場になることがある。

③ ShunyaとManabuは音楽の授業に別々に行った。

④ Shunyaはクラスメートをトイレの個室に閉じ込めた。

＜放送を聞いて答える問題放送文＞

これから「放送を聞いて答える問題」を始めます。

問題用紙の第1ページ，第2ページを見てください。問題は，No. 1 ～No. 7 の全部で7題あり，放送はすべて英語で行われます。放送される内容についての質問にそれぞれ答えなさい。No. 1 ～No. 6 は，質問に対する答えとして最も適切なものを，①～④の中から1つずつ選び，その番号を(1)～(8)にマークしなさい。No. 7 は，それぞれの質問に対する答えを記述用解答用紙に英語で答えなさい。放送中メモを取ってもかまいません。各問題について英語は2回ずつ放送されます。では，始めます。

Look at No. 1 to No. 3 on page 1. Listen to each talk, and choose the best answer for each question. Let's start.

No. 1

A : What did you buy at that shop yesterday, Keiko ?

B : I bought a clock and shoes.

A : You said you wanted a new bag.

B : I found a nice bag, but it was too expensive for me, so I didn't buy it.

Question What did Keiko buy yesterday ?

No. 2

A : What is your dream, Sayaka ?

B : I like cooking, so I want to work at a restaurant in the future. How about you, David ?

A : When I was a child, I wanted to be a soccer player, but now my dream is to be a doctor.

B : That's nice. You have to study hard for your dream.

Question What does David want to be in the future ?

No. 3

A : Please look at this, Ms. Brown. The students in my class like sports.

B : Oh, basketball is the most popular. Do you like it, too, Koji ?

A : No. My favorite sport is soccer. But it isn't so popular.

B : I see. Baseball and tennis are more popular than soccer in your class.

Question Which one shows Koji's class ?

Look at No. 4 and No. 5 on page 2. Listen to each situation, and choose the best answer for each question. Let's start.

No. 4

Megumi went to see a movie with her friend John. The movie was not interesting for her. But John says the movie was very exciting.

Question What does Megumi say to John ?

No. 5

Jim and his mother are at home. His mother has a lot of things to do today. She is cleaning their house now. She looks very busy and tired.

Question What does Jim say to his mother ?

Look at No. 6. Listen to the speech of Kazuki, a member of the computer club, and choose the best answer for questions 1, 2 and 3. Let's start.

Today I'm going to tell you about the computer room.

We have twenty computers in the room. Two of them are bigger than the other eighteen computers, and they are only for the teachers. Students can only use the smaller ones.

You can use the computers from Monday to Friday after school until 5 o'clock. But before using them, you have to visit Mr. Sato and tell him that you want to use a computer.

The computer room is for studying, so you cannot eat or drink there. And you cannot talk to other students. Of course, you can do your homework there. There are some DVDs about science and history in the school library and you can watch them on the computers.

Some students of the computer club are in the computer room on Tuesdays to help you. If you need help, please ask them. They will answer your questions. I hope many students will come and enjoy using the computers.

Question 1 How many computers can the students use ?

Question 2 What can the students do in the computer room ?

Question 3 Why are some students of the computer club in the computer room on Tuesdays ?

Look at No. 7. Listen to the talk between Yuji and Emma, and read the questions. Then write the answer in English for questions 1, 2 and 3. Let's start.

Emma : Is that your guitar, Yuji ?

Yuji : Yes. I'm going to practice the guitar this afternoon.

Emma : Where will you practice ?

Yuji : At Mr. Uchida's house. He is about seventy and teaches the guitar at his house now. He was a high school music teacher.

Emma : Oh, was he ? I also want to learn the guitar. When does he teach ?

Yuji : Well, he has one class on Mondays, one class on Wednesdays and two classes on Fridays. All the classes are in the afternoon.

Emma : I see.

Yuji : Today is Wednesday. How about coming with me today ?

Emma : Sorry. I'm going to go shopping with my sister this afternoon.

Yuji : Then, how about next Friday ? You can come with me.

Emma : OK. Where is his house ?

Yuji : It's near the station. So we can walk there.

以上で「放送を聞いて答える問題」を終わります。では，ほかの問題を始めてください。

【数　学】 (50分) 〈満点：100点〉

1 次の各問に答えなさい。解答はマークシート解答用紙に記入すること。

（1）次の式を計算しなさい。

$-2\times3+1=-[1]$

（2）次の式を展開しなさい。

$(3a-5)^2=[2]a^2-[3][4]a+[5][6]$

（3）次の式を計算しなさい。

$\sqrt{8}+\sqrt{32}-\sqrt{2}=[7]\sqrt{[8]}$

（4）次の式を因数分解しなさい。

$2x^2-5xy-3y^2=(x-[9]y)([10]x+y)$

（5）2つのさいころを同時に投げるとき，さいころの出た目の積が12になる確率は，$\dfrac{[11]}{[12]}$である。

（6）正六角形の内角の和は[13][14][15]°である。

（7）関数 $y=2x^2$ について，x の変域が $-1 \leqq x \leqq 3$ のとき，y の変域は，
[16] $\leqq y \leqq$ [17][18]である。

（8）右の表は，ある都市の 30 日間の最高気温を調査した結果の度数分布表である。
表より，24 ℃以上 26 ℃未満の階級の相対度数は，[19].[20]である。

階級（℃）	度数
16 以上 18 未満	2
18 ～ 20	1
20 ～ 22	4
22 ～ 24	3
24 ～ 26	9
26 ～ 28	10
28 ～ 30	1
計	30

2 図1のように，関数$y=\frac{1}{4}x^2$のグラフ上に2点A，Bがあり，そのx座標はそれぞれ-6，4である。また，直線ABをℓとする。このとき，次の各問に答えなさい。解答はマークシート解答用紙に記入すること。

（1）直線ℓの式は$y=-\frac{[21]}{[22]}x+[23]$である。

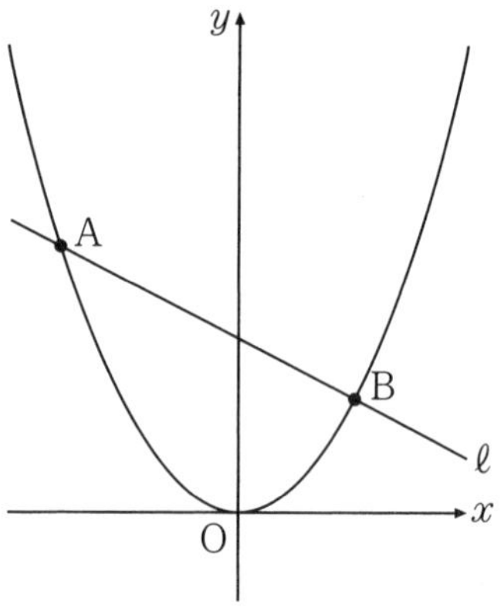

図1

（2）図2は，図1に座標が（-3，4）となる点Cをとり，四角形OBACを書き加えたものである。
点Cを通り，四角形OBACの面積を2等分する直線をmとする。
直線mと四角形OBACのC以外の交点をDとするとき，点Dの座標は$\left([24],\ \frac{[25]}{[26]}\right)$である。

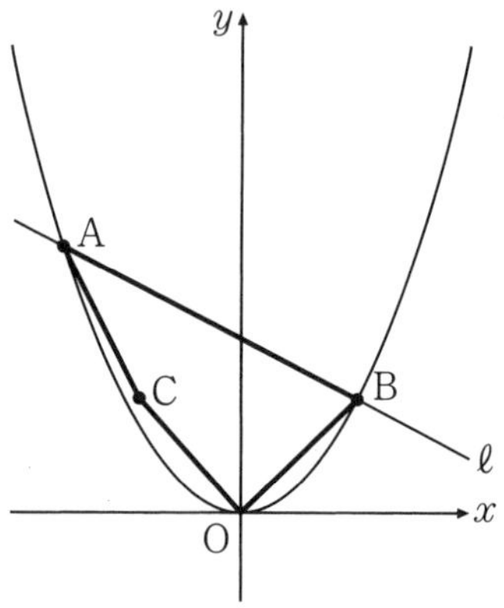

図2

3 次の各問に答えなさい。解答はマークシート解答用紙に記入すること。

（1）長さが５ｍのロープで，縦の長さが横の長さよりも 60 cm長い長方形を作る。このとき，長方形の縦の長さは[27][28][29] cmである。

（2）商品Ａと商品Ｂがある。商品Ａと商品Ｂの値段の比は５：３である。商品Ａを３個と商品Ｂを４個買うと 5400 円である。このとき，商品Ａは[30][31][32][33]円，商品Ｂは[34][35][36]円である。

4 赤，青，黄の色鉛筆がそれぞれ３本ずつある。この色鉛筆を３人の生徒１人につき１本配るとき，次の各問に答えなさい。
解答はマークシート解答用紙に記入すること。

（1）色鉛筆の配り方は[37][38]通りである。

（2）２人に同じ色，１人に違う色の色鉛筆を配る確率は $\frac{[39]}{[40][41]}$ である。

5 次の各問に答えなさい。解答は記述用解答用紙に記入すること。解答は答えのみでなく，途中の説明も書いて答えを求めなさい。（１）は問題解法における会話文を参考にしてよい。

（１）nは自然数とする。$F(n)$は，nの正の約数の和と定める。
例えば，$F(6)=1+2+3+6=12$である。次の①～③の各問に答えなさい。

① $F(22)$の値を求めよ。

② $G(n)=F(n)-n$と定める。
$G(220)$の値を求めよ。

③ ②のとき，$G(284)=m$となる自然数mにおいて，$G(m)$の値を求めよ。

【問題解法における会話文】
（花子）22の約数を考えるのは簡単そうだけど，220と284は結構大変だよね。
220の約数は12個あったよ。でも，284の約数を考えるのは難しいよね。
（徳男）そうだね。でも71は素数だから，284の約数の個数は6個だとわかるよ。
（花子）②と③の答えから，220と284の間には不思議な性質がありそうね。
（先生）よく気づいたね。このような2つの数は「友愛数」と呼ばれていますよ。

（２）半径aの円の面積をS_1，半径b，中心角$60°$のおうぎ形の面積をS_2，半径cの球の表面積をS_3とする。次の①～②の各問に答えなさい。

①$a=4$，$b=6$，$c=3$のとき，$S_1+S_2+S_3=d\pi$である。dの値を求めよ。

②$a=b=c$のとき，$S_1+S_2+S_3=12\pi$である。このとき，aの値を求めよ。
ただし，aの値の分母が無理数の場合，分母の有理化をして答えること。

解答記入上の注意

問題文中の［1］、［2］などの［　］には、特に指示のない限り、数字（1～0）が入ります。これらを〔例〕に従って解答用紙にマークしなさい。また、分数形で解答する場合は、既約分数（それ以上約分できない分数）で答えなさい。

〔例〕

$\frac{[1]}{[2][3]}$ に $\frac{2}{15}$ と答えたいとき。

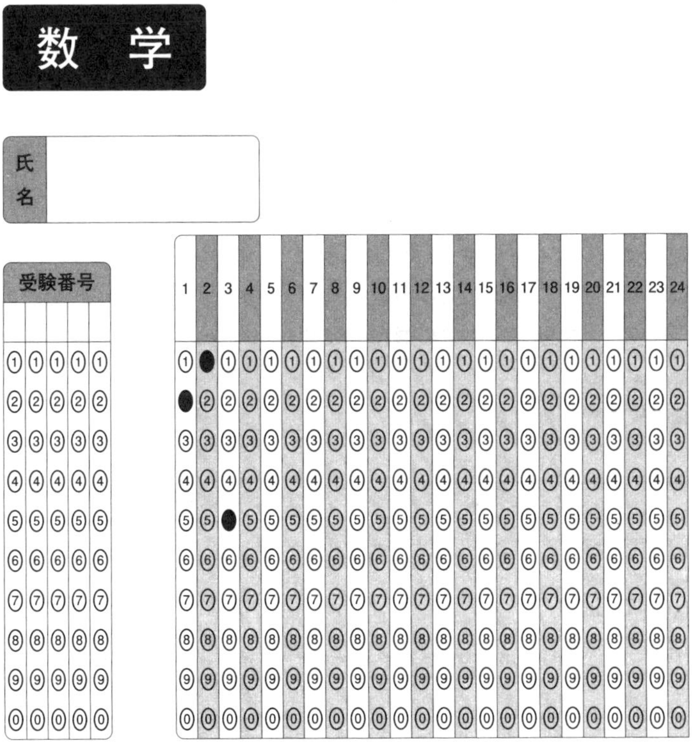

【国　語】（五〇分）〈満点：一〇〇点〉

一　次の文章を読んで、あとの問いに答えなさい。（設問の都合上、本文を一部改変してあります）

　昼休みの教室には、机をくっつけたいくつもの島ができていた。大陸と呼びたいような大所帯もある。中学の給食の時間とは違う。めいめい仲の良い相手と昼食をともにすることができる。

　入学式から半月以上過ぎた。僕は教卓の近くの、机みっつ分の島にいる。宮多を中心とする、五人組のグループだ。

　宮多たちは、にゃんこなんとかという僕の知らないスマホゲームの話で盛り上がっている。猫のキャラクターがたくさん出てきて戦うのだという。ゲームをする習慣がないから、意味がよくわからない。さっきからぜんぜん会話に入れない。課金とかログインボーナスという単語が飛び交っている。もう、相槌《あいづち》すら打てなくなってきた。

　祖母の顔を思い出して、懸命に話についていこうとした。だって［1］のは、よくないことなのだ。家族に心配されるようなことなのだから。

「なあ、松岡くんは」

2 宮多の話す声が、途中で聞こえなくなった。ふいに高杉くるみが視界に入ったから。

　世界地図なら、砂粒ほどのサイズで描かれる孤島。そこに彼女はいた。箸でつまんだたまごやきを口に運んでいる。唇の両端が［3］と持ち上がった。虚勢を張るわけでもなく、おどおどするでもなく、たまごやきを味わっている。その顔を見た瞬間「ごめん」と口走っていた。

「え」

「ごめん。俺、見たい本あるから席に戻るわ」

［4］と口を開ける宮多たちに、背を向ける。

　図書室で借りた、世界各国の民族衣装に施された刺繍《ししゅう》を集めた本を開く。宮多たちがこの本に興味を示すとは到底思えない。わかってもらえるわけがない。ほんとうは『明治の刺繍絵画名品集』というぶあつい図録がよかった。残念ながらそちらは貸出禁止になっていたのだ。どのように糸を重ねてあるか、食い入るように眺める。ここはこうなって、こうなってて。勝手に指が動く。

　ふと顔を上げると、近くにいた数名がこっちを見ていた。男女混合の四人グループのうちのひとりが僕の手つきを真似て、くすくす笑っている。

「なに？」

6 自分で思っていたより、大きな声が出た。他の島の生徒たちが気づいて、こちらに注目しているのがわかった。宮多たちも。でももう、あとには引けない。

「なあ、なんか用？」

　まさか話しかけられるとは思っていなかったのか、ひとりが［5］としたように目を見開く。その隣の男子が「は？　なんなん」と頬をひきつらせた。

「いや、なんなん？　そっちこそ」

　べつに。なあ。うん。彼らはもごもごと言い合い、視線を逸らす。7 教室に、ざわめきが戻る。遠くで交わされるひそやかなささやきや笑い声が、耳たぶをちりっと掠《かす》めた。

　校門を出たところでキヨくん、と呼ばれた。振り返ったその瞬間に、強い風が吹く。

　キヨくん。小学校低学年の頃のままに、高杉くるみは僕の名を呼ぶ。当時は僕も彼女を「くるみちゃん」と親しげな感じで呼んでいたのだが、学年が上がるにつれて会話の機会が減り、今ではもうどう呼べばいいのかわからない。

「高杉さん。くるみさん。どっちで呼んだらええかな？」

「どっちでも」

　名字が高杉というだけで塾の子らに「晋作《しんさく》」と呼ばれていた時期があって嫌だった、なので晋作でなければ、なんと呼ばれても構わないらしい。

「高杉晋作、嫌いなん？」

「嫌いじゃないけど、もうちょい長生きしたいやん」

「なるほど。じゃあ……くるみさん、かな」

　歩いていると、グラウンドの野球部やサッカー部の声がどんどん遠くなっていく。今日は世界がうっすらと黄色くて、遠くの山がぼやけて見えた。春はいつもそうだ。すべての輪郭があいまいになる。

「あんまり気にせんほうがええよ。山田くんたちのことは」

「山田って誰？」

　僕の手つきを真似て笑っていたのが山田某《なにがし》らしい。

「私らと同じ中学やったで」

「覚えてない」

　個性は大事、というようなことを人はよく言うが、学校以上に［　8　］場所は、たぶんない。柴犬の群れに交じったナポリタン・マスティフ。あるいはポメラニアン。集団の中でもてはやされる個性なんて、せいぜいその程度のものだ。犬の集団にアヒルが入ってきたら、あつかいに困る。

　アヒルはアヒルの群れに交じれば見分けがつかなくなる。その程度のめずらしさであっても、学校ではもてあまされる。浮く。くすくす笑いながら仕草《しぐさ》を真似される。

「だいじょうぶ。慣れてるし」

　けど、お気遣いありがとう。そう言って隣を見たら、くるみはいなかった。数メートル後方でしゃがんでいる。灰色の石をつまみあげて、しげしげと観察しはじめた。

「なにしてんの？」

「うん、石」

　うん、石。ぜんぜん答えになってない。入学式の日に「石が好き」だと言っていたことはもちろんちゃんと覚えていたが、まさか道端の石を拾っているとは思わなかった。

「［　A　］」

「［　B　］」

「［　C　］」

「［　D　］」

　放課後の時間はすべて石の研磨にあてているという。ほんまにきれいになんねんで、と言う頬がかすかに上気している。

　ポケットから取り出して見せられた石は三角のおにぎりのような形状だった。たしかによく磨かれている。触ってもええよ、と言われて、手を伸ばした。指先で、しばらくすべすべとした感触を楽しむ。

「さっき拾った石も磨くの？」

　くるみはすこし考えて、これはたぶん磨かへん、と答えた。

「磨かれたくない石もあるから。つるつるのぴかぴかになりたくないってこの石が言うてる」

　石には石の意思がある。駄洒落《だじゃれ》のようなことを真顔で言うが、意味がわからない。

「石の意思、わかんの？」
「わかりたい、といつも思ってる。それに、ぴかぴかしてないときれいやないってわけでもないやんか。ごつごつのざらざらの石のきれいさってあるから。そこは尊重してやらんとな」
じゃあね。その挨拶があまりに唐突でそっけなかったので、怒ったのかと一瞬焦った。
「キヨくん、まっすぐやろ。私、こっちやから」
川沿いの道を一歩踏み出してから振り返った。ずんずんと前進していくくるみの後ろ姿は、巨大なリュックが移動しているように見えた。
石を磨くのが楽しいという話も、石の意思という話も、よくわからなかった。わからなくて、おもしろい。わからないことに触れるということ。似たもの同士で「わかるわかる」と言い合うより、そのほうが楽しい。
ポケットの中でスマートフォンが鳴って、宮多からのメッセージが表示された。
「昼、なんか怒ってた？　もしや俺あかんこと言うた？」
違う。声に出して言いそうになる。宮多はなにも悪いことをしていない。ただ僕があの時、気づいてしまっただけだ。自分が楽しいふりをしていることに。
いつも、ひとりだった。
教科書を忘れた時に気軽に借りる相手がいないのは、心もとない。ひとりでぽつんと弁当を食べるのは、わびしい。でもさびしさをごまかすために、自分の好きなことを好きではないふりをするのは、好きではないことを好きなふりをするのは、もっともっとさびしい。
好きなものを追い求めることは、楽しいと同時にとても苦しい。その苦しさに耐える覚悟が、僕にはあるのか。
文字を入力する指がひどく震える。
「ちゃうねん。ほんまに本読みたかっただけ。刺繍の本」
ポケットからハンカチを取り出した。祖母に褒められた猫の刺繍を撮影して送った。すぐに既読の通知がつく。
「こうやって刺繍するのが趣味で、ゲームとかほんまはぜんぜん興味なくて、自分の席に戻りたかった。ごめん」
ポケットにスマートフォンをつっこんだ。数歩歩いたところで、またスマートフォンが鳴った。
「え、めっちゃうまいやん。松岡くんすごいな」
そのメッセージを、何度も繰り返し読んだ。
わかってもらえるわけがない。どうして勝手にそう思いこんでいたのだろう。
今まで出会ってきた人間が、みんなそうだったから。だとしても、宮多は彼らではないのに。
いつのまにか、また靴紐《くつひも》がほどけていた。しゃがんだ瞬間、川で魚がぱしゃんと跳《は》ねた。波紋が幾重《いくえ》にも広がる。太陽の光を受けた川の水面《みなも》が風で波打つ。まぶしさに目の奥が痛くなって、じんわりと涙が滲《にじ》む。

（寺地《てらち》はるな著『水を縫《ぬ》う』による）

問一　［ 1 ］に入れるのに最も適当な言葉を、次の①～④の中から一つ選び、その番号をマークしなさい。**（マークシート問題番号1）**

①　スマホを使いこなせない　　②　人の話を聞かない
③　友だちがいない　　④　祖母の顔を忘れる

問二　――部2「宮多の話す声が、途中で聞こえなくなった」とありますが、このときの「僕」の気持ちを説明したものとして最も適当なものを、次の①～④の中から一つ選び、その番号をマークしなさい。**（マークシート問題番号2）**

① 一人でも自然体でいる「くるみ」とは対照的に、独りを恐れ自分を偽り、やりたいことを隠していたことに気づいた。

② たまごやきを口に運び、味わっている「くるみ」は、今まで出会ったことのない魅力にあふれた女性で、胸がときめいた。

③ 興味のないスマホゲームの話をする「宮多」たちとの会話に飽きてきたので、「くるみ」の様子を観察して、気を紛らわせた。

④ クラスメイトと昼食を楽しんでいる自分とは対照的に、一人でさみしそうに食事をしている「くるみ」の姿を見て、同情した。

問三　［ 3 ］～［ 5 ］に入れるのに最も適当な言葉を、次の①～④の中からそれぞれ一つずつ選び、その番号をマークしなさい。**（マークシート問題番号3・4・5）**

①　がくん　　②　ぽかん　　③　きゅっ　　④　ぎょっ

問四　――部6「自分で思っていたより、大きな声が出た」とありますが、このときの「僕」の気持ちを説明したものとして最も適当なものを、次の①～④の中から一つ選び、その番号をマークしなさい。**（マークシート問題番号6）**

① 世間知らずな「僕」は、人との会話に慣れておらず、声の大きさを適切に調整できない自分のことを、情けなく思っている。

② 「僕」のことをばかにしてくるクラスメイトに、感情を抑えて対応するつもりだったが、思わず大声になるくらい、かっとしてしまった。

③ 目立ちたくない「僕」は、周囲には聞こえないような小さい声で抗議しようとしたものの、予想以上に大きな声が出てしまい、恥ずかしがっている。

④ 「僕」のことをからかってくるクラスメイトの行いの愚かさを諭《さと》すため、冷静に対話するつもりが、つい大声が出てしまい、驚いている。

問五　――部7「教室に、ざわめきが戻る」とありますが、このときの状況を説明したものとして最も適当なものを、次の①～④の中から一つ選び、その番号をマークしなさい。

（マークシート問題番号7）

① 冷やかしてきたクラスメイトと「僕」の話し合いが無事に終わったことで、周囲がめずらしい趣味を持つ「僕」のことを話題にして、再び騒ぎ出した状況を表している。

② 物静かな「僕」の態度が豹変《ひょうへん》し、冷やかしてきたクラスメイトに立ち向かう姿に驚き、動けずにいた他の生徒の緊張が解け、再び行動しはじめた状況を表している。

③ 冷やかしてきたクラスメイトと「僕」の一触即発な雰囲気に、周囲は固唾《かたず》を飲んでいたが、一応の決着がついたことで「僕」の噂《うわさ》話で面白がっている状況を表している。

④ 「僕」が、冷やかしてきたクラスメイトを完膚《かんぷ》なきまでに言い負かした快挙に、見守っていた周囲の生徒の心が沸き立ち、教室に一体感が生まれた状況を表している。

問六 [8] に入れるのに最も適当な言葉を、次の①〜④の中から一つ選び、その番号をマークしなさい。**（マークシート問題番号8）**

① 「短所を探すこと、指摘すること」に向いている

② 「違いを受け入れ、個性を認め合うこと」に向いている

③ 「個性を発揮し、社会に貢献すること」に向いていない

④ 「個性を尊重すること、伸ばすこと」に向いていない

問七 [A] 〜 [D] の会話を次の①〜④を並べ直して完成させたとき、[C] に入るものはどれですか。その番号をマークしなさい。**（マークシート問題番号9）**

① やすりで磨くの。つるつるのぴかぴかになるまで

② いつもではないよ。だいたい土日にさがしにいく。河原とか、山に

③ 土日に？　わざわざ？

④ いつも石拾ってんの？　帰る時に

問八 〰〰部「文字を入力する指がひどく震える」とありますが、このときの「僕」の気持ちを次のようにまとめました。空欄にあてはまる内容を、二十字以上、三十字以内で書きなさい。**（記述用解答用紙）**

										という気持ち。									

問九 本文の表現上の特色と内容の説明として最も適当なものを、次の①〜④の中から一つ選び、その番号をマークしなさい。**（マークシート問題番号10）**

① 「島」「大陸」「孤島」など、比喩表現を使うことによって、周囲とは異なる価値観を持つ「僕」や「くるみ」の孤立した姿を幻想的に描いている。

② 「耳たぶをちりっと掠《かす》めた」「じんわりと涙が滲《にじ》む」などのあまり使わない副詞を用いることで、多感で感情の起伏が激しい「僕」の姿を描いている。

③ 「遠くの山がぼやけて見えた」「太陽の光を受けた川の水面《みなも》が風で波打つ」など、情景描写を織り交ぜることで、「僕」の強い信念を牧歌的に描いている。

④ 「くすくす」「もごもご」などのオノマトペを多用することで、高校生の「僕」がどのように感じているのか、実感が伝わるように工夫して描いている。

二　次の各問いに答えなさい。

問一 次の━━部の漢字には読みがなをつけ、カタカナは漢字に改めなさい。**（記述用解答用紙）**

(1) 阿寒湖《あかんこ》の自然がマリモを育む。

(2) 彼は急に帽子を目深にかぶった。

(3) 問題について自らのケンカイを示す。

(4) ケーキはつぶれて、ゲンケイをとどめていなかった。

(5) 先月のモギ試験で満点を取った。

問二　次の言葉の意味として適当なものを、次の①～④の中から一つ選び、その番号をマークしなさい。**（マークシート問題番号11）**

なおざり

① 気ままにふるまうこと
② 仕事を途中で投げ出してしまうこと
③ いいかげんなことを言ってごまかすこと
④ 物事を軽く見ておろそかにすること

問三　次の二つの□に漢数字を当てはめ、四字熟語を完成させるとき、□に入る漢数字を足すといくつになりますか。適当なものを、次の①～④の中から一つ選び、その番号をマークしなさい。**（マークシート問題番号12）**

□寒□温

① 二　② 四　③ 五　④ 七

問四　「洗面」と同じ構成の熟語を、次の①～④の中から一つ選び、その番号をマークしなさい。**（マークシート問題番号13）**

① 減量　② 優劣　③ 冷夏　④ 豊富

三　次の文章を読んで、あとの問いに答えなさい。（設問の都合上、本文を一部改変してあります）

なぜ学校に行かないといけないのか、と思った経験は誰にもあると思います。

学校はやっかいなところです。いじめや差別も起こるし、人間を成績でくらべます。嫌な先生にあたって勉強がきらいになるようなこともある。変わった子がいて自分の子どもが変な影響を受けるのも心配、なんて悩む親も多い。学年が上がれば、進学競争や塾とかが待ちかまえている。学校というものは本当に必要なものかと、思いたくなります。

じっさい、学校は諸悪の根源だ、という考えもある。学校は人間を管理と規律の中にはめ込み、もともと自由であるはずの人間を、国家に都合のよいルールに従わせるものだ、といった説すら見られるほどです。しかし、まず社会というものがあるかぎり、14教育というものは存在しないわけにはいきません。

いまは、教育も学校もあたりまえのことになり、誰もそれをありがたがりません。しかしたとえば、近代のはじめには、15教育と学問は、多くの人にとって大きな希望と可能性の通路でした。※福沢諭吉は「教育はすなわち人に独立自尊のみちを教える」と言いました。哲学者の※カントも、「人から教育の結果を取り除けば何物も残らない」と言っています。

学校にはいろんな問題がありますが、その前にひとまず、社会にとって教育というものの存在理由を考えておくことは無駄なことではありません。

一言で言って、「教育」は近代社会のもっとも重要な柱です。そして、そのいちばん大事な機能は、人々を、それまで属していた共同体から解き放って、一般市民という自由な競争のフェアなスタートラインにつかせることにあるのです。

近代社会以前の「共同体社会」では、子どもが親から与えられるルールや規範は、強力、かつ絶対的なものでした。そこで子どもは、成育して再び父親や母親のような存在になる以外には、共同体の中で生きてゆく道を全くもたなかった。[16]、規範やルールは絶対的なものであり、受け容れるほかないものでした。

[17]、近代社会では子どもは「学校」に行きます。学校ではどういうことが行なわれるのか。まず大事なのは、近代社会の学校では、さまざまな階層の子どもたちが集まり、そこで、その出自《しゅつじ》や背景は消されて、名前だけで呼び合い、同じ教科を勉強して競いあう、ということです。学校ではいろんなことを教えます。数学や社会や国語といった教科は、社会についての全般的な知識です。そこでは、子どもの階層や出身や宗教やその他といったことはたいしたことでなくなり、「アイツは村ハズレから来ているが算数はスゴイぞ」とか「コイツはビンボーだけど走りはたいしたもんだ」とかいうことが起こる。

[18]、はじめて人間は共同体の属性からいったん離れて、単に〝何の何がしという名前の人間〟として、さまざまな能力を競いあう。そこで、一般社会ではなかなか起こらない、人間の平準化ということが起こるのです。そして、それがなにより大事な点です。[1]

近代社会の学校は、人間を「平均化」してよくない、という意見があります。が、とうてい思慮深い考えとはいえません。近代以前の社会は、基本的に身分社会、秩序社会、共同体社会です。農民の子は農民に、商人の子は商人に、武士の子は武士に、貴族の子は貴族になる。しかし、近代社会では、いろんな階層の子どもを「学校」に集め、その背後関係を消して、同じ教科で競わせる。[2]

もう一つ大事なことは、人間は学校に行ってはじめて、さまざまな階層、さまざまな出自の人間に出会い、20自分とは生活の条件を異にした異質な人間たちと関係を結ぶということです。同じ種類の人間どうしでつきあっている度合いが高いほど、人間は視野が狭くなり、偏狭《へんきょう》になりがちです。[3]

多様な人間と関係をもちながら、それでも人間というのはけっこうみな同じものなんだという無意識の感覚を育てること、このことが、人が他者を自由な存在として認めるための、最も自然な苗《なえ》床《どこ》なのです。[4]

そんなわけで、大きな場面から言うと、現代社会の「学校」でいちばん大事なことは、個性が育てられるとか、人間性が大事だとかいうことではなくて、多様な人間が平準化された仕方で多く交わりあうということ、そこでフェアで自由なゲームが行なわれるということです。公正なルールとゲームの感覚がその中で知らないうちに育てられること。このことが、子どもが大きくなって、社会は自由なルールにもとづく公正なゲームであるという感度を身につけるための源泉なのです。

したがって、21学校が階層化し、特権化すると、健全な市民社会にとって致命的なことになる可能性があります（とくに義務教育では）。そもそも現実社会は、厳しい生活の場なので、そうフェアなゲームばかりではありません。いろんな矛盾やずるいゲームも行なわれているし、それを根絶することはなかなか難しい。しかし、学校は、この社会がフェアなゲームであることのモデル的場面でないと、まずいのです。なぜなら、子どもはまさしく未来の種子であって、彼らがはじめから人間のゲームとは、しょせんこんなものだという感覚を身につけてしまうと、世の中に希望というものはなくなります。

学校は、近代社会において人間が生き方の自己決定を行なうための不可欠な踏み台です。自己決定ということで重要なのは、リセットがきくということです。かつて人間の人生は、はじめに与えられた条件でその九割が決められていました。どんなすぐれた資質をもった人でも、たとえばたまたまひどい親、ひどい人生、ひどい姑《しゅうとめ》、ひどい領主等々のもとに生まれたら、それでもうその人の一生には希望がなかったのです。

学校はいろいろ悪口を言われます。なるほど、具体的にはたくさんの教育的問題点があります。でも、根本としては、とりかえがたい存在理由をもっていることを忘れてはいけません。教育について、まず挙げたい古典的テクストは、※ルソーの『エミール』と、※プラトンの『国家』に出てくる「**22**洞窟の比喩」などです。

近代社会のよいところは、はじめの条件がひどくても、なんとかそれをやり直す可能性があることです。学校は、親の出自や属性やその他いろんなしがらみをリセットするところです。生まれの与件をリセットできること、そして落伍《らくご》したり堕落《だらく》してしまったりしても、その気になればリセットしてゲームをやり直せる可能性があること。これが市民社会の「自由」というものの最大のメリットで、学校は、それを支える要の制度なのです。

（竹田青嗣《たけだせいじ》著『「ほんとうの自分」と「生きる意味」自分探しの哲学』による）

（注）※ 福沢諭吉……（１８３４～１９０１）思想家・教育家。慶応義塾の創立者。個人および国家の独立自尊や社会の実利実益の尊重を主張。『学問ノススメ』『西洋事情』など。

※ カント………（１７２４～１８０４）ドイツの哲学者。自我は認識だけでなく、実践の主体であるとし、客観が主観に従い、主観が客観を可能にするというコペルニクス的転回を主張。『純粋理性批判』『実践理性批判』『道徳形而上学《けいじじょうがく》原論』など。

※ ルソー………（１７１２～１７７８）フランスの啓蒙《けいもう》思想家。「社会契約」と「一般意志」の概念によって、近代社会思想の礎石《そせき》となった。『社会契約論』『エミール』『告白』など。

※ プラトン……（前４２７頃～前３４７頃）古代ギリシャの哲学者。ソクラテスの弟子。普遍《ふへん》者こそが真の実在と説いたイデア説は哲学史に決定的な影響を与えた。『国家』『ソクラテスの弁明』など。「洞窟の比喩」では、洞窟につながれた囚人が火でできる影こそが真実と思い込み、外界の太陽の世界を信じないことが描かれる。

問一 ――部**14**「教育というものは存在しないわけにはいきません」とありますが、なぜそのようにいえるのですか。最も適当なものを、次の①～④の中から一つ選び、その番号をマークしなさい。**（マークシート問題番号14）**

① 子どもが将来市民として職業に就いて働くために、基盤となる基礎的な知識を習得し、市民社会で生き抜くための能力を育成するから。

② そもそも人間が集団で生活するためには規律や管理が有効であり、むやみに権利を主張せず、ルールを受け入れる土壌を養成するから。

③ 古来哲学者や教育家の言葉の通り、人間には教育が必要であり、精神が成熟した優良な人間になる根本的素養を身につけさせるから。

④ 親や生まれの与件をリセットし、公正で自由な競争を通して、市民社会で落伍したり堕落しても、再びやり直せる可能性を育てるから。

問二　━━部15「教育と学問は、多くの人にとって大きな希望と可能性の通路」とありますが、どのようなことをいっているのですか。最も適当なものを、次の①～④の中から一つ選び、その番号をマークしなさい。**(マークシート問題番号15)**

① 子どもがそれぞれ持っている個性を、近代の教育によって、初めて伸ばすことができるようになったということ。

② 人間が進歩できるようになったのは教育の結果に他ならず、人間の歴史上普遍的に変わることがないということ。

③ 近代の教育によって、出自に関わらない平等な競争のスタートラインに立つことができるようになったということ。

④ 近代社会に生まれたさまざまな職業に就くためには、教育による子どもの能力開発が欠かせないということ。

問三　16 ～ 18 に入れるのに最も適当な言葉を、次の①～④の中からそれぞれ一つずつ選び、その番号をマークしなさい。**(マークシート問題番号16・17・18)**

① 要するに　② だから　③ あるいは　④ しかし

問四　次の一文は本文中の 1 ～ 4 のうち一箇所に入ります。該当する番号をマークしなさい。**(マークシート問題番号19)**

これが平準化ということで、要するに、子どもたちが社会に出て行くのに必要な諸知識を学ばせながら、自由な競争のスタートラインをできるだけ平均化するということなのです。

問五　━━部20「自分とは生活の条件を異にした異質な人間たちと関係を結ぶ」ことは「大事なこと」とありますが、その理由として最も適当なものを、次の①～④の中から一つ選び、その番号をマークしなさい。**(マークシート問題番号20)**

① 将来大人になって、マイノリティに対して差別や偏見を持って接することがなくなり、健全な社会にすることができるから。

② 人間は身分が違っていても根本は同じなのだという無意識の感覚が育ち、人間の平準化を受け入れる土壌ができるから。

③ 他者を自由な存在として認めるための精神的な基盤を育て、成長して市民社会で自分の権利を守る社会的背景を形成できるから。

④ 市民社会は自由なルールに基づく公正なゲームであるという感覚を子どもに持たせることで、将来に希望が持てるようになるから。

問六　━━部21「学校が階層化し、特権化すると、健全な市民社会にとって致命的なことになる可能性があります」とありますが、どのようになるというのですか。最も適当なものを、次の①～④の中から一つ選び、その番号をマークしなさい。**(マークシート問題番号21)**

① 封建的な身分制度が続いてしまうと、個人の能力とは関係なく、重要な職業が独占され、社会が進歩できなくなってしまう。

② 現実の社会は残酷であり、何かを成し遂げるためには自分を犠牲にする覚悟が必要なことを隠蔽《いんぺい》できなくなってしまう。

③ 社会は不公平や不正が多々あり、根絶は難しいと悲観的になると、将来に希望が持てず、努力しない人間が増えてしまう。

④ 社会に矛盾やずるいゲームが横行していると、子どもがどうしていいか分からず生き方を自己決定できなくなってしまう。

問七 ――部22「洞窟の比喩」とありますが、本文の趣旨を踏まえると、どのようなことを表しているといえますか。最も適当なものを、次の①～④の中から一つ選び、その番号をマークしなさい。**(マークシート問題番号22)**

① 自分の狭い視野で見えたものが世界のすべてであると思い込んでしまいがちだが、真理は外の広い世界にあるということ。

② 社会は親の出自や属性によって子どもの運命を決定しており、洞窟の囚人のように運命からは逃れられないということ。

③ 洞窟のように矛盾や不正が多い社会であるが、自己決定できるようになれば、太陽のような真理に巡り会えるということ。

④ 火のような危険なものが作り出すものは幻影に過ぎず、太陽のように安全なものが真理を作り出すことができるということ。

問八 本文の内容に最もよく合っているものを、次の①～④の中から一つ選び、その番号をマークしなさい。**(マークシート問題番号23)**

① いじめや差別がある学校は、人間を成績で比べる受験競争の温床になっている諸悪の根源であり、まさに社会の縮図というべき状況にある。

② 近代の教育は、それまでの共同体社会が強制していた運命を決定づける身分や出自を否定し、一般市民による完全に平等な社会を実現した。

③ 近代の教育ではさまざまな人間が平準化された方法で公正な競争をしてきたが、今後は人間性や個性を尊重した教育を実践するべきである。

④ 学校はさまざまな教育的問題点を抱えているが、子どもが社会で前向きに生きていくためのいくつもの重要な土壌を育む不可欠な場である。

問九 花子さんは本文の一部をクラスで発表するために、次のようにノートにまとめました。空欄にあてはまる内容を、それぞれ十五字以上、二十字以内で書きなさい。**(記述用解答用紙)**

【ノート】

●近代社会以前の教育と近代社会の教育の違い

近代社会以前は、子どもが共同体社会で生きていけるように、

を持たせるように教育したが、近代社会になってからは、

教科を勉強して競い合う教育に変化した。

四　**次の文章を読んで、あとの問いに答えなさい。（……の左側は口語訳です）**

※伊予《いよ》の入道は、をさなくより絵をよく書き侍《はべ》りけり。父うけぬ（面白くない）事になん思へりけり。無下《むげ》に幼少の時、父の家の※中門の廊《らう》の壁に、かはらけのわれにて（陶器の破片で）※不動の立ち給《たま》へるを書きたりけるを、客人誰《まらうどたれ》とかや（客人の誰といったか）たしかに聞きしを忘れにけり、これを**24**見て、「たが（誰が）書きて候《さうら》ふにか」と、おどろきたる気色（様子）にて問ひければ、あるじうちわらひて、「これはまことしきもの（立派な絵描き）の書きたるには候はず（ございません）。愚息の小童《こわらは》が（うちの子どもが）書きて候ふ」といはれければ、いよいよ尋ねて、「然《しか》るべき※天骨とはこれを申し候ふぞ。**25**この事制し給ふ事あるまじく候ふ（あってはいけません）」となんいひける。げに（本当に）もよく絵見知りたる人なるべし。

（『古今著聞集《ここんちょもんじゅう》』巻十一・三九九より）

（注）※　伊予《いよ》の入道……藤原隆親《たかちか》。平安時代後期の人。
※　中門の廊《らう》………寝殿造りの表門と寝殿をつなぐ廊下。
※　不動…………不動明王の略。
※　天骨…………生まれ持った才能。

問一　――部**24**「見て」の主語を次の①～④の中から一つ選び、その番号をマークしなさい。**（マークシート問題番号24）**

① 伊予の入道　② 父　③ 客人　④ 筆者

問二　――部**25**「この事」が示すものとして最も適当なものを、次の①～④の中から一つ選び、その番号をマークしなさい。**（マークシート問題番号25）**

① 絵を買うこと。
② 絵を描き直すこと。
③ 絵を描くこと。
④ 絵を売りに出すこと。

問三　本文の内容に最もよく合っているものを、次の①～④の中から一つ選び、その番号をマークしなさい。**（マークシート問題番号26）**

① 客人は飾られた小童の絵が下手なのを怒り、伊予の入道の父に注意した。
② 客人は小童の絵を大変気に入り、その場で伊予の入道に弟子入りした。
③ 客人は廊下の絵がすばらしいという噂《うわさ》を聞きつけて、家を訪ねてきた。
④ 客人は廊下の絵を見て、伊予の入道が持っている絵の天分を見抜いた。

五　咲子と徳男は、風邪薬の説明書を見ながら話しています。【会話文】と【説明書】を踏まえて、あとの問いに答えなさい。

【会話文】

咲子「ただいま。皆の咳《せき》や鼻水が気になるから、帰りに風邪薬を買ってきたわ」
徳男「おかえりなさい。ちょうどよかった、ありがとう。説明書をよく読んでから使うよ」
咲子「そうね、しっかり見た方がいいわね」
徳男「さまざまな成分が入っていて、多くの症状に効くんだね。僕は咳が出るから『ノンコンリン酸』などが効くようだ。15才の僕は、1回 a 錠を1日3回服用すればいいんだね。弟の英治は11才だから服用 b んだね」
咲子「そうね。しっかり用量を守って、早めに服用しましょうね」

新トクＨ感冒薬　（第２類医薬品）　【説明書】

かぜはいろいろな原因で発病しますが、鼻水、くしゃみ、咳、発熱などの症状もさまざまであり、かつ複雑です。かぜの時は早めに適切な治療をすることが大切です。

○効果・効能
①解熱鎮痛成分ヨクナールの作用で、のどの痛み・発熱などに優れた効き目を発揮します。
②鼻水、鼻づまりには、持続性カルクロフェン成分が効果を発揮します。
③鎮咳成分（咳を抑える成分）ノンコンリン酸とセキトメルのダブル効果で咳をしずめます。
④お薬の苦手な方でも服用しやすい苦みの少ない小粒の糖衣錠です。

○用法・用量：次の１回量を１日３回、食後なるべく30分以内に服用してください。

年　齢	１回量
成人（15才以上）	３錠
12才以上15才未満	２錠
12才未満	服用しないでください

※用法・用量を厳守してください。12才以上の小児に服用させる場合は保護者の指導監督のもとに服用させてください。

○成分・分量：セキトメル　12mg、カルクロフェン 75mg
ノンコンリン酸　24mg、ヨクナール　36mg

○保管及び取り扱い上の注意
・直射日光の当たらない湿気の少ない涼しい場所に保管してください。
・小児の手の届かない所に保管してください。
・外箱表示の使用期限を過ぎた製品は使用しないでください。

製造販売元：　松中ヘルスケア株式会社

問一　～～～部「15才の僕は、1回 a 錠を1日3回服用すればいいんだね。弟の英治は11才だから服用 b んだね」とありますが、空欄にあてはまる内容を、a は数字で、b は五字以内でそれぞれ書きなさい。

（記述用解答用紙）

15才の僕は、1回 a □□ 錠を1日3回服用すればいいんだね。
弟の英治は11才だから服用 b □□□□□ んだね。

問二　次の内容のうち、薬の**【説明書】**に照らし合わせると一つだけ**間違った用法**があります。それを、次の①～④の中から一つ選び、その番号をマークしなさい。

（マークシート問題番号27）

① 薬を服用後、残りを除湿剤の入った缶に移し替えて保管し、外箱は処分した。

② 今日はあまり気分が優れないので、夕食後すぐに1回量を守って服用した。

③ 他の多くの薬と一緒に薬箱に入れ、部屋の中にある背の高い棚の中にしまった。

④ 仕事帰りに寒気がしたので、新トクH感冒薬を用法・用量を守って服用した。

※これで問題は終わりです。28番以降のマークシートは使用しませんので、何も記入しないでください。

2023年度／花咲徳栄高等学校(第１回)

英語解答

1 No. 1 ③(1)　No. 2 ①(2)
No. 3 ②(3)　No. 4 ④(4)
No. 5 ①(5)
No. 6 Question 1 ③(6)
Question 2 ④(7)
Question 3 ①(8)
No. 7 Question 1 the guitar
Question 2 Friday
Question 3 near the station

2 (9) ①　(10) ③　(11) ②　(12) ④
(13) ③　(14) ①　(15) ④　(16) ③
(17) ②　(18) ②

3 (19) ⑤　(20) ④　(21) ⑤　(22) ③

4 問１ ②(23)　問２ ①(24)
問３ strawberry
問４ (例) buy an ice cream
問５ ②(25)　問６ ③(26)

5 問１ ①(27)　問２ ③(28)
問３ ③(29)
問４ (例) Because he doesn't have friends to eat lunch with.
問５ alone　問６ ③(30)

1 〔放送問題〕解説省略

2 〔適語(句)選択・語形変化〕

(9) ‘It takes＋(人＋)時間＋to ～’「(〈人〉が)～するのに〈時間〉がかかる」　「僕の家から学校まで歩くと30分かかる」

(10) How often「どのくらい(頻繁に)」は‘頻度’を尋ねる疑問詞。　「どのくらいの頻度でそのサッカーチームは練習しますか」

(11)適切な関係代名詞を選ぶ。先行詞のThe machineがbroke down「故障した」の主語になるので，‘物’を先行詞とする主格の関係代名詞が入る。　「その故障した機械は今また動いている」

(12) ‘How＋形容詞〔副詞〕＋主語＋動詞…!’の形の感嘆文。また，このitは‘天候’を表す文の主語になる用法。　「今日はなんて暑いんだ」

(13) ‘one of the＋最上級＋複数名詞’「最も～な…の１つ」の形。popularは原級の前にmostをつけて最上級にする。　「これはアメリカで最も有名な物語の１つだ」

(14) ‘all over＋場所’「〈場所〉の至る所で」　「東京にはたくさんの人が住んでいる。彼らは世界中からやってきている」

(15)文の主語が複数形のbirdsなので，areで受ける。in this pictureはbirdsを後ろから修飾する語句で主語ではない。　「この絵の中の鳥たちは美しい」

(16) before「以前は」という過去を表す語があるので，過去形を用いる。　「私は現在郵便局で働いている。以前は書店で働いていた」

(17)空所以下がwomanを修飾し，「ビルと話している女性」となればよい。「～している」の意味を表すのは現在分詞(～ing)。　「ビルと話している女性を知っていますか」

(18) Do you want me to ～?は「あなたは私に～してほしいですか」→「私が～しましょうか」と相手に対する‘申し出’を表せる。　「私があなたと一緒に行きましょうか」

3 〔整序結合〕

(19)「～してくれてありがとう」は，Thank you for ～ing で表せる。「〈人〉を～に招待する」は ‘invite＋人＋to ～’。 Thank you for inviting me to dinner.

(20) have to ～「～しなくてはならない」を用いた疑問文は ‘do/does/did＋主語＋have to ～?’ の語順になる。 Why do you have to leave so early？

(21)‘make＋目的語＋形容詞’「～を…(の状態)にする」の形をつくる。very famous で「とても有名な」。 The flower made the village very famous.

(22)「私は～を知りません」は I don’t know ～ で表せる。know の目的語になる「それの使い方」は，‘疑問詞＋to不定詞’ の形で how to use it とまとめる。 I don’t know how to use it.

4 〔長文読解総合―物語〕

≪全訳≫❶ある夏の暑い日，ジェイとその友人たちは外で遊んでいた。サッカーボールを蹴りあっている間，太陽の光がジェイと友人たちの上に降り注いだ。サッカーはジェイが一番するのが好きなスポーツだった。ジェイはほとんど毎日のように友人たちを誘って通りでサッカーをした。ジェイは，いつかプロのサッカー選手になることを夢見ていた。彼の好きなチームはイタリアの AC ミランだった。その赤と黒のユニフォームを着てゴールを決め，サッカー場全体から数千もの人々が彼の名前を叫んで歓声を上げるのを聞くことを彼は想像した。その夢を実現するにはまだまだ練習が必要であることが彼にはわかっていた。❷ある日，ジェイと友人が先ほどまで遊んでいた通りに太陽が照りつけているとき，アイスクリームの販売車が近づいてきた。ジェイはアイスクリーム販売車の音楽がかかるのを聞くとすぐに，2ドルを握って家の外に駆け出した。ジェイはアイスクリーム販売車がどこにいるのか見つけようと周囲を見回した。通りの向こうに販売車が見えると，彼はそれに向かって走っていった。ジェイの友人たちは先に到着していて，すでにアイスクリーム屋さんに自分の大好きな味のアイスクリームを頼んでいた。おかげでジェイにはどの味をもらおうかと考える時間ができた。「チョコレート，バニラ，それともストロベリーがいいかな？ ミントにしてみようかな？」とジェイは自分に問いかけた。「坊や，何にする？」 彼がアイスクリームを持っていない最後の1人であることに気づいてアイスクリーム屋さんがジェイに尋ねた。「ストロベリーでお願いします。赤は僕の一番好きなサッカーチームの色です」とジェイは彼に言った。❸この夏は，ジェイにとってこれまでで最高のものになっていた。彼は明日もまたサッカーをし，もしアイスクリーム販売車が来たら，両親にまた2ドルを頼むだろう。ジェイは2週間後に学校が始まるのが楽しみではなかった。ジェイは学校で勉強するよりも，友人たちと一日中サッカーをしていたかった。

問1＜語句解釈＞back and forth は「行ったり来たり」という意味。サッカーボールがジェイと友人たちの間を行き来する様子から，②「お互いに向かって」が適切。

問2＜英問英答＞「ジェイはどのようにして自分の夢を実現できるか」―①「サッカーをたくさん練習することによって」 第1段落最終文参照。

問3＜適語補充＞次の文より赤いアイスクリームにしたとわかる。ジェイが思い浮かべた味の中から色が赤いものを選ぶ。

問4＜英問英答―適語句補充＞「彼はなぜそうするのか」―「なぜならまたアイスクリームを買いたかったから」 前段落第2文より，2ドルはアイスクリームの値段と判断できる。‘ask＋人＋for＋物’ で「〈人〉に〈物〉をくれと頼む」という意味。また，ここでの another は数詞の前に置いて「さらに」という意味を表す。

問5＜英問英答＞「ジェイは学校の始まりが近づいてくることをどう感じていたか」―②「彼はあまり学校に戻りたくなかった」　最終段落最後の2文参照。 look forward to ～ing「～するのを楽しみにしている」

問6＜内容真偽＞①…×　第1段落第4文参照。友人たちを誘っている。　②…×　そのような記述はない。　③…○　第2段落第1文の内容に一致する。　④…×　第2段落第5文参照。友人たちが先に来て注文していた。

5〔長文読解総合―会話文〕

≪全訳≫❶マナブ(M)：開かないドアがあるんだよ，シュンヤ。❷シュンヤ(S)：うん，2階の男子トイレの中だね。その中の1つの個室のドアが昨日，おとといと鍵がかかってて…いつも鍵がかかってるんだよ，マナブ！❸M：朝から晩までってこと？❹S：うーん，僕はそのトイレは昼休みしか使わないから，一日中かはわからないな…❺M：じゃあ，誰かが使っているのかもね。❻S：僕もそう思ったよ。だからノックしたんだけど，返事はなかったんだ。❼M：じゃあ，なんで鍵がかかってるのかな？❽S：誰かがいたずらをしているんだと思うよ。❾M：$_{\text{A}}$何のために？❿S：わからないけど，全然おもしろくないね。そうだ！　今日も鍵がかかっていたら，トイレの個室に水をかけてやる！⓫M：なんだって？　そんなことしちゃだめだよ！⓬S：$_{\text{B}}$なんでだめなの？⓭M：君に何か悪いことが起こるかもしれないよ。⓮S：悪いこと？　どんな？⓯M：君はうちの学校に入ってきたばかりだから，シュンヤ，君は知らないかもしれないけど…あの男子トイレには幽霊がいるって言われているんだ。うちの学校は昔の戦場跡に建てられているからね。⓰S：幽霊？　冗談だろう！⓱M：僕は真剣さ。侍の幽霊を見たという人もいるんだ。⓲S：(笑う)どの学校にもそういう幽霊話はあるよ！　僕は信じないけど。⓳M：でも，本当なんだ！⓴同級生(C)：おい，シュンヤ！　誰と話してるんだ？　行くぞ！　音楽の授業に急がないと遅刻する！㉑S：わかった，ちょっと待ってくれる？　マナブ，行こう！㉒M：うーん，僕にはすることがあるんだ。㉓S：わかった，待ってるよ。㉔M：行きなよ，シュンヤ。後で追いつくよ。㉕C：シュンヤ！　急げ！㉖S：わかった，また後でね，マナブ。㉗S：授業が終わってすごくうれしいな。さて，お昼ご飯を食べる前にトイレに行くか…あっ，だめだ。また長い列だ。それにあのトイレの個室にまた鍵がかかっているぞ。(コンコン)㉘S：おーい！　誰か中にいるの？　おーい！返事をしないと，個室の中に水をかけるぞ！　(水の音)㉙S：みんな下がれ！　さあ行くぞ，3，2…㉚M：やめて！㉛S：えっ？　これはマナブの声？　マナブ，どこにいるの？㉜M：ここだよ。(ドアが開く)㉝S：マナブ？　なんで鍵のかかった個室の中にいるの？㉞M：えーと…㉟S：君は毎日この個室にいるの？㊱C：シュンヤ，知らなかったの？　マナブは一緒にお昼を食べる友達がいないんだよ。だから昼休みには閉じ込もっているんだ。そうだろう，マナブ？　君はいつも1人だもんな。(笑う)㊲S：おい！㊳C：シュンヤ！　なんで僕に水をかけたんだよ！　ぬれたじゃないか！㊴S：マナブは1人じゃなくて，僕がいるよ。来いよ，マナブ。一緒にお昼を食べよう。

問1＜適文選択＞A．誰かがトイレに鍵をかけるといういたずらをしていると聞いたマナブの発言。その目的をきいたのである。 play a trick「いたずらをする」 What for?「何のために〔どうして〕」　B．前段落の You can't ～. は「(君は)～してはいけない」という‘禁止’を表す用法。次の段落で悪いことが起こるとマナブが述べていることから，シュンヤは禁止の理由を尋ねたと考えられる。このWhy not？はWhy can't I do that？ということ。

問２＜語句解釈＞次の２段落で具体的に説明されている。　It is said (that) ～「～であると言われている」　ghost(s)「幽霊」

問３＜適語(句)選択＞幽霊について冗談だと言ったシュンヤに対して，マナブは幽霊を見た人がいると真剣に主張している。　serious「真剣な」

問４＜英問英答＞「マナブはどうして昼休みの間自分を閉じ込めているのか」─「なぜなら彼には一緒に昼食をとる友人がいないから」　第36段落第２，３文参照。Soは「だから」の意味で，'原因'と'結果'をつなぐ。Whyできかれているので文頭をBecauseで始めることに注意。なおfriendsはeat lunch withの目的語になっている(to不定詞の形容詞的用法)。

問５＜適語補充＞空所前後のシュンヤの言動から，第36段落でYou are always alone.「君はいつも１人だ」というマナブをからかう同級生の言葉を否定しているとわかる。

問６＜内容真偽＞①…×　第１段落参照。１つである。　②…×　第15段落第３文参照。an old battlefieldは「かつての戦場」の意味。　③…○　第21～26段落の内容に一致する。　④…×　第38段落参照。水をかけたが閉じ込めてはいない。

数学解答

1 (1)　5
(2)　2…9　3…3　4…0　5…2
　6…5
(3)　7…5　8…2
(4)　9…3　10…2
(5)　11…1　12…9
(6)　13…7　14…2　15…0
(7)　16…0　17…1　18…8
(8)　19…0　20…3

2 (1)　21…1　22…2　23…6
(2)　24…3　25…9　26…2

3 (1)　27…1　28…5　29…5
(2)　30…1　31…0　32…0　33…0
　34…6　35…0　36…0

4 (1)　37…2　38…7
(2)　39…9　40…1　41…4

5 (1)　①　36　②　284　③　284
(2)　①　58　②　$\dfrac{6\sqrt{62}}{31}$

1〔独立小問集合題〕

(1)＜数の計算＞与式 $=-6+1=-5$

(2)＜式の計算＞与式 $=(3a)^2-2\times3a\times5+5^2=9a^2-30a+25$

(3)＜数の計算＞与式 $=\sqrt{2^2\times2}+\sqrt{4^2\times2}-\sqrt{2}=2\sqrt{2}+4\sqrt{2}-\sqrt{2}=5\sqrt{2}$

(4)＜式の計算＞〔9〕$=a$，〔10〕$=b$ とすると，右辺 $=(x-ay)(bx+y)=bx^2+xy-abxy-ay^2=bx^2+(1-ab)xy-ay^2$ となる。これと与式の左辺である $2x^2-5xy-3y^2$ の各項の係数を比べると，$2x^2$ の係数より，$b=2$，$-3y^2$ の係数より，$-a=-3$，$a=3$ となる。このとき，xy の項の係数は，$1-ab=1-2\times3=1-6=-5$ となるので，適する。よって，$2x^2-5xy-3y^2=(x-3y)(2x+y)$ である。

(5)＜確率＞2つのさいころを同時に投げるとき，目の出方はそれぞれ6通りあるから，全部で $6\times6=36$(通り)の目の出方がある。このうち，出た目の積が12となるのは，出た目の組が，(2, 6)，(3, 4)，(4, 3)，(6, 2)の4通りだから，求める確率は $\dfrac{4}{36}=\dfrac{1}{9}$ となる。

(6)＜平面図形―角度＞n 角形の内角の和は $180°\times(n-2)$ で求められるから，正六角形の内角の和は $180°\times(6-2)=720°$ である。

≪別解≫多角形の外角の和が360°より，正六角形の1つの外角の大きさは $360°\div6=60°$ だから，1つの内角の大きさは $180°-60°=120°$ である。よって，正六角形の内角の和は $120°\times6=720°$ である。

(7)＜関数―変域＞関数 $y=2x^2$ のグラフは，右図のような放物線である。よって，x の変域が $-1\leqq x\leqq3$ のとき，$x=0$ で y の値は最小となり，y の最小値は $y=0$ である。また，$x=3$ のとき，y の値は最大となり，y の最大値は $y=2\times3^2=18$ である。よって，y の変域は $0\leqq y\leqq18$ となる。

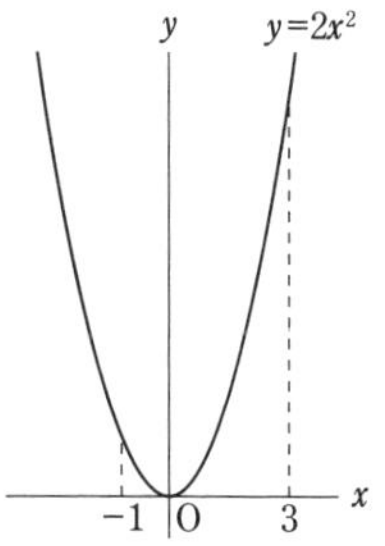

(8)＜データの活用―度数分布表，相対度数＞〔相対度数〕=〔その階級の度数〕÷〔度数の合計〕で求められる。度数分布表より，24℃以上26℃未満の度数は9日，度数の合計は30日だから，相対度数は $9\div30=0.3$ となる。

2〔関数―関数 $y=ax^2$ と一次関数のグラフ〕

≪基本方針の決定≫(1)　2点A，Bの座標を求める。　(2)　四角形OBACの面積を2つの三角形に分けて求める。

(1)＜直線の式＞次ページの図で，2点A，Bは放物線 $y=\dfrac{1}{4}x^2$ 上の点で，x 座標がそれぞれ -6，4だから，点Aの y 座標は $y=\dfrac{1}{4}\times(-6)^2=9$，点Bの y 座標は $y=\dfrac{1}{4}\times4^2=4$ となり，A$(-6,\ 9)$，B$(4,\ 4)$

である。よって，直線lの傾きは$\frac{4-9}{4-(-6)}=-\frac{1}{2}$だから，直線$l$の式を$y=-\frac{1}{2}x+b$とおくと，点Bを通ることより，$4=-\frac{1}{2}\times4+b$，$b=6$となる。よって，直線$l$の式は$y=-\frac{1}{2}x+6$である。

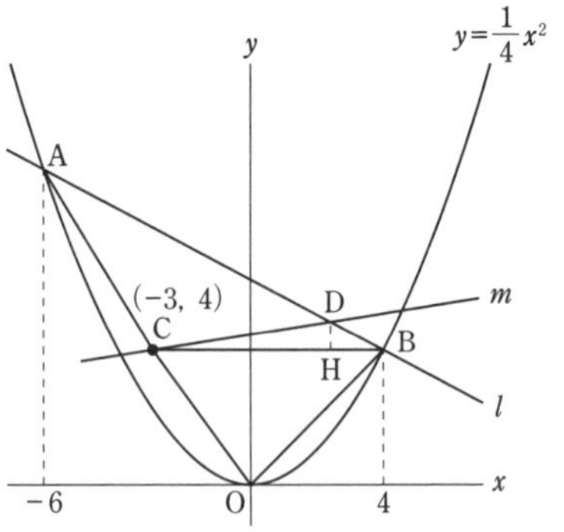

(2)＜座標＞(1)より，B(4, 4)だから，右図で，C(−3, 4)のとき2点C，Bを結ぶと，線分CBはx軸に平行になる。このことより，〔四角形OBAC〕＝△OBC＋△ACBとして面積を求める。△OBC，△ACBにおいて，底辺をCBと見ると，2点C，Bのx座標より，$CB=4-(-3)=7$であり，それぞれの高さは点B，Aのy座標より4，$9-4=5$だから，$\triangle OBC=\frac{1}{2}\times7\times4=14$，$\triangle ACB=\frac{1}{2}\times7\times5=\frac{35}{2}$となる。よって，〔四角形OBAC〕$=14+\frac{35}{2}=\frac{63}{2}$である。また，△OBC＜△ACBだから，四角形OBACの面積を2等分する直線mは辺ABと交わる。直線mと辺ABとの交点をDとすると，$\triangle ACD=\frac{1}{2}$〔四角形OBAC〕$=\frac{1}{2}\times\frac{63}{2}=\frac{63}{4}$となるから，$\triangle CBD=\triangle ACB-\triangle ACD=\frac{35}{2}-\frac{63}{4}=\frac{7}{4}$である。したがって，右上図で，点Dから線分CBに垂線DHを引くと，$\frac{1}{2}\times7\times DH=\frac{7}{4}$が成り立つ。これより，$DH=\frac{1}{2}$となるから，点Dの$y$座標は$\frac{1}{2}+4=\frac{9}{2}$である。点Dは直線$y=-\frac{1}{2}x+6$上の点だから，$\frac{9}{2}=-\frac{1}{2}x+6$，$x=3$より，$D\left(3,\ \frac{9}{2}\right)$である。

3 〔独立小問集合題〕

(1)＜一次方程式の応用＞長方形の縦の長さを$x$cmとすると，横の長さは$x-60$cmと表される。よって，5mは500cmより，長方形の周の長さについて，$x\times2+(x-60)\times2=500$が成り立つ。これを解くと，$2x-60=250$，$2x=310$，$x=155$となるから，縦の長さは155cmである。

(2)＜連立方程式の応用＞商品A1個の値段をx円，商品B1個の値段をy円とすると，$x:y=5:3$……①である。また，商品Aを3個と商品Bを4個買うと5400円であることから，$3x+4y=5400$……②が成り立つ。①，②を連立方程式として解く。①より，$3x=5y$，$3x-5y=0$……①′　②−①′より，$4y-(-5y)=5400$，$9y=5400$　$\therefore y=600$　これを①′に代入して，$3x-5\times600=0$　$\therefore x=1000$　よって，商品Aは1000円，商品Bは600円である。

4 〔データの活用―確率〕

≪基本方針の決定≫(2)　まず，同じ色の色鉛筆を配る2人の組を考える。

(1)＜場合の数＞3人の生徒をA，B，Cとする。まず，Aに赤，青，黄の色鉛筆からどの色の色鉛筆を配るかで3通りの配り方が考えられる。色鉛筆はそれぞれ3本あるので，同様に，B，Cにもそれぞれ3通りずつの配り方がある。よって，色鉛筆の配り方は，全部で$3\times3\times3=27$(通り)ある。

(2)＜確率＞9本の色鉛筆を3人に配るので，配り方は全部で$9\times8\times7=504$(通り)ある。このうち，AとBの2人に赤色，C1人に青色の色鉛筆を配る配り方は$3\times2\times3=18$(通り)あり，AとCの2人に赤色，B1人に青色の色鉛筆を配る配り方も，BとCの2人に赤色，A1人に青色の色鉛筆を配る配り方もそれぞれ18通りある。よって，2人に赤色，1人に青色の色鉛筆を配る配り方は$18\times3=54$(通り)ある。同様に，2人に赤色，1人に黄色の色鉛筆，2人に青色，1人に赤色の色鉛筆，2人に青色，1人に黄色の色鉛筆，2人に黄色，1人に赤色の色鉛筆，2人に黄色，1人に青色の色鉛筆を配る場合もそれぞれ54通りあるから，2人に同じ色，1人に違う色の色鉛筆を配る配り方は$54\times6=324$(通り)ある。よって，求める確率は$\frac{324}{504}=\frac{9}{14}$となる。

5 〔独立小問集合題〕

(1)＜数の性質＞① 22 の約数は 1，2，11，22 だから，$F(22)=1+2+11+22=36$ である。　② $G(n)=F(n)-n$ とするとき，$G(220)=F(220)-220$ となる。$220=2^2\times5\times11$ だから，220 の約数は 1，2，4，5，10，11，20，22，44，55，110，220 である。よって，$F(220)=1+2+4+5+10+11+20+22+44+55+110+220=504$ より，$G(220)=504-220=284$ である。　③ $284=2^2\times71$ だから，284 の約数は 1，2，4，71，142，284 であり，$G(284)=F(284)-284=1+2+4+71+142+284-284=220$ である。よって，$m=220$ となり，$G(220)$の値は，②より，284 である。

(2)＜図形―円，おうぎ形，球＞①半径 a の円の面積 S_1 はπa^2，半径 b，中心角 60°のおうぎ形の面積 S_2 は$\pi b^2\times\frac{60^\circ}{360^\circ}=\frac{1}{6}\pi b^2$，半径 c の球の表面積 S_3 は $4\pi c^2$ と表されるから，$a=4$，$b=6$，$c=3$ のとき，$S_1+S_2+S_3=d\pi$ となることから，$\pi\times4^2+\frac{1}{6}\pi\times6^2+4\pi\times3^2=d\pi$，$58\pi=d\pi$ より，$d=58$ である。

② $a=b=c$ のとき，①より，$S_1+S_2+S_3=\pi a^2+\frac{1}{6}\pi a^2+4\pi a^2=\frac{31}{6}\pi a^2$ となる。よって，$\frac{31}{6}\pi a^2=12\pi$ が成り立つから，これを解くと，$a^2=\frac{72}{31}$，$a=\pm\sqrt{\frac{72}{31}}=\pm\frac{6\sqrt{2}}{\sqrt{31}}=\pm\frac{6\sqrt{62}}{31}$ となる。$a>0$ だから，$a=\frac{6\sqrt{62}}{31}$ である。

2023年度／花咲徳栄高等学校(第１回)

国語解答

一 問一 ③$_{1}$ 問二 ①$_{2}$
問三 3…③ 4…② 5…④
問四 ②$_{6}$ 問五 ③$_{7}$ 問六 ④$_{8}$
問七 ③$_{9}$
問八 自分の趣味を告白することで，覚悟はしていても孤立するのは怖い(30字)［という気持ち。］
問九 ④$_{10}$

二 問一 (1) はぐく (2) まぶか (3) 見解 (4) 原形 (5) 模擬
問二 ④$_{11}$ 問三 ④$_{12}$ 問四 ①$_{13}$

三 問一 ④$_{14}$ 問二 ③$_{15}$
問三 16…② 17…④ 18…①
問四 ②$_{19}$ 問五 ④$_{20}$ 問六 ③$_{21}$
問七 ①$_{22}$ 問八 ④$_{23}$
問九 ・親がルールや規範を与えて自分と同じ価値観
・多様な階層の子どもが集まり，平等に同じ

四 問一 ③$_{24}$ 問二 ③$_{25}$ 問三 ④$_{26}$

五 問一 a 3 b できない〔しない〕
問二 ①$_{27}$

一〔小説の読解〕出典；寺地はるな『水を縫う』。

問一＜文章内容＞ゲームをする習慣のない「僕」は，みんなの話すスマホゲームの単語の意味がわからず，「相槌すら打てなくなって」いたが，「いつも，ひとり」で友達がいないというのは「家族に心配されるようなこと」なので，「懸命に話についていこうと」した。

問二＜心情＞「虚勢」を張ったり，「おどおど」したりすることなく，一人で自分らしく振る舞っているくるみを見て，「僕」は，机をくっつけた「島」で，友達の話に無理についていこうとする自分との違いに気づいたのである。

問三＜表現＞３．くるみは，「唇の両端」に力を入れるようにして口を動かし，卵焼きを味わっていた。　４．「僕」が，急に「席に戻るわ」と言ったので，宮多たちはぼう然として口を開けた。５．「なに？」「なんか用？」などと「僕」が話しかけたので，「僕」のことを笑っていたうちの「ひとり」は，驚いて目を見開いた。

問四＜心情＞「僕」は，四人グループのうちの一人が，自分の「手つきを真似て，くすくす笑っている」のを見て，感情的になり，思わず大きな声を出してしまった。

問五＜文章内容＞「僕」が大きな声を出したことで教室の雰囲気は緊迫したが，「僕」のことを笑った男子たちが，「もごもご」と言い合って視線をそらしたので，まだ遠くでは「僕」に関する「ひそやかなささやきや笑い声」が残ってはいたものの，一応は日常の「ざわめき」が教室に戻った。

問六＜文章内容＞「個性は大事」と言われるが，学校では少し珍しいことをしただけでも「もてあまされ」て浮いてしまうので，学校ほど個性を尊重したり伸ばしたりすることに向いていない場所はないと，「僕」は思ったのである。

問七＜文脈＞「僕」は，くるみが「まさか道端の石を拾っているとは思わなかった」ので，「いつも石拾ってんの？　帰る時に」と尋ねた(…Ａ)。すると，くるみは「いつも」ではなく「だいたい土日」に石を拾いに行くと答えた(…Ｂ)。それを聞いた「僕」が「土日に？　わざわざ？」と問うと(…Ｃ)，くるみは，その質問には答えなかったが，やすりで「つるつるのぴかぴかになる」まで磨くと言い(…Ｄ)，「放課後の時間はすべて石の研磨にあてている」と話してくれた。

問八＜心情＞「僕」は，一人でいる寂しさをごまかすために「好きではないことを好きなふりをするのは，もっともっとさびしい」と思い，宮多からのメッセージに本心で返信しようと考えた。しかし，それまで「いつも，ひとりだった」ことも思い出され，自分の趣味が「刺繍」だと宮多に告白

して，また一人になることも怖かったので，文字を入力する指が震えてしまったのである。

問九＜表現＞「くすくす」や「ぽつんと」などの擬音語や擬態語を用いることにより，「僕」が周囲の人間の反応を気にしている心情が，読み手に伝わるような工夫がされている。

二〔国語の知識〕

問一＜漢字＞⑴他の訓読みは「そだ(てる)」。　⑵「目深」は，帽子などを目が隠れるくらい深くかぶるさま。「めぶか」とも読む。　⑶「見解」は，物事に対する考え方や評価のこと。　⑷「原形」は，もとの形のこと。　⑸「模擬」は，本物や実際に似せること。

問二＜語句＞「なおざり」は，注意を払わずおろそかにすること。

問三＜四字熟語＞「三寒四温」は，冬に四日間暖かい日が続くと次の三日間は寒い日が続き，これが繰り返される気象現象のこと。

問四＜熟語の構成＞「洗面」と「減量」は，下の漢字が上の漢字の目的語となっている熟語。「優劣」は，反対の意味の漢字を組み合わせた熟語。「冷夏」は，上の漢字が修飾語で，下の漢字が被修飾語となっている熟語。「豊富」は，同じような意味の漢字を組み合わせた熟語。

三〔論説文の読解―哲学的分野―哲学〕出典；竹田青嗣『自分探しの哲学　「ほんとうの自分」と「生きる意味」』。

≪本文の概要≫学校にはいろいろな問題があるが，社会というものがあるかぎり，教育は，存在しなければならない。教育は，近代社会の最も重要な柱であり，近代以前に存在していた共同体社会から，そこに属していた人たちを解き放ち，一般市民という自由な競争のフェアなスタートラインにつかせるという機能を持つ。近代社会では，子どもは学校に行き，そこで初めてさまざまな階層や出自の人間に出会って，自分とは生活の条件を異にする人間たちと能力を競い合い，関係を結ぶ。そして，多様な人間が平準化された仕方で交わり合う中で，子どもは，社会が自由なルールに基づく公正なゲームであるという感度を身につけられるのである。近代以前の人間は，初めに与えられた条件によって人生が決められ，ひどい環境に生まれると希望が持てなかったが，近代社会では，生まれによる条件をリセットでき，堕落してもやり直せる可能性がある。学校は，この近代社会の「自由」というものの最大のメリットを支える要の制度なのである。

問一＜文章内容＞教育は，「人々を，それまで属していた共同体から解き放って，一般市民という自由な競争のフェアなスタートラインにつかせる」のである。学校は，「生まれの与件」をリセットでき，失敗しても「やり直せる可能性がある」という近代社会のメリットを支えているのである。

問二＜文章内容＞学校に入ると，子どもは，自分の「出自や背景」から離れて，さまざまな能力を競い合うようになる。人間は，「人々を，それまで属していた共同体から解き放って，一般市民という自由な競争のフェアなスタートラインにつかせる」という教育の機能によって，将来に「希望と可能性」を持てるようになったのである。

問三＜接続語＞16．共同体社会における子どもは，「成育して再び父親や母親のような存在になる以外」には，「生きてゆく道を全くもたなかった」ので，親から与えられる「規範やルール」を「受け容れる」しかなかった。　17．共同体社会では，親から与えられる「規範やルール」を，子どもは「受け容れる」しかなかったが，近代社会では子どもは「学校」に行くようになり，「出自や背景は消され」るようになった。　18．学校では，「コイツはビンボーだけど走りはたいしたもんだ」というように，個々の能力が出自や属性などと切り離されて注目されるということは，言い換えると，人間が「共同体の属性からいったん離れ」て扱われるということである。

問四＜文脈＞近代社会では，いろいろな階層の子どもを学校に集め，「その背後関係を消して，同じ教科で競わせる」という「平準化」が行われており，それは「自由な競争のスタートラインをできるだけ平均化する」ということである。

問五＜文章内容＞かつての共同体社会では，「どんなにすぐれた資質をもった人」でも，ひどい環境に生まれると，希望が持てなかった。しかし，学校で，さまざまな階層や出自の人間たちと同じ条件で交わり合うことで，子どもは，社会が「自由なルールにもとづく公正なゲームであるという感度」を身につけ，将来に希望が持てるようになるのである。

問六＜文章内容＞学校が階層化し，特権化して，「この社会がフェアなゲームであることのモデル的場面」でなくなってしまうと，子どもが「人間のゲームとは，しょせんこんなものだという感覚を身につけて」しまい，将来に希望を持てなくなる可能性があるのである。

問七＜表現＞プラトンの『国家』における「洞窟の比喩」では，洞窟の囚人が「火でできる影こそが真実と思い込み，外界の太陽の世界を信じないこと」が描かれている。他の階層や出自の人と交わることのなかった共同体社会に生きていた人たちは，自分の世界だけが世界の全てだと思い込み，それ以外の世界に真実があるということを知らなかったのである。

問八＜要旨＞学校には「たくさんの教育的問題点」があるが，「生まれの与件をリセットできる」ことや，失敗しても「その気になればリセット」してやり直せるといった市民社会の自由を支える機能がある。学校は，子どもに社会が「自由なルールにもとづく公正なゲームであるという感度」を身につけさせ，子どもが希望を持って生きていけるようにする重要な場なのである。

問九＜文章内容＞近代以前の共同体社会では，子どもは，親から与えられる「ルールや規範」によって「父親や母親のような存在」になるしかなかった。これに対して，近代社会では，「さまざまな階層の子どもたち」が学校に集まり，「同じ教科を勉強して競いあう」ことが実現された。

四〔古文の読解―説話〕出典；『古今著聞集』巻第十一，三九九。

≪現代語訳≫伊予の入道は，幼い頃から絵を上手に描きました。(しかし)父は(子である伊予の入道が絵を描くのを)おもしろくないことだと思っていた。(伊予の入道が) 本当に幼かったとき，父の家の中門の廊下の壁に，陶器の破片で不動明王がお立ちになっている様子を描いてあったのを，客人の誰といったか確かに聞いたけれど忘れてしまったが，(その人が)これを見て，「誰が描いたのでしょうか」と，驚いた様子で尋ねたので，(伊予の入道の父である)主人が笑って，「これは立派な絵描きが描いたものではございません。うちの子どもが描いたのです」と言われたところ，(客人は)さらに問いただし，「相当な生まれ持った才能とはこのことを申すのです。このことを制止なさることがあってはいけません」と言った。本当によく絵を見て知っている人であるのだろう。

問一＜古文の内容理解＞幼い頃の伊予の入道が描いた不動明王の絵を見た「客人」は，誰が描いたものか，主人に尋ねた。

問二＜古文の内容理解＞伊予の入道の絵の才能を見抜いた客人は，子どもが絵を描くのを制止してはいけないと，主人に忠告した。

問三＜古文の内容理解＞伊予の入道の父は，子どもの絵の才能に気づかなかったが，客人は，絵を一見しただけでその才能を見抜き，父に絵を描くことを制止してはいけないと言った。

五〔資料〕

問一．「用法・用量」を見ると，「15才以上」の成人の１回量は「３錠」となっている(…ａ)。また，「12才未満」は「服用しないでください」とあるので，「11才」は服用できないことになる(…ｂ)。

問二．新トクＨ感冒薬は，「食後なるべく30分以内に服用」する薬品であり(②…○)，寒気は風邪の症状とも考えられるので(④…○)，早めに服用するのが望ましい。また，薬品は，「小児の手の届かない」ような高い場所に保管すべきであるが(③…○)，「外箱表示の使用期限を過ぎた製品は使用しないでください」とあるので，外箱を処分するべきではない(①…×)。

2023年度 花咲徳栄高等学校（第２回）

【英　語】（50分）〈満点：100点〉

1 放送を聞いて答える問題

問題は、No.1～No.7の全部で7題あり、放送はすべて英語で行われます。放送される内容についての質問にそれぞれ答えなさい。No.1～No.6は、質問に対する答えとして最も適切なものを、①～④の中から1つずつ選び、その番号を(1)～(8)にマークしなさい。No.7は、それぞれの質問に対する答えを記述用解答用紙に英語で答えなさい。放送中メモを取ってもかまいません。各問題について英語は2回ずつ放送されます。

【No.1～No.3】

Listen to each talk, and choose the best answer for each question.

(1) No.1

①

②

③

④

(2) No.2

①

②

③

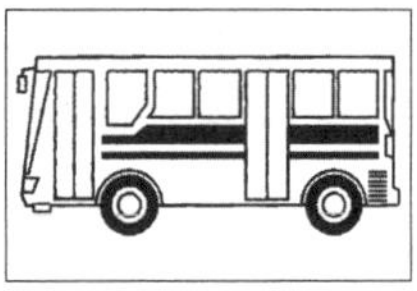
④

(3) No.3

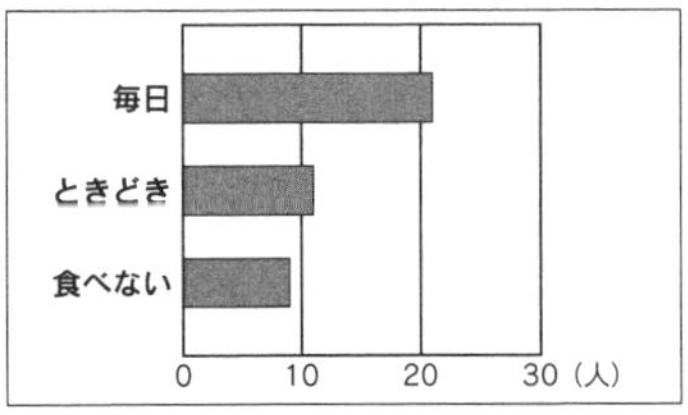

①

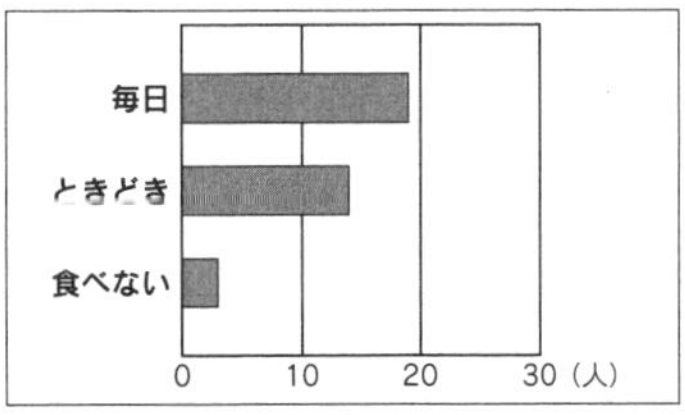

②

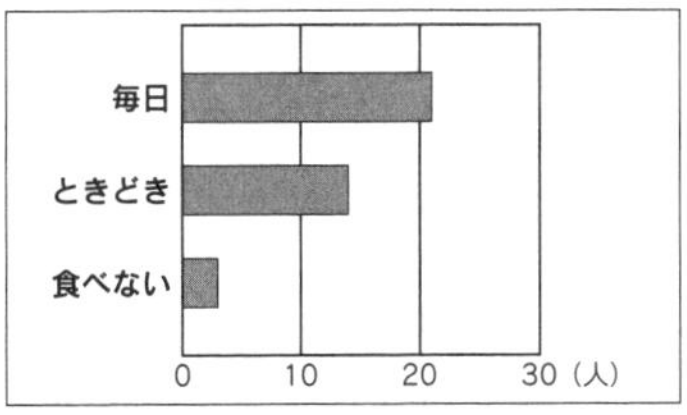

③

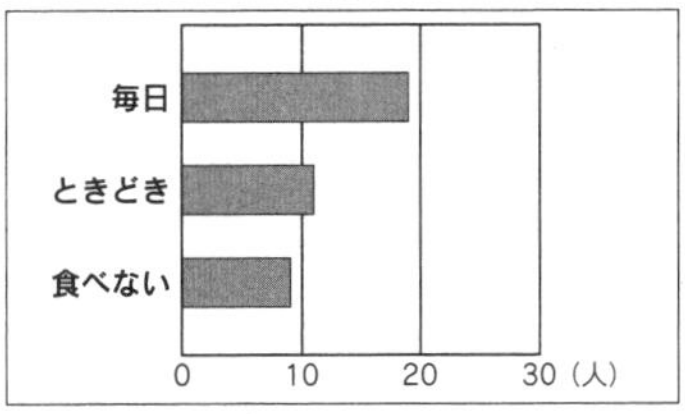

④

【No.4, No.5】

Listen to each situation, and choose the best answer for each question.

(4) No.4

① I'll take it. ② This bag is yours. ③ Here you are. ④ I'm just looking.

(5) No.5

① How long have you lived in this city?
② Could you tell me the way to the hospital?
③ May I go to the hospital with you?
④ What do you think about the hospital?

【No.6】

Listen to the speech of a junior high school student, Yuka, and choose the best answer for questions 1, 2 and 3.

(6) Question 1

① Two weeks ago. ② Last week. ③ Last Sunday. ④ Yesterday.

(7) Question 2

① Eight students. ② Nine students. ③ Ten students. ④ Eleven students.

(8) Question 3

① Because she had to cook with John and Betty.
② Because she bought a Japanese cup as a present.
③ Because she needed time to practice the piano.
④ Because she wanted to learn some songs.

【No.7】

Listen to the talk between a new student, Emma, and her homeroom teacher, Mr. Tanaka, and read the questions. Then write the answer in English for questions 1, 2 and 3.

Question 1	:	What books does Emma want to read?
Answer	:	She wants to read books about ( ).
Question 2	:	Where is the school library?
Answer	:	It is in front of the ( ) room.
Question 3	:	When will Emma go to the music room?
Answer	:	She will go there ( ).

※ 放送を聞いて答える問題の放送文は，英語の問題の終わりに付けてあります。

2 次の英文の(　　　)に入るべき語(句)を選び、その番号をマークしなさい。

(9) He is a good soccer player, (　　　)?
① does he　② is him　③ doesn't him　④ isn't he

(10) The water (　　　). Can you turn it off?
① boil　② boils　③ is boiling　④ was boiling

(11) She goes to high school with (　　　).
① we　② our　③ us　④ ours

(12) Sam enjoyed (　　　) the new movies.
① watch　② watching　③ watched　④ to watch

(13) Most of the goods (　　　) in Japan are great.
① make　② making　③ made　④ be making

(14) Which is (　　　), the sun or the moon?
① small　② most small　③ bigger　④ biggest

(15) The weather news (　　　) it's going to snow tonight.
① communicates　② says　③ talks　④ speaks

(16) Mr. Kobayashi (　　　) have a cell phone.
① not　② isn't　③ don't　④ doesn't

(17) The woman (　　　) lives next door is a doctor.
① who　② which　③ whose　④ when

(18) Do you know what WHO stands (　　　)?
① up　② by　③ on　④ for

3 (　　　)内の語(句)を並べかえ、(　　　)内で４番目になるものの番号をマークしなさい。ただし、文頭に来る語も小文字にしてあります。

(19) あなたはきっとそれができると思います。

I'm (① do ② you ③ that ④ sure ⑤ can) it.

(20) 動物園に行きませんか。

(① we ② shall ③ to ④ go ⑤ the zoo)?

(21) ジムはとても疲れているので、車の運転ができません。

Jim (① drive ② too ③ to ④ is ⑤ tired) a car.

(22) いつから英語を勉強していますか。

How long (① studying ② have ③ been ④ English ⑤ you)?

4 次の英文を読んで、問1～問6に答えなさい。

Chocolate is a popular present for birthdays, but in many different places around the world it is important on other special days too.

In Japan, the most important time for chocolate is Valentine's Day on 14 (1). The women usually give (2) two types of presents. Firstly, they buy an expensive present for their 'true love' – a man who is very special to them. Then they buy smaller chocolate presents for the men at their office. In this way, most men stay happy! A month later, on 14 March, the men can *reply to the women and give them things too.

In some other countries, people give chocolate Easter eggs in March or April. In Italy, for example, people often give very large chocolate Easter eggs in beautiful paper. Children usually open their eggs quickly and look for the special surprise inside – more sweets or something to play with. Adults sometimes find something more expensive. There are gold rings inside chocolate Easter eggs. These rings ask the question, 'Will you marry me?'

Families in Europe and North America often *hide Easter eggs. This has become popular in Brazil too. Parents hide chocolate eggs around the house on the night before Easter. In the morning, the children quickly run around and (3) them all.

*Mexicans have an important holiday later in the year – (4) the Day of the Dead. On 1 and 2 November, men, women, and children remember the lives of their dead family and friends. They usually make a special place in their home with photos of the dead people. They then put things in front of the pictures like flowers, cacao beans, or a special sauce made from chocolate. You can buy small chocolate *skulls in all the sweet shops too, and Mexican adults often give them to children at this time.

In some European countries people have a holiday on 6 December – it is called Saint Nicholas's Day. Children in places like Germany often put their shoes near the door on 5 December. If they are good, they will find nuts, fruit or chocolate money from Saint Nicholas inside (5) them next morning.

〔注〕reply お返しをする　　hide～ ～を隠す　　Mexicans メキシコ人　　skull どくろ

問1　(　1　)にあてはまる適切な1語を答えなさい。

問2　下線部(2)に関して、次の質問の答えとなるように、(　　　)に入る適切な英語を答えなさい。

Question：What are the two types of presents?

Answer　：They are (　　　　　　　　　　　) and (　　　　　　　　　　　).

問3　イタリアでのEaster eggsに関して最も適切に述べているものを選び、その番号を(23)にマークしなさい。

① 美しい紙に包まれた小さいEaster eggsをプレゼントする。
② 子どもがもらうEaster eggsの中にはお菓子だけが入っている。
③ 大人がもらうEaster eggsには高価なものが入っていることもある。
④ Easter Eggsの中の金のリングには、相手に交際を申し込むという意味がある。

問4　(　3　)にあてはまる最も適切なものを選び、その番号を(24)にマークしなさい。

① get off　② take off　③ look for　④ try to

問5　下線部(4)に関して、本文の内容と合わないものを選び、その番号を(25)にマークしなさい。

① Mexicans remember the lives of the dead people.
② Mexicans make a special place and put photos of the dead people there.
③ The sweet shops sell small chocolate skulls.
④ Small chocolate skulls are often given to adults by children.

問6　下線部(5)が指すものを選び、その番号を(26)にマークしなさい。

① nuts　② shoes　③ holidays　④ chocolates

5 次の英文を読んで、問1～問6に答えなさい。

(1) *Beluga whales are very social animals. This means that they like to be around other whales. Their *relationships with the whales around them are very strong. A mother and her baby will often swim together for three years. Beluga whale babies are gray when they are born. They turn white, like the ice around them, when they become adults.

It may seem like the beluga whales have a very happy life, but sometimes this isn't the case...

One day, a group of beluga whales is swimming in the bay. When the *tide *goes out, the adult belugas are able to swim back to deeper water.

However, one young beluga has gone too far onto the *shore. (2) It can't get back to the water. Suddenly, play time becomes a *race against time!

The Sun now becomes the beluga's biggest danger. It's very hot on the young beluga's body. The young beluga could easily *sunburn, get too hot, and (3). The young beluga has nothing to cover it. It can't do anything. The other belugas can only watch and wait as the young beluga tries to move.

As the young beluga moves around on the shore, the rocks cut its skin. More and more time passes. There's nothing that the beluga can do for now. It can only wait for the tide to come back.

Slowly the sea starts to come back onto the shore. The water *brings the very tired beluga back to life. It begins to move. Then, it begins to push...and push...and push. With one last strong push, (4) the beluga is free! At last, it's able to return to the sea.

The young beluga quickly joins the other whales in the deep water once again. The young beluga is fine. Probably it has learned (5) something from this bad experience. It will be more careful the next time it's near the shore!

〔注〕beluga whale シロイルカ　relationship 関係　tide 潮　go out（潮や水が）引く
shore 岸　race against time 時間との闘い　sunburn 日焼けする
bring ～ back to life ～を生き返らせる

問1　下線部(1)に関して本文の内容と合うものを選び、その番号を(27)にマークしなさい。

① 他のシロイルカの周りにいることを好んでいる。

② 母親シロイルカと生涯行動を共にしている。

③ 人間たちとも良い関係を築くことができる。

④ あらゆる動物たちと結びつきが強い。

問2　下線部(2)の理由として最も適切なものを選び、その番号を(28)にマークしなさい。

① 引き潮のときに潜り損ねたから。

② 他のシロイルカたちも一緒に岸にいたから。

③ 太陽の日差しが強く、暑さで疲れてしまったから。

④ 岩で肌が傷つき怪我をしてしまったから。

問3　(　3　)にあてはまる最も適切なものを選び、その番号を(29)にマークしなさい。

① win　　② move　　③ die　　④ catch

問4　下線部(4)の内容を具体的に日本語で答えなさい。

シロイルカが(　　　　　　　　　　　　　　　　　　)こと。

問5　下線部(5)の内容を日本語で答えなさい。

問6　本文の内容と合うものを選び、その番号を(30)にマークしなさい。

① シロイルカは生まれたときから白色である。

② 大人のシロイルカは時々岸に取り残されることがある。

③ 子どものシロイルカは危険にさらされることはない。

④ 大人のシロイルカは岸に取り残された子どものシロイルカを見守るしかない。

＜放送を聞いて答える問題放送文＞

これから「放送を聞いて答える問題」を始めます。

問題用紙の第1ページ，第2ページを見てください。問題は，No. 1 ～No. 7 の全部で7題あり，放送はすべて英語で行われます。放送される内容についての質問にそれぞれ答えなさい。No. 1 ～No. 6 は，質問に対する答えとして最も適切なものを，①～④の中から1つずつ選び，その番号を(1)～(8)にマークしなさい。No. 7 は，それぞれの質問に対する答えを記述用解答用紙に英語で答えなさい。放送中メモを取ってもかまいません。各問題について英語は2回ずつ放送されます。では，始めます。

Look at No. 1 to No. 3 on page 1. Listen to each talk, and choose the best answer for each question. Let's start.

No. 1

A : Do you have time now, Jack ?

B : Yes, Mom. I've just finished my homework. What do you want ?

A : I'm cooking dinner. I have many things to do. Please come and help me.

B : OK. But I'll wash my hands before that.

Question What will Jack do before helping his mother ?

No. 2

A : You're very late, Hideki. I waited for twenty minutes. What were you doing ?

B : I'm sorry, Mary. I couldn't use my bike. My brother used it.

A : So did you come by train ?

B : No. My house isn't near the station. I came here by bus.

Question How did Hideki come to see Mary ?

No. 3

A : Do you eat breakfast every day, Bill ?

B : No, Mika, not every day. I can't get up early.

A : I asked my classmates about eating breakfast. Look at this. Twenty-one students in my class eat breakfast every day.

B : That's good. But three students don't eat breakfast. It isn't good for their health.

Question Which is Mika's class ?

Look at No. 4 and No. 5 on page 2. Listen to each situation, and choose the best answer for each question. Let's start.

No. 4

Lucy and Yuji are in a shop. Lucy is looking for a bag. Yuji finds a nice one for her and tells her. Lucy thinks the bag is nice and decides to buy it.

Question What does Lucy say to Yuji ?

No. 5

Kevin is on the street in Higashi City. He wants to go to the hospital. But he doesn't know Higashi City well. He talks to a woman on the street.

Question What does Kevin say to the woman ?

Look at No. 6. Listen to the speech of a junior high school student, Yuka, and choose the best answer for questions 1, 2 and 3. Let's start.

We have a new friend from Australia. His name is John. He came to Japan two weeks ago and started to study at our school last week. His parents and sister came to Japan with him. But his father went back to Australia soon because he has a job in his country. Now John lives with his mother and his sister Betty. Betty goes to a high school in our city.

Last Sunday, we had a party at John's house. Five boys and six girls from our school came. We bought some food before going to his house. So his mother didn't have to cook. Each one of us gave a present to his family. My present was a Japanese cup, *yunomi-jawan*. And I played the piano for them. The party started at five. I went to his house an hour earlier because I needed some time to practice. At the party, we sang some songs. Singing songs together was a lot of fun. We had a very good time.

Question 1　When did John start to study at Yuka's school ?

Question 2　How many students from Yuka's school came to the party ?

Question 3　Why did Yuka go to John's house early ?

Look at No. 7. Listen to the talk between a new student, Emma, and her homeroom teacher, Mr. Tanaka, and read the questions. Then write the answer in English for questions 1, 2 and 3. Let's start.

Mr. Tanaka : Good morning, Emma.

Emma : Good morning, Mr. Tanaka. Thank you for the book about Japan.

Mr. Tanaka : You're welcome. Did you enjoy reading it ?

Emma : Yes. I enjoyed it very much. I'm interested in Japanese history.

Mr. Tanaka : Oh, are you ? You can read books about Japanese history in the school library.

Emma : I want to read them. But I haven't been to the school library yet. Where is it ?

Mr. Tanaka : It's in front of the science room. Do you know the science room ?

Emma : Yes. I had a science class there yesterday.

Mr. Tanaka : Well, you are also interested in old Japanese music, right ?

Emma : Yes, I am. I want to learn about it.

Mr. Tanaka : Good. I told the music teacher about that. She says you can come to the music room and listen to old Japanese music.

Emma : That's great ! I'll go there after school.

以上で「放送を聞いて答える問題」を終わります。では，ほかの問題を始めてください。

【数　学】（50分）〈満点：100点〉

1　次の各問に答えなさい。解答はマークシート解答用紙に記入すること。

（1）次の式を計算しなさい。

$\frac{5}{6} \times \frac{3}{2} \div \frac{5}{4} =$ [1]

（2）次の式を展開しなさい。

$(2x-3)(2x+3) =$ [2]$x^2 -$ [3]

（3）$a=5$，$b=4$ のとき，$a^2-2ab+3a+b^2=$ [4][5]である。

（4）方程式 $x^2-8x+15=0$ の解は，$x=$ [6]，[7]である。ただし，[6]<[7]とする。

（5）時速 60 kmの自動車は 20 分間で[8][9] km進む。

（6）次のデータの平均値が 20 であるとき，$a=$ [10][11]である。

17，18，20，a，23

（7）y は x に反比例し，$x=-8$ のとき $y=-3$ である。
$y=\frac{1}{2}$ のとき，$x=$[12][13]である。

（8）右図において，円すいの体積は[14][15] πcm^3 である。

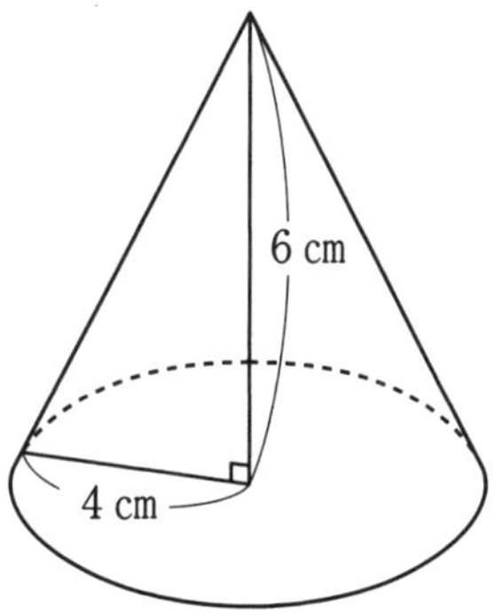

2 図1のように，関数$y=\frac{1}{3}x^2$のグラフ上に2点A，Bがあり，そのx座標はそれぞれ-3，6である。また，直線ABとy軸との交点をCとするとき，次の各問に答えなさい。解答はマークシート解答用紙に記入すること。

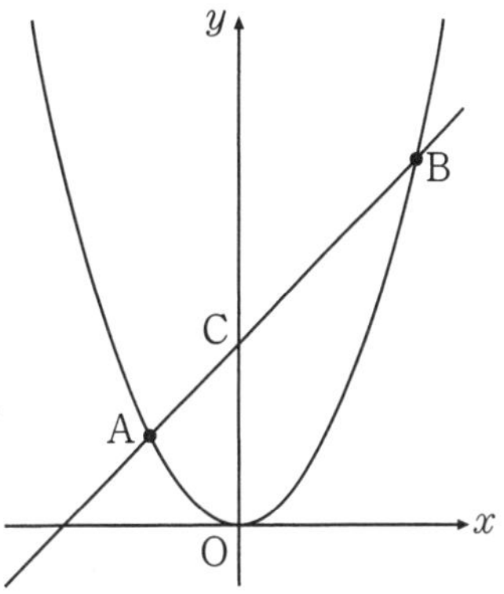

図1

（1）点Cの座標は（0，[16]）である。

（2）図2は，図1に点Aを通るx軸に平行な直線ℓを加えたものである。直線ℓ上にx座標を正とする点Pをとり，△OABの面積と△OAPの面積が等しくなるようにする。
このとき，四角形OABPの面積は[17][18][19]である。

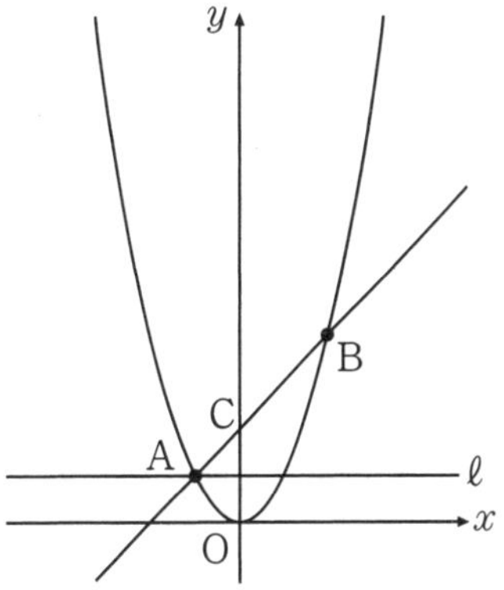

図2

3 次の各問に答えなさい。解答はマークシート解答用紙に記入すること。

（1）ある中学校の全生徒数は 500 人で，男子の生徒数は女子の生徒数の 80 ％より 59 人多い。このとき男子の生徒数は[20][21][22]人である。

（2）40 人のクラスで数学のテストを行ったところ，全体の平均点は 78 点，男子の平均点は 80 点，女子の平均点は 75 点であった。このクラスの男子の生徒数は[23][24]人，女子の生徒数は[25][26]人である。

4 袋の中に 1 から 6 までの番号の書かれた球が 1 つずつ入っている。A と B の 2 人が 1 回ずつ順に袋の中の球を取り出す。番号を確認したら球は袋に戻す。次の規則に従って点数を付けることにする。
このとき，次の各問に答えなさい。解答はマークシート解答用紙に記入すること。

【規則】
① A が確認した番号の 2 倍と，B が確認した番号の 3 倍の和を A の点数とする。
② A が確認した番号と，B が確認した番号の和の 2 倍を B の点数とする。

（1）A の得点が 9 点のとき，B の得点は[27]点となる。

（2）B の得点が 14 点となる確率は $\frac{[28]}{[29]}$ となる。

5 次の各問に答えなさい。解答は記述用解答用紙に記入すること。解答は答えのみでなく，途中の説明も書いて答えを求めなさい。

（1）n は自然数とする。$P(n)$ は，n 以下の素数の個数と定める。

$Q(x)$ は，x 以上で最も小さい整数と定める。

例えば，5 以下の素数は 2，3，5 なので，$P(5)=3$ である。

また，$\dfrac{7}{2}$ 以上で最も小さい整数は 4 なので，$Q\left(\dfrac{7}{2}\right)=4$ である。

次の①～③の各問に答えなさい。

① $P(10)$ の値を求めよ。

② $Q\left(\dfrac{1}{2}\right)+Q\left(\dfrac{2}{2}\right)+Q\left(\dfrac{3}{2}\right)+Q\left(\dfrac{4}{2}\right)+Q\left(\dfrac{5}{2}\right)+Q\left(\dfrac{6}{2}\right)+Q\left(\dfrac{7}{2}\right)+Q\left(\dfrac{8}{2}\right)+Q\left(\dfrac{9}{2}\right)$ の値を求めよ。

③ $a=P(30)$，$b=Q\left(\dfrac{1}{2}\right)+Q\left(\dfrac{2}{2}\right)+Q\left(\dfrac{3}{2}\right)+\cdots+Q\left(\dfrac{18}{2}\right)+Q\left(\dfrac{19}{2}\right)+Q\left(\dfrac{20}{2}\right)$ のとき，2 次方程式 $x^2-(a+2)x+\dfrac{b}{a}=0$ の解の小さい方を c，大きい方を d とする。$c+10d$ の値を求めよ。

（2）ＨＡＮＡを並べ替えて，文字列を作るとき，次の①～②の各問に答えなさい。

① 文字列は，全部で何通りできるか。

② 次の規則で文字列に得点をつけるとすると，すべての文字列の合計得点は何点になるか。

【文字列の得点規則】
1. ＡＡが隣り合った場合，15 点
2. ＡとＡの間に文字が 1 個ある場合，5 点
3. ＡとＡの間に文字が 2 個ある場合，7 点

解答記入上の注意

問題文中の［1］、［2］などの［　］には、特に指示のない限り、数字（1～0）が入ります。これらを〔例〕に従って解答用紙にマークしなさい。また、分数形で解答する場合は、既約分数（それ以上約分できない分数）で答えなさい。

〔例〕

$\frac{[1]}{[2][3]}$ に $\frac{2}{15}$ と答えたいとき。

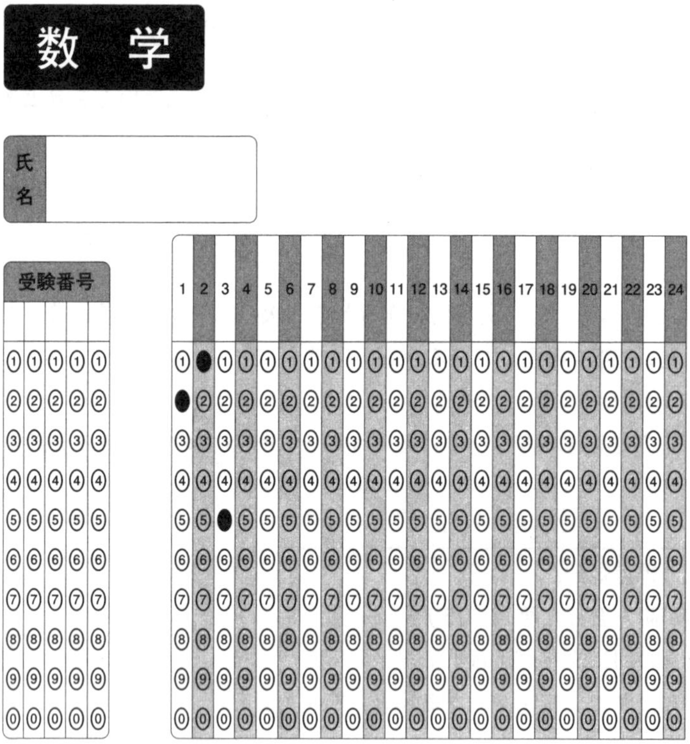

【国　語】（五〇分）〈満点：一〇〇点〉

一　次の文章を読んで、あとの問いに答えなさい。（設問の都合上、本文を一部改変してあります）

着替えを終えて、通用口の六号門から出た。

「はうあ！」ふたたび大きく叫んでしまった。

街灯をスポットライトにして、一志《かずし》が立っていた。はにかんだような笑顔を浮かべ、腰のあたりで低く手を振っている。

「友達が阪神園芸で働いてるって警備員さんに言ったら、ここで待ってるといいよって、教えてくれたんだ」

観念した。試合終了から一時間以上待ってくれているのだ。逃げ去るわけにはいかない。というか、俺の脚力で一志から逃げきれるわけがない。追いつかれて、バックハグされるのがオチだ。

「ひさしぶりだね」1無意識のうちに、背負っていたリュックの肩紐《かたひも》を短く、きつく調整していた。

「　A　」

「　B　」

「　C　」

「　D　」

会話がぎこちない。

視線も噛《か》みあわない。俺が一志を見ると、一志は目をそらす。一志が俺を見ると、今度は俺のほうがこらえきれずに、夜空を見つめる。

「送るよ、駅まで。電車だろ？」3すがるような思いで、甲子園駅を指差した。

「いや、俺のほうが送るよ。住んでるところ、近く？」

「ん……、まあ、近くのような、そうでないような」

自転車で五分の距離だが、寮の場所だけは死守しなければならないような気がした。「まあ、とりあえず、適当に座ろっか」と、先に歩きだした。少し離れたベンチにいざなう。

「すごくカッコよかったよ、大地。あんな大舞台で、整備カーに乗って」

「いや、そんなことないよ。毎日、怒られてばっかりだから」

「最初に大地が整備カーに乗って出てきたときは、俺まで力が入って緊張しちゃったよ。でも、見事にきれいに整備して帰ってきて、さすがだと思った」

それきり、二人して黙りこんだ。

甲子園界隈《かいわい》は、基本的に住宅街だ。試合が終わり、観客がひきあげれば、あまり人がいなくなる。高速道路が近くを通っているので、車の走行音は絶えず聞こえてくる。

ここからは見えないが、しばらく南に歩くと海が広がっている。風が潮のにおいを運んできた。

「あのさ、聞きたいことがあるんだけど……」腰をかけた一志が、膝の上で両手をきつく組みあわせた。「すごく気になってしかたがないんだ」

もう、逃げられない。俺は　4　目をつむった。

「今日、大地が乗ってた整備カーにさ、『ビオフエルミン』って書いてあったけど、ビオフエルミンってなんだっけ？」

「へ……？」

唯一、整備車両のなかで観客の目につくバンカーには、車体に広告がついている。大きな文字で「ビオフエルミン」という看板が掲げられている。

「えっとね、整腸剤とかの薬だと思うけど……」

「ああ、そっか！　CMもやってるもんな」一志は合点がいったというように大きくうなずいた。

「なんか、すっきりしたよ！」

あははと、7一志がわざとらしく笑った。俺も、あははと同調して笑った。

ふたたび、気まずい沈黙が二人のあいだにわだかまった。ビオフェルミンのことをどうしても知りたかったわけではないだろう。本気で気になったのならスマホで調べれば一発でわかる。俺にぶつけたい問いかけは、もっとべつにあるはずだ。

彼女はいるの？

好きな人はいるの？

なんで俺じゃダメなの？

せっかく近くに住んでるんだから、定期的に会わない？

せっかくだから、来年あたりいっしょに住まない？

想定される質問が、俺の頭のなかで、**5**エスカレートしていく。

「あのさ……」思いつめた表情で、一志が口を開いた。「腸ってね、第二の脳って言われてるらしくてさ……、なんでかっていうと、それはね、腸が……」

「ちょっと」あわててさえぎった。「腸の話はもうよくない？」

そうだねと、つぶやいて、一志はようやく本題に入った。

「大地は、傑《すぐる》君には電話したの？　もうすぐ予選、はじまっちゃうよ」

「えっ？」思ってもみなかったことを一志がしゃべりだしたので言葉につまった。

見られていることを意識したのか、一志は前を**6**向いたまま、軽く微笑《ほほえ》んだ。真上にある街灯がその横顔をぼんやりと照らし出している。

「きっと大会前で、傑君はすごい不安に思ってるはずだよ」

兄弟間の微妙な関係は、一志にはさんざん話をしていた。「微妙」とは言っても、一方的に俺のほうが引け目を感じているだけで、仲が悪いわけじゃない。

傑は今も、俺のことを兄貴としてたててくれるし、野球のアドバイスを求めてくることだってある。でも、それは家族のなかで居場所がないと感じている俺を気づかってくれているからなのだ。

傑は控えめで、とてもやさしい。だからこそ、わざわざこちらから連絡をとって傑の気持ちを乱すような真似はしたくなかった。

「実は、傑君から、昨日俺に電話がかかってきた」

驚くようなことではなかった。傑は一志を実の兄のように慕っていた。高校二年生のとき、一志が俺の家に遊びに来て、そのとき中学生だった傑とも顔をあわせたのだ。

もう、その日のうちには近所の大きな公園でキャッチボールをして、二人はすっかりうちとけた様子だった。俺はそのキャッチボールを、ただベンチに座って眺めていることしかできなかった。

それ以来、一志と傑は連絡先を交換し、交流を深めていったらしい。傑が徳志館に入学したのは、俺の母校であることも理由の一つだが、一志の強力な後押しが大きかったと聞いている。

「傑君、ちょっとスランプ気味なんだってさ。入学早々レギュラーが確定的になってから、守備でエラーを連発して、その影響がバッティングにも出ちゃってるらしい。それで、俺にアドバイスを求めてきたってわけ」

8やっぱり、プレーヤーの気持ちは、プレーヤーにしかわからないということだ……。

傑は俺ではなく、一志を頼る。当たり前だと思う。たとえ甲子園一回戦負けとはいえ、激戦の東京予選を制し、あの大舞台までたどりついた一志に助言を求めたい気持ちはよくわかる。

「でもね、俺はとおりいっぺんのアドバイスしかできなかったよ。もうこの時期まで来ちゃったら、技術的なことじゃなく、精神的な面がものを言うからね。お兄ちゃんには連絡したのかって傑君に聞いたら、こっちからはかけにくいって言ってたからさ」

きっと、俺のことをわずらわせたくないと思っているのだろう。絶対的な運動神経の格差が大きな溝《みぞ》になり、互いに遠慮しあい、牽制《けんせい》しあっているのが俺たち兄弟だった。

「傑君は高校の後輩になったわけだし、新チームのことも気になるし、余計なお世話かもしれないけど、大地が何か一言励ましてあげたら、きっとよろこぶと思うんだ」

「俺のアドバイスなんて、意味ないよ」

「でも、まだ高校一年生なんだぜ？　いくらチームメートがいるからって、知りあって三ヵ月程度の先輩連中が周りのレギュラーで、しかもそこで中軸を打つことを期待されてるんだ。肉親が励ましてやるべきだよ」

「きっと両親がサポートしてくれてるはずだよ」

「9あのなぁ……」と、一志はあきれた表情を浮かべた。「お前は同じ野球部に所属してた大先輩でもあり、血のつながった兄貴でもあるわけだよ」

「大先輩って言ったって、俺はただのマネージャーだよ」

「マネージャーだって、部員は部員だ」

（朝倉宏景《あさくらひろかげ》著『あめつちのうた』による）

問一　――部1「無意識のうちに、背負っていたリュックの肩紐《かたひも》を短く、きつく調整していた」とありますが、このときの「大地《だいち》」の気持ちを説明したものとして最も適当なものを、次の①～④の中から一つ選び、その番号をマークしなさい。**（マークシート問題番号1）**

① 頭では逃げられないことは分かっているが、知らず知らず逃げる準備をしている。
② 「一志」から逃げきれそうにもない上に、何が起きるのか分からず緊張している。
③ 「一志」と会いたくなかったので、警備員が帰り道を教えたことに、憤《いきどお》りを感じている。
④ 自分よりも力が強い「一志」と喧嘩《けんか》しても勝てる見込みがないので、おびえている。

問二　［A］～［D］の会話を次の①～④を並べ直して完成させたとき、［C］に入るものはどれですか。その番号をマークしなさい。**（マークシート問題番号2）**

① 「元気だよ。大地は？」
② 「ひさしぶり、だね」
③ 「元気？」
④ 「うん、元気。なんとかやってる」

問三　――部3「すがるような思いで、甲子園駅を指差した」とありますが、その理由として最も適当なものを、次の①～④の中から一つ選び、その番号をマークしなさい。
（マークシート問題番号3）

① 先輩たちの手前、新人の自分が門限を破れず、早く帰りたかったから。
② 終電を逃して帰れなくなってしまうと大変だと「一志」を心配しているから。
③ 「一志」が変なことを言い始めてしまう前に、早く帰ってほしかったから。
④ 一刻も早く「一志」と別れて明るいところに行き、身の安全を確保したいから。

問四 [4] ～ [6] に入れるのに最も適当な言葉を、次の①～④の中からそれぞれ一つずつ選び、その番号をマークしなさい。**（マークシート問題番号4・5・6）**

① どんどん　② じりじり　③ じっと　④ ぎゅっと

問五 〰〰部「へ……？」とありますが、「大地」がこのような反応をした理由を次のようにまとめました。空欄にあてはまる内容を、二十字以上、二十五字以内で書きなさい。

（記述用解答用紙）

覚悟していたのに、一志が話し始めたのは「俺」のことではなく、□□□□□□□□□□□□□□□□□□□□□□□□□から。

問六 ━━部7「一志がわざとらしく笑った」とありますが、その理由として最も適当なものを、次の①～④の中から一つ選び、その番号をマークしなさい。**（マークシート問題番号7）**

① 無理矢理にでも笑うことで気まずい空気を和ませ、本題に入りやすくしたかったから。
② 劣等感を抱く「大地」に、「傑」のことを相談できず、ためらっているのを隠したいから。
③ 整腸剤の話題は自分が思っていたほど盛り上がらず、とても恥ずかしくなったから。
④ ずっと気になっていた整腸剤の名前の由来がようやく分かり、すっきりしたから。

問七 ━━部8「やっぱり、プレーヤーの気持ちは、プレーヤーにしかわからないということだ……」とありますが、このときの「大地」の気持ちを説明したものとして最も適当なものを、次の①～④の中から一つ選び、その番号をマークしなさい。
（マークシート問題番号8）

① 運動能力が低いだけでなく、仕事でも失敗して怒られてばかりの自分は「一志」と違って弟にも頼られるわけがないと自暴自棄になっている。
② 弟が兄弟である自分よりも他人の「一志」を頼っていたことが分かり、仕事も半人前で身内の力にすらなれない自分を情けなく感じている。
③ 弟と運動能力の差があるものの仲は良く、何でも頼ってほしいと思っていたが、自分に内緒で他人を頼っていたことに裏切られたと感じている。
④ 選手としての経験がないため、弟にアドバイスする立場にないことは分かるけれど、自分は頼られる存在ではないのだという寂しさを感じている。

問八 ━━部9「あのなぁ……」とありますが、このときの「一志」の気持ちを説明したものとして最も適当なものを、次の①～④の中から一つ選び、その番号をマークしなさい。
（マークシート問題番号9）

① どれだけ頼んでも弟に連絡するのを頑《かたく》なに拒む「大地」の相手をするのが面倒くさくなり、諦《あきら》めようと思っている。
② 兄弟の仲がこれほど悪いとは思っていなかったので、厄介なことに関わってしまったと後悔している。
③ 家族で野球部の先輩でもある「大地」にしかできないことがあるのに、弟を避けようとす

る態度にあきれた。

④ 弟に頼られなかった「大地」がすねて、自分にまで八つ当たりしてくるので、大人げない人間だと軽蔑《けいべつ》した。

問九　本文の表現上の特色と内容の説明として最も適当なものを、次の①～④の中から一つ選び、その番号をマークしなさい。**(マークシート問題番号10)**

① 「はぁあ！」「腸の話はもうよくない？」のように記号を多用することで、友人との再会に感動している主人公の様子を巧みに表現している。

② 「車の走行音は絶えず聞こえてくる」「風が潮のにおいを運んできた」という情景描写を入れることで、二人の沈黙の時間を効果的に表現している。

③ 「大地」と「傑」には「引け目を感じている」「大きな溝《みぞ》」という関係があり、悲観的な主人公が家族のなかで孤立していることが分かる。

④ この文章は「大地」と「一志」の三人称視点で描かれており、二人の心情が克明に表現されることによって読者を引き込む効果を生んでいる。

二　**次の各問いに答えなさい。**

問一　次の――部の漢字には読みがなをつけ、カタカナは漢字に改めなさい。**(記述用解答用紙)**

(1) 長年の願いが成就する。

(2) 事件の発端となった出来事。

(3) 道に迷ってトホウに暮れる。

(4) 手続きがカンソ化される。

(5) 鉱石を細かくフンサイする。

問二　次の――部と同じ品詞のものを、次の①～④の中から一つ選び、その番号をマークしなさい。**(マークシート問題番号11)**

静かな環境で勉強する。

① すがすがしい朝を迎える。

② あれが私たちの母校だ。

③ 小さな子どもが遊んでいる。

④ 彼は優しく、真面目だ。

問三　次の――部の意味として正しいものを、次の①～④の中から一つ選び、その番号をマークしなさい。**(マークシート問題番号12)**

母と姉は、いそいそと出かけていった。

① 嬉しそうに　② 慌ただしく　③ ひっそりと　④ 連れ立って

問四　次の①～④の中で、慣用表現が正しく使われているものを一つ選び、その番号をマークしなさい。**(マークシート問題番号13)**

① 友人の勝手な振る舞いに、彼は目を細くした。

② 事故に巻き込まれそうになり、頭を冷やした。

③ 彼女は父親に輪を掛けておしゃべりだ。

④ 先生のお言葉を他山の石として、精進します。

三 次の文章を読んで、あとの問いに答えなさい。（設問の都合上、本文を一部改変してあります）

パニックともいうべき、初めての大規模な※パンデミックを経験した私たちは、まさに14烏合《うごう》の衆よろしく右往左往し、さまざまな失態を演じてしまった。

現実社会においては、買い占めや感染者差別のような行動に出、ネットの世界においてはフェイクニュースまがいの怪しい情報を信じ、中傷や炎上を繰り返したのである。

おとなしい国民性が幸いしてか、さすがに国会を襲撃することはなかったが、アメリカでは一部のトランプ支持者が議会を襲撃し大きなニュースとなった。そうした時代の空気に呼応してか、フランス革命期の大衆の様子を描いた※ル・ボンの名著『群衆心理』（講談社学術文庫、１９９３年）が話題となった。

正確にいうと、ル・ボンが描いたのは群衆の様子であり、大衆ではない。群衆とは、ただの大勢の人々を意味する大衆とは異なり、感情や観念の同一方向への転換を意識している人たちである。

彼は、そのような群衆の本質を危険なものとして描いたのである。なにしろ群衆は破壊力しか持っておらず、社会を混乱に陥《おとしい》れ、バイ菌のように作用するとまでいっている。なぜ群衆は、そのような態度を取ってしまうのか。

一言でいうと、それは単純化を好むからである。わかりやすさを求めるといってもいいだろう。だから、ひとたびカリスマ的な指導者が現れると、たちまち操られてしまうのだ。

15この様子は、コロナ禍における私たち自身を重ねて見るとき、いかにも戯画《ぎが》的に映る。私たちもまた、日々単純なメッセージに踊らされ、攻撃的な言動を繰り返していたのだ。よく調べることもなく、ある国が悪いと聞けば猛烈に非難し、若者が悪いと聞けば若者を非難し、ワクチンを打たない人が悪いと聞けば、その人たちを非難してきた。

もちろん政治的な革命とは異なり、カリスマ的な指導者はいないが、現代では誰もがそんな立場になりうる。それが16ＳＮＳ社会の怖さである。かくして、群衆の暴挙は日常的に繰り返される。

ただル・ボンも、だから群衆はどうしようもない、とは思っていない。たとえば、教育によって、群衆も徳性を備えることができると論じている。そうすれば、群衆は社会をいい方向に変える力となりうるのだ。

その可能性について論じているのが、※オルテガの『大衆の反逆』（岩波文庫、２０２０年）である。オルテガは大衆という言葉を使っているのだが、彼のいう大衆もやはりル・ボンの群衆と同じ危険な存在であることには変わりない。

［ 17 ］、彼の生きた20世紀は、※ファシズムあるいは共産主義によって、人々が社会の秩序をひっくり返そうとしていた時代だからである。大衆は、いわば根無し草になってしまっていて、自分で判断することなく、［ 20 ］的に扇動《せんどう》されるだけの存在だったのだ。

しかし、だからこそオルテガは、大衆がしっかりと自分の根を持つべきことを訴えたのである。

彼の言葉を用いると、「貴族」になることによってそれは可能になる。貴族といっても、身分の話ではなく、あくまで精神的な貴族のことである。精神的な貴族は、真理の探求を欠かすことはないという。おそらくこれが、根を持つための方法なのだろう。

西洋の文脈だけだとわかりにくいかもしれない。日本を例にとろう。政治学者の丸山真男《まるやままさお》は、よく知られた※論稿《ろんこう》「『である』ことと『する』こと」のなかで、21前近代的で日本的な「である」という価値観と、近代的で西洋的な「する」という価値観を対比している。

わかりやすくいうと、日本では、現代になってもまだ前近代的な「である」価値観を引きずっているため、物事に働きかけて変えようとしないということである。 18 、近代的な「する」価値観によって、政治の場面において自由を獲得したり、民主主義を活性化しないといけない、というわけである。

19 、ことはそう単純ではない。「である」価値観が求められる場面もあるのであって、そこに「する」価値観が入り込むというようなことも起こっている。それに、先ほどの「する」価値観が求められるべきところに「である」価値観が居座る、という現象も起こっているのである。丸山は、これを価値の転倒と呼んでいる。本来、求められるべき価値が転倒しているのである。 1

その最《さい》たる例は、学問や芸術の世界だという。学問や芸術においては、むしろ「である」価値観が求められなければならないのに、そういう価値の蓄積が行われず、「する」価値観によって、その時だけの実用が重視されてしまっているのである。 2

そこで丸山は、価値の再転倒を主張する。「ラディカル（根底的）な精神的貴族主義がラディカルな民主主義と内面的に結びつく」べきだ、というのである。 3

いい換えると、これは、個々人がしっかりとした根を持つということではないだろうか。奇《く》しくも、丸山もオルテガと同じく貴族という言葉を使っている。学芸によって教養を身につけよ、といいたいのだと思う。 4

時に、丸山の言説は※エリーティズムだと非難されることがある。

たしかに、教養という根を持つことで、個を確立するというのは、そう簡単なことではない。そもそも日本には、個の確立を実現する風土が欠けているように思われる。過剰なまでに、共同体や共同性を重視する国だからだ。そんな風土のなかで個人が変わるのは難しい。

そこで私は、もっと日本人にあった提案をすべきだと考えている。

それは、「根を持つ」のではなく、「根に持つ」ということである。これは、恨んで忘れないという悪い意味で使われる語だが、物事にこだわるという部分だけをとらえると、必ずしも悪いことではない。そこをとらえて転用したい、と思うわけである。

日本人は、勉強によって個を確立していくというよりも、共同性のなかで物事を学び、一人前になっていくのではないだろうか。ものづくりの世界で親方から学ぶように、あるいは伝統文化を、家元《いえもと》を中心に構成された集団のなかで学ぶように。

結局、現代日本の個人が群衆、あるいは大衆に成り下がってしまっているのは、近代的個人になれていないからではなく、共同体の成員として育っていないからだと思うのである。

そこを変えていくためには、ただ過剰なだけで同調圧力としてしか機能していない共同性を、人を育てるための学ぶ共同体に変えていかなければならないのだろう。

そうして根を持った、いや「根に持つ」ことができた個人が育ってきたときに、初めて、ようやく私たちは烏合の衆を卒業できるのである。

（小川仁志《おがわひとし》著『不条理を乗り越える』による）

（注）※　パンデミック………病気が世界の複数の地域で同時に大流行すること。
※　ル・ボン…………ギュスターヴ・ル・ボン。フランスの心理学者、社会学者、物理学者。
※　オルテガ…………ホセ・オルテガ・イ・ガセット。スペインの哲学者。
※　ファシズム………第一次世界大戦後イタリアで起きた、極端に独裁的な国家社会主義。
※　論稿《ろんこう》……………論文の原稿。
※　エリーティズム……社会の中で優秀とされる人物や集団（エリート）を重視する思想や傾向。選良主義、精鋭制ともいう。

問一　――部14「烏合《うごう》の衆よろしく右往左往し」とありますが、どのようなことをいっているのですか。最も適当なものを、次の①～④の中から一つ選び、その番号をマークしなさい。
（マークシート問題番号14）

①　世界的なパンデミックから身を守るために群衆心理を活用して、社会が混乱しないような働きかけをすること。
②　正体不明のウイルスへの恐怖から、人々は理性や冷静な判断を欠き、群衆心理の典型的な行動をとること。
③　群衆の感情や観念を同一方向へ転換させることで、大衆では不可能なさまざまな困難を乗り越えようとすること。
④　群衆が社会の秩序を破り、世界を混乱に陥れようとしたため、人々は自分の居場所を失い、さまよっていること。

問二　――部15「この様子は、コロナ禍における私たち自身を重ねて見るとき、いかにも戯画《ぎが》的に映る」とありますが、それはなぜですか。最も適当なものを、次の①～④の中から一つ選び、その番号をマークしなさい。**（マークシート問題番号15）**

①　単純化して考えるあまり、愚の骨頂とでもいうべき様子だったから。
②　人々を非難し続けることに対し、悪意が感じられたから。
③　皆と同じ考えを持っていないと、疎外感を抱くことになるから。
④　ル・ボンのいう群衆心理からは、かけ離れた考え方になるから。

問三　――部16「ＳＮＳ社会の怖さ」とありますが、どのようなことをいっているのですか。最も適当なものを、次の①～④の中から一つ選び、その番号をマークしなさい。
（マークシート問題番号16）

①　悪気無く投稿した画像の拡散から、取り返しのつかない状況になってしまうこと。
②　見知らぬ人と繫《つな》がってしまうことから、事件に巻き込まれる可能性があるということ。
③　安易なパスワードの設定から、不特定多数の人に個人情報が漏れてしまうこと。
④　何気ない一言から、インフルエンサーのような立場になってしまうこと。

問四　［17］～［19］に入れるのに最も適当な言葉を、次の①～④の中からそれぞれ一つずつ選び、その番号をマークしなさい。**（マークシート問題番号17・18・19）**

①　だから　　②　決して　　③　なぜなら　　④　ところが

問五　**20** には、「一定の主義・主張がなく、他人の意見や行動にすぐに同調する」という四字熟語が入ります。その四字熟語として最も適当なものを、次の①～④の中から一つ選び、その番号をマークしなさい。**（マークシート問題番号20）**

①　巧言令色　　②　不惜身命　　③　付和雷同　　④　左右他言

問六　━━部**21**「前近代的で日本的な『である』という価値観と、近代的で西洋的な『する』という価値観」とありますが、どのようなことをいっているのですか。最も適当なものを、次の①～④の中から一つ選び、その番号をマークしなさい。**（マークシート問題番号21）**

①　「である」は価値が固定的であるのに対し、「する」は価値が流動的である。

②　「である」は価値が絶対的であるのに対し、「する」は価値が相対的である。

③　「である」は価値が断定的であるのに対し、「する」は価値が推定的である。

④　「である」は価値が主観的であるのに対し、「する」は価値が客観的である。

問七　次の一文は本文中の **1** ～ **4** のうち一箇所に入ります。該当する番号をマークしなさい。**（マークシート問題番号22）**

つまり、学問や芸術の世界において、しっかりと「である」価値観を確立した個人が、政治の場面において「する」価値観を行使すべきだということだろう。

問八　〰〰部「『根を持つ』のではなく、『根に持つ』ということである」とはどのようなことをいっているのかを、次のようにまとめました。空欄にあてはまる内容を、それぞれ十五字以上、二十字以内で書きなさい。**（記述用解答用紙）**

（　　　　　　　　　　　　　　　　　　　　）で個を確立させるのではなく、

（　　　　　　　　　　　　　　　　　　　　）の成員に育つということ。

問九　本文の内容に最もよく合っているものを、次の①～④の中から一つ選び、その番号をマークしなさい。**（マークシート問題番号23）**

①　コロナ禍でさまざまな失態を招いてしまったのは、感情や観念の同一方向への転換を意識している人たちが報じたフェイクニュースがもとになっている。

②　オルテガが生きた時代は、多くの人々が自分の根を持つことで革命を起こすか、ファシズムあるいは共産主義を自分で選択しなければならなかった。

③　学問や芸術で求められる古くからの習慣や考え方を保持した人が、民衆のために自らの価値観を政治に生かさなければならない。

④　日本人が個人として自立するためには、社会の中で多くの人々との関わりを持ち、共同体の構成員として一人前に育っていく必要がある。

四 **次の文章を読んで、あとの問いに答えなさい。（------の左側は口語訳です）**

24入らせ給ふべきことも近うなりぬれど（(中宮である彰子様が)内裏へお帰りになることも）、人々はうちつぎつつ（行事がいろいろと続いて）心のどかならぬに、御前には（彰子様は）、※御冊《みさう》子《し》つくり営ませ給ふとて、明けたてば、まづむかひさぶらひて（夜が明けると真っ先に彰子様のおそばにいて）、いろいろの紙選《え》りととのへて、物語の本ども添へつつ、ところどころに文書きくばる（書写してほしい物語を紙と一緒にして、あちらこちらに依頼の手紙を配る）。かつは綴《と》ぢあつめしたたむるを役にて（また、書写したものをとじ集めて整理するのを仕事にして）、明かし暮らす。「なぞの※子持ちか、つめたきに（(道長様は)「どのような子持ちの女性が）、25かかるわざはせさせ給ふ」と、聞こえ給ふものから、よき※薄様《うすやう》ども、筆、墨など、持てまゐり給ひつつ、御硯《すずり》をさへ持てまゐり給へれば、とらせ給へる（彰子様が私にくださる）を、惜しみのしりて、「もののくにて（(他の女房たちは)うらやましがって騒いで、「いつも部屋の奥で）、向かひさぶらひて、かかるわざし出《い》づ」とさいなむ（私を責める）。されど、よき※つぎ、墨、筆など、賜《たま》はせたり。

（『紫式部日記』による）

（注）※ 御冊子《みさうし》……紙を折り重ねてとじた書物。
※ 子持ち……子どもを産んだ女性。ここでは先日出産した、藤原道長の娘彰子《しょうし》のこと。
※ 薄様《うすやう》………薄くすいた和紙の中で、雁皮《がんぴ》という植物を主な原料としているもの。
※ つぎ………墨挟《ばさ》み

問一 ━━部24「入らせ給ふべきことも近うなりぬれど」を現代仮名遣いに直したものとして最も適当なものを、次の①～④の中から一つ選び、その番号をマークしなさい。**（マークシート問題番号24）**

① はいらせたまふべきこともちかうなりぬれど
② はいらせたもうべきこともちかうなりぬれど
③ いらせたもうべきこともちこうなりぬれど
④ いらせたまふべきこともちこうなりぬれど

問二 ━━部25「かかるわざはせさせ給ふ」とありますが、このときの道長の気持ちを説明したものとして最も適当なものを、次の①～④の中から一つ選び、その番号をマークしなさい。**（マークシート問題番号25）**

① 子どもを放って紫式部と冊子作りをしている娘に、思慮が足りないと怒っている。
② 寒い時節に冊子作りをしている産後の娘に、体に障《さわ》らないかと心配している。
③ 幼い遊びを好む娘に、親としての自覚があるのか疑問に思っている。
④ 苦労しながら冊子作りをする娘に、努力が報われるように応援している。

問三 本文の内容に最もよく合っているものを、次の①～④の中から一つ選び、その番号をマークしなさい。**（マークシート問題番号26）**

① 彰子は女房たちだけではなく父道長にも声をかけ、大勢の協力のもと作業を進めた。
② 紫式部は紙を選んだり手紙を書いたりといった準備を、夜遅くまで一人でやり続けた。
③ 女房たちは紙や墨を欲しがる紫式部にあきれていたが、冊子作りを手伝うようになった。
④ 道長は何度か筆などを持って彰子と紫式部のもとへ立ち寄り、冊子作りを支援した。

五

保健委員の松島さんと森田さんが、冬に流行する感染症について話しています。二人の会話と【資料A】・【資料B】を踏まえて、あとの問いに答えなさい。

【会話文】

松島「冬に流行する二つの感染症についてまとめてみたよ」

森田「どちらにも感染せずに過ごすには、どうすればいいのかな？」

松島「【資料A】を見て。予防のためには［ 27 ］ことが大切なんだ」

森田「共通の予防策として重要だね。そういえば、松島さんもこの前インフルエンザにかかっていたよね」

松島「そうなんだよ。私は16日に発症したんだけど、熱が下がったのが20日だから、登校できるようになったのは25日なんだ」

森田「【資料A】を見ると、もう少し早く復帰できそうだけど……」

松島「【資料B】も見て。22日は［ x ］という理由で、23日と24日は［ y ］という理由でそれぞれ登校できなかったんだ」

森田「なるほど、松島さんの復帰が25日になった理由がわかったよ」

【資料A】

	インフルエンザ	ノロウイルスによる胃腸炎・食中毒
主な症状	38℃以上の発熱 頭痛、関節痛	嘔吐《おうと》 下痢・腹痛
予防法	流行前に予防接種を受ける。 加湿器などで適切な湿度を保つ。 せっけんで手を洗う。 アルコールで手指を消毒する。	せっけんで手を洗う。 中心部までよく加熱して調理する。 次亜塩素酸ナトリウムで調理器具を消毒する。※1
登校再開日	発症後5日、かつ、解熱後2日経過したら登校できる。※2	嘔吐・下痢症状が軽快し、全身の状態が改善したら登校できる。

※1 家庭用の塩素系漂白剤で代用できます。

※2 発症日当日・解熱日当日は計算に含めず、それぞれ翌日から数えてください。

厚生労働省「インフルエンザQ＆A」、「ノロウイルスに関するQ＆A」、
日本学校保健会ポータルサイト「子どもの未来を考える人のための学校保健」をもとに作成。

【資料B】

11月

日	月	火	水	木	金	土
		1	2	3 文化の日	4	5
6 部活で登校（午前）	7	8	9	10	11	12
13	14	15	16 発症	17	18	19
20 解熱	21	22	23 勤労感謝の日	24 開校記念日	25 登校再開	26
27	28	29	30			

11月24日は開校記念日で、学校はお休みです。

問一　［27］に入る内容として最も適当なものを、次の①～④の中から一つ選び、その番号をマークしなさい。**（マークシート問題番号27）**

① 流行前に予防接種を受ける

② せっけんで手を洗う

③ アルコールで手指を消毒する

④ 次亜塩素酸ナトリウムで調理器具を消毒する

問二　～～～部「22日は［ x ］という理由で、23日と24日は［ y ］という理由でそれぞれ登校できなかったんだ」という松島さんの言葉を聞いて、森田さんは次のように委員会日誌に記録しました。空欄にあてはまる内容を、［ x ］は十五字以内、［ y ］は十字以内でそれぞれ書きなさい。**（記述用解答用紙）**

22日は［ x ］という理由で登校できなかった。

23日と24日は［ y ］という理由で登校できなかった。

※これで問題は終わりです。28番以降のマークシートは使用しませんので、何も記入しないでください。

2023年度／花咲徳栄高等学校（第２回）

英語解答

1
No. 1 ①(1)　No. 2 ④(2)
No. 3 ③(3)　No. 4 ①(4)
No. 5 ②(5)
No. 6 Question 1 ②(6)
Question 2 ④(7)
Question 3 ③(8)
No. 7 Question 1 Japanese history
Question 2 science
Question 3 after school

2
(9) ④　(10) ③　(11) ③　(12) ②
(13) ③　(14) ③　(15) ②　(16) ④
(17) ①　(18) ④

3
(19) ⑤　(20) ③　(21) ③　(22) ①

4
問１ February
問２ an expensive present, smaller chocolate presents
問３ ③(23)　問４ ③(24)　問５ ④(25)
問６ ②(26)

5
問１ ①(27)　問２ ①(28)　問３ ③(29)
問４ 岸から海に戻れた
問５ （例）岸に近づくときは気をつけること。
問６ ④(30)

1〔放送問題〕解説省略

2〔適語（句）選択・語形変化〕

(9)付加疑問文。肯定文につく付加疑問は，‘否定の短縮形＋主語を受ける代名詞＋？’の形。ここでは動詞が is なので，‘否定の短縮形’は isn't になる。　「彼はサッカーが上手なんですよね」

(10)２文目の「止めてくれる？」から，お湯が今沸いている状況だとわかるので，現在進行形（am/are/is ～ing）にする。　「お湯が沸いてる。止めてくれる？」

(11)前置詞の with の目的語になるので，目的格（「～を」の形）になる。　we－our－us－ours　「彼女は私たちと同じ高校に通っています」

(12) enjoy は，「～すること」という意味の目的語に to不定詞ではなく動名詞（～ing）をとる。　enjoy ～ing「～することを楽しむ」　「サムは新しい映画を見ることを楽しんだ」

(13)「日本でつくられた品物」という意味になればよい。「～された」という受け身の意味を表すのは過去分詞。過去分詞 made で始まる２語以上の語句が前の名詞 goods を修飾する‘名詞＋過去分詞＋語句’の形。　「日本でつくられた品物の大半はすばらしい」

(14)２つのものを比べているので，比較級が入る。なお，３つ以上なら最上級になる。　「太陽と月はどちらが大きいですか」

(15)「（天気予報などが）～だという，～と伝える」という場合，動詞は say が使われる。　「天気予報は，今夜は雪が降るだろうといっている」

(16)一般動詞 have を用いた現在形の否定文。主語が Mr. Kobayashi なので３人称単数現在形の doesn't を選ぶ。　「小林さんは携帯電話を持っていない」

(17)文の骨組みは The woman is a doctor. なので，空所から door までは The woman にかかる関係代名詞節。先行詞が The woman で後ろに動詞 lives が続くので，‘人’を先行詞とする主格の関係代名詞が入る。　「隣に住んでいる女性は医者である」

(18) stand for ～「～を表す」　「WHO が何を表しているか，知っていますか」

3〔整序結合〕

(19) ‘be sure (that)＋主語＋動詞…’「～だと確信している」の形をつくる。 I’m sure that you can do it.

(20) Shall we ～?「～しましょうか」≒ Let’s ～. Shall we go to the zoo?

(21) ‘too ～ to …’「…するには～すぎる，～すぎて…できない」 Jim is too tired to drive a car.

(22)語群より，have/has been ～ing の現在完了進行形の文をつくる。疑問文なので，‘have/has＋主語＋been ～ing’ の語順にする。 How long have you been studying English?

4〔長文読解総合―説明文〕

≪全訳≫❶チョコレートは人気の誕生日プレゼントだが，世界中の多くのさまざまな場所では，他の特別な日にも重要である。❷日本では，チョコレートの最も重要なときは，2月14日のバレンタインデーだ。女性は普通，2種類のプレゼントをあげる。まず，高価なプレゼントを，「本命」，つまり彼女たちにとって非常に特別な男性のために買う。それから，より小さなチョコレートを職場の男性たちのために買う。こうして，ほとんどの男性が幸せでいられるのだ。1か月後の3月14日には，男性も女性にお返しをして，物をあげることができる。❸他の国の中には，人々が3月や4月にチョコレートのイースターエッグをあげるところもある。例えばイタリアでは，人々はよく，美しい紙に包まれたとても大きなチョコレートのイースターエッグをあげる。子どもたちはたいていすぐに卵を開けて，中にある特別なサプライズ――もっと多くのお菓子や遊ぶもの――を探す。大人はもっと高価なものを見つけることもある。金のリングが，チョコレートのイースターエッグの中に入っているのだ。こうしたリングは「結婚してくれますか？」と尋ねるものだ。❹ヨーロッパや北米の家庭は，多くの場合イースターエッグを隠す。これはブラジルでも人気になっている。イースターの前の晩に，親がチョコレートの卵を家の周りに隠す。朝になると，子どもたちはすばやく走り回って，全部の卵を探す。❺メキシコ人は，年の後半に「死者の日」という重要な祝日がある。11月1日と2日に，男性も女性も子どもたちも，亡くなった家族や友人の人生を思い出す。普通は，死者の写真がある特別な場所を家の中につくる。そして写真の前に，花やカカオ豆，チョコレートでつくった特別なソースなどを置く。小さなチョコレートのどくろがどんなお菓子屋さんでも買えるし，メキシコの大人はよくこの時期に，このどくろを子どもにあげる。❻ヨーロッパの国々の中には，12月6日を祝日にしているところもあり，この日は聖ニコラスの日と呼ばれる。ドイツなどの場所の子どもは，多くの場合12月5日に靴をドアの近くに置く。良い子にしていると，翌朝，聖ニコラスからのナッツや果物，コインチョコレートをその中に見つけるのだ。

問1＜適語補充＞バレンタインデーは「2月14日」。月名は全て正確に書けるようにしておくこと。

問2＜英問英答―適語句補充＞「2種類のプレゼントとは何か」―「それらは高価なプレゼントとより小さなチョコレートのプレゼントである」 下線部(2)直後の2文参照。Firstly「最初に，まず」，Then「それから，次に」と，買うプレゼントが順番に紹介されている。

問3＜要旨把握＞イタリアにおけるイースターエッグについては，第3段落で紹介されている。終わりから3文目に Adults sometimes find something more expensive.「大人はもっと高価なものを見つけることもある」とある。

問4＜適語句選択＞親が隠して，子どもたちが探すのである。 look for ～「～を探す」

問5＜語句解釈＞the Day of the Dead「死者の日」については，下線部(4)のある第5段落で説明されている。①「メキシコ人は死者の人生を思い出す」は第2文，②「メキシコ人は特別な場所をつくり，死者の写真をそこに置く」は第３文，③「菓子屋は小さなチョコレートのどくろを売っている」は最終文に一致するが，小さなどくろは大人が子どもにあげるものなので(最終文)，④「小さなチョコレートのどくろは，子どもたちが大人によくあげる」は本文の内容に合わない。

問６＜指示語＞them「それら」は前にある複数名詞を受ける代名詞。前に出ている複数名詞でここに当てはめて意味が通るものを探す。　inside「～の中に」

5〔長文読解総合―説明文〕

≪全訳≫❶シロイルカはとても社交的な動物である。これは，他のイルカの周りにいるのを好むことを意味する。シロイルカは，周りにいるイルカとの関係がとても強い。母親とその赤ちゃんが３年間一緒に泳ぐことも多い。シロイルカの赤ちゃんは，生まれたときは灰色である。大人になると，周りの氷のように白くなるのだ。❷シロイルカはとても幸せな生活を送っているように見えるかもしれないが，それが事実でないときもある…。❸ある日，シロイルカの群れが湾内を泳いでいる。潮が引くと，大人のシロイルカは深い方の海へ泳いで戻れる。❹しかし，１頭の若いシロイルカがあまりにも遠く，岸まで行ってしまった。そのイルカは海に戻ることができない。突然，遊びの時間が，時間との闘いになるのだ。❺今や日光はシロイルカの最大の危険となっている。若いシロイルカの体にはとても暑い。若いシロイルカは簡単に日焼けして，熱くなりすぎて，死ぬこともある。若いシロイルカには覆うものは何もない。何もすることができない。若いシロイルカが動こうとしている間，他のシロイルカは，ただ見守り，待つことしかできない。❻若いシロイルカが岸で動き回ると，岩がその皮膚を切る。ますます多くの時間が経過する。今のところ，シロイルカにできることは何もない。ただ，潮が戻るのを待つことしかできない。❼ゆっくりと海が岸に戻り始める。海がとても疲れたシロイルカを生き返らせる。シロイルカは動き始める。そして，前に進もうとして，がんばりにがんばる。最後のがんばりで，シロイルカは自由になる。ついに，海に帰れるのだ。❽若いシロイルカは，すぐに他のイルカに加わり，再び深い海に戻る。若いシロイルカは元気だ。おそらく，この苦い経験から何かを学んでいる。次に岸に近づくときは，もっと気をつけるだろう。

問１＜英文解釈＞直後の文で，This means ～「これは～ということを意味する」と，下線部(1)の内容が具体的に説明されている。

問２＜文脈把握＞直前の２文参照。潮が引いたときに，大人のシロイルカと一緒に海に戻れなかったのである。

問３＜適語選択＞「日焼けする」「熱くなりすぎる」と並ぶ部分なので，好ましくない内容が入る。

問４＜英文解釈＞直後の文が下線部(4)の言い換えになっていることを読み取る。シロイルカが自由だ，ということは，海に戻れたということ。it は the beluga を指している。　be able to ～「～することができる」　return to ～「～に戻る」

問５＜語句解釈＞岸に取り残されて命を落とすかもしれない状況に置かれたシロイルカが学んだと考えられる内容を書く。次の文がその具体的な例になっているので，その内容をまとめるとよい。　‘the next time＋主語＋動詞’「次に～するときには」　be careful「気をつける，注意する」

問６＜内容真偽＞①…×　第１段落最後の２文参照。　②…×　そのような記述はない。　③…×　第４～６段落参照。　④…○　第５段落最終文に一致する。

2023年度／花咲徳栄高等学校（第２回）

数学解答

1 (1)　1　　(2)　2…4　3…9

(3)　4…1　5…6

(4)　6…3　7…5

(5)　8…2　9…0

(6)　10…2　11…2

(7)　12…4　13…8

(8)　14…3　15…2

2 (1)　6　　(2)　17…1　18…0　19…8

3 (1)　20…2　21…5　22…5

(2)　23…2　24…4　25…1　26…6

4 (1)　8　　(2)　28…1　29…6

5 (1)　①　4　②　25　③　111

(2)　①　12通り　②　124点

1〔独立小問集合題〕

(1)＜数の計算＞与式$=\dfrac{5}{6}\times\dfrac{3}{2}\times\dfrac{4}{5}=1$

(2)＜式の計算＞与式$=(2x)^2-3^2=4x^2-9$

(3)＜式の計算＞与式$=(a^2-2ab+b^2)+3a=(a-b)^2+3a$として，$a=5$，$b=4$を代入すると，与式$=(5-4)^2+3\times5=1^2+15=1+15=16$となる。

(4)＜二次方程式＞左辺を因数分解する。$(x-3)(x-5)=0$　$\therefore x=3,\ 5$

(5)＜速さ＞20分は$\dfrac{20}{60}=\dfrac{1}{3}$(時間)だから，自動車が20分間で進む距離は$60\times\dfrac{1}{3}=20$(km)である。

(6)＜データの活用―平均値＞17，18，20，a，23の平均値は，$(17+18+20+a+23)\div5=\dfrac{78+a}{5}$と表せる。この値が20であることから，$\dfrac{78+a}{5}=20$が成り立つ。これを解くと，$78+a=100$より，$a=22$となる。

(7)＜関数―反比例＞yがxに反比例するとき，比例定数をaとすると，$y=\dfrac{a}{x}$と表せる。これに，$x=-8$，$y=-3$を代入すると，$-3=\dfrac{a}{-8}$より，$a=24$となる。よって，xとyの関係は$y=\dfrac{24}{x}$と表せるから，$y=\dfrac{1}{2}$のとき，$\dfrac{1}{2}=\dfrac{24}{x}$より，$x=48$となる。

(8)＜空間図形―体積＞円錐の底面の半径は4，高さは6なので，体積は$\dfrac{1}{3}\times\pi\times4^2\times6=32\pi$(cm^3)となる。

2〔関数―関数$y=ax^2$と一次関数のグラフ〕

≪基本方針の決定≫(1)　点Cのy座標は，直線ABの切片である。　(2)　等積変形の考え方を用いる。

(1)＜y座標＞右図で，2点A，Bは放物線$y=\dfrac{1}{3}x^2$上にあり，x座標は-3，6なので，y座標はそれぞれ$y=\dfrac{1}{3}\times(-3)^2=3$，$y=\dfrac{1}{3}\times6^2=12$となり，A$(-3,\ 3)$，B$(6,\ 12)$である。よって，直線ABの傾きは$\dfrac{12-3}{6-(-3)}=1$となるので，切片を$b$とすると，その式は$y=x+b$と表せる。点Bの座標から，$x=6$，$y=12$を代入すると，$12=6+b$より，$b=6$となる。よって，直線ABの切片は6なので，点Cの座標は(0，6)である。

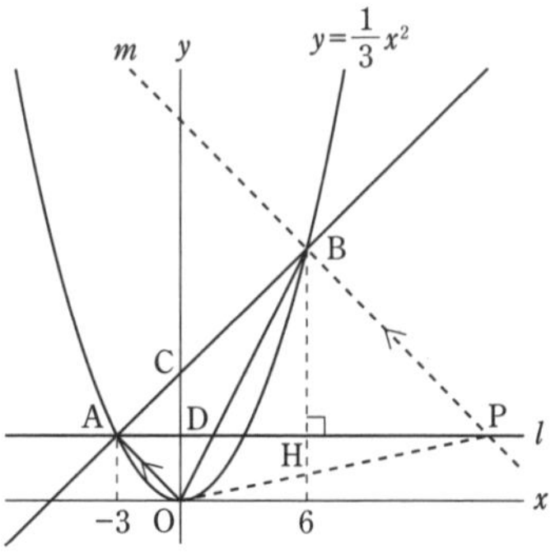

(2)＜面積―等積変形＞右図のように，点Bを通り，直線OAと平行

な直線 m を引き，直線 l との交点をPとすると，△OABと△OAPの底辺をOAとしたときの高さが等しくなるので，△OAB＝△OAPとなる。⑴より $A(-3,\ 3)$ だから，直線OAの傾きは $\frac{0-3}{0-(-3)}=-1$ である。よって，直線 l と平行な直線 m の傾きも -1 となるから，直線 m の式を $y=-x+k$ として，点Bの座標より，$x=6$，$y=12$ を代入すると，$12=-6+k$，$k=18$ となり，直線 m の式は $y=-x+18$ である。点Pはこの直線上にあって，y 座標は点Aの y 座標と等しく3なので，$3=-x+18$，$x=15$ より，$P(15,\ 3)$ である。次に，四角形OABPを直線 l によって，△AOPと△ABPに分け，それらの底辺をAPとすると，$AP=15-(-3)=18$ となる。また，直線 l と y 軸との交点をD，点Bから直線 l に引いた垂線をBHとすると，点D，Hの y 座標は3だから，$OD=3$，$BH=12-3=9$ となる。したがって，〔四角形OABP〕＝△AOP＋△ABP＝$\frac{1}{2}\times AP\times OD+\frac{1}{2}\times AP\times BH=\frac{1}{2}\times 18\times 3+\frac{1}{2}\times 18\times 9=108$ である。

3 〔独立小問集合題〕

⑴＜一次方程式の応用＞女子の生徒数を x 人とすると，男子の生徒数は女子の生徒数の80％である $\frac{80}{100}x=0.8x$（人）より59人多いので，$0.8x+59$ 人と表せる。これと全生徒数が500人より，$(0.8x+59)+x=500$ が成り立つ。これを解くと，$1.8x+59=500$，$1.8x=441$　$\therefore x=245$　よって，男子の生徒数は $500-245=255$（人）である。

⑵＜連立方程式の応用＞男子の生徒数を x 人，女子の生徒数を y 人とする。クラスの生徒数は40人だから，$x+y=40$……①である。また，全体の平均点が78点であったことから，全体の合計点は $78\times 40=3120$（点）であり，男子の平均点が80点であったことから，男子の合計点は $80x$ 点，女子の平均点が75点であったことから，女子の合計点は $75y$ 点となる。よって，合計点について，$80x+75y=3120$……②が成り立つ。①，②を連立方程式として解く。②÷5より，$16x+15y=624$……②′　①×15より，$15x+15y=600$……①′　②′－①′より，$16x-15x=624-600$　$\therefore x=24$　これを①に代入して，$24+y=40$　$\therefore y=16$　よって，男子の生徒数は24人，女子の生徒数は16人である。

4 〔データの活用―確率―番号が書かれた球〕

⑴＜文字式の利用＞Aが確認した番号を x，Bが確認した番号を y とする。Aの得点は $2x+3y$ と表せるから，$2x+3y=9$ であるとき，$3y=9-2x$，$y=3-\frac{2}{3}x$ となる。ここで，x，y は1以上6以下の自然数だから，x の値は3の倍数で，$x=3$，6が考えられる。$x=3$ のとき，$y=3-\frac{2}{3}\times 3=1$ で，適する。$x=6$ のとき，$y=3-\frac{2}{3}\times 6=-1$ で，適さない。よって，$x=3$，$y=1$ であり，このときのBの得点は $(3+1)\times 2=8$（点）となる。

⑵＜確率＞Aが袋から球を取り出し，番号を確認した後，球を袋に戻すので，AとBの球の取り出し方はそれぞれ6通りある。これより，AとBの球の取り出し方は全部で $6\times 6=36$（通り）ある。⑴と同様に表すと，Bの得点は $(x+y)\times 2=2x+2y$ となる。この値が14点になるのは，$2x+2y=14$ より，$x+y=7$ だから，Aが確認した番号とBが確認した番号の和が7になるときである。このような x と y の組合せは，$(x,\ y)=(1,\ 6)$，$(2,\ 5)$，$(3,\ 4)$，$(4,\ 3)$，$(5,\ 2)$，$(6,\ 1)$ の6通りある。よって，求める確率は $\frac{6}{36}=\frac{1}{6}$ となる。

5 〔独立小問集合題〕

⑴＜数の性質―約束記号＞① 10以下の素数は2，3，5，7の4個なので，$P(10)=4$ である。　② $Q\left(\frac{1}{2}\right)=Q\left(\frac{2}{2}\right)=1$，$Q\left(\frac{3}{2}\right)=Q\left(\frac{4}{2}\right)=2$，$Q\left(\frac{5}{2}\right)=Q\left(\frac{6}{2}\right)=3$，$Q\left(\frac{7}{2}\right)=Q\left(\frac{8}{2}\right)=4$，$Q\left(\frac{9}{2}\right)=5$ となる。

よって，$Q\left(\frac{1}{2}\right)+Q\left(\frac{2}{2}\right)+Q\left(\frac{3}{2}\right)+Q\left(\frac{4}{2}\right)+Q\left(\frac{5}{2}\right)+Q\left(\frac{6}{2}\right)+Q\left(\frac{7}{2}\right)+Q\left(\frac{8}{2}\right)+Q\left(\frac{9}{2}\right)=1+1+2+2+3+3+4+4+5=25$である。　③30以下の素数は，2，3，5，7，11，13，17，19，23，29の10個なので，$a=P(30)=10$である。また，$b=Q\left(\frac{1}{2}\right)+Q\left(\frac{2}{2}\right)+Q\left(\frac{3}{2}\right)+\cdots\cdots+Q\left(\frac{18}{2}\right)+Q\left(\frac{19}{2}\right)+Q\left(\frac{20}{2}\right)=1+1+2+\cdots\cdots+9+10+10=2\times(1+2+\cdots\cdots+9+10)=2\times55=110$となる。よって，二次方程式$x^2-(a+2)x+\frac{b}{a}=0$は，$x^2-(10+2)x+\frac{110}{10}=0$より，$x^2-12x+11=0$となり，これを解くと，$(x-1)(x-11)=0$より，$x=1$，11となる。したがって，小さい方の解$c$は$c=1$，大きい方の解$d$は$d=11$だから，$c+10d=1+10\times11=111$である。

⑵＜場合の数＞①H，A，N，Aの4つの文字を並べて文字列をつくるとき，A以外の2つの文字を○とすると，Aの位置について，AA○○，A○A○，A○○A，○AA○，○A○A，○○AAの6通りが考えられる。それぞれの場合について，2つの○の位置には，H，NかN，Hの2通りの並べ方があるので，文字列は全部で$6\times2=12$(通り)できる。　②①より，AAが隣り合った場合は，AA○○，○AA○，○○AAの3通りであり，H，Nの並べ方を考えると$3\times2=6$(通り)となるので，その得点は$15\times6=90$(点)である。また，AとAの間に文字が1個ある場合は，A○A○，○A○Aで，$2\times2=4$(通り)あるから，得点は$5\times4=20$(点)となる。そして，AとAの間に文字が2個ある場合は，A○○Aで2通りあるから，得点は$7\times2=14$(点)となる。以上より，合計得点は$90+20+14=124$(点)である。

2023年度／花咲徳栄高等学校（第２回）

国語解答

一
問一 ①$_{1}$　問二 ①$_{2}$　問三 ③$_{3}$
問四 4…④　5…①　6…③
問五 ［覚悟していたのに，一志が話し始めたのは「俺」のことではなく，］思いもよらないことだったので，拍子抜けしてしまった（25字）［から。］
問六 ②$_{7}$　問七 ④$_{8}$　問八 ③$_{9}$
問九 ②$_{10}$

二
問一 (1) じょうじゅ　(2) ほったん　(3) 途方　(4) 簡素　(5) 粉砕
問二 ④$_{11}$　問三 ①$_{12}$　問四 ③$_{13}$

三
問一 ②$_{14}$　問二 ①$_{15}$　問三 ④$_{16}$
問四 17…③　18…①　19…④
問五 ③$_{20}$　問六 ①$_{21}$　問七 ③$_{22}$
問八 ・勉強によって身につけた知識という教養
・文化という教養を学び，共同体で一人前
問九 ④$_{23}$

四
問一 ③$_{24}$　問二 ②$_{25}$　問三 ④$_{26}$

五
問一 ②$_{27}$
問二 x　解熱後二日経過していない
y　学校が休みであった

一〔小説の読解〕出典；朝倉宏景『あめつちのうた』。

問一＜心情＞大地は，自分の「脚力で一志から逃げきれるわけがない」と「観念」してはいたが，無意識のうちに，肩ひもを調整するという速く走れるような準備をしていたのである。

問二＜文脈＞大地の「ひさしぶりだね」という言葉に，一志が「ひさしぶり，だね」と応じ（A…②），大地は「元気？」と尋ねた（B…③）。すると一志は，「元気だよ」という言葉に続けて「大地は？」と同じ質問を返した（C…①）。その言葉に大地は「うん，元気」と答えた（D…④）。

問三＜文章内容＞大地は，一志に変な質問をされたり，住んでいる場所などを知られたりするのを避けたかったので，少しでも早く一志を駅から電車に乗せたいと思い，甲子園駅を指さした。

問四＜表現＞4．一志に「すごく気になってしかたがないんだ」と言われた大地は，「もう，逃げられない」と覚悟して，固く「目をつむった」のである。　5．「彼女はいるの？」「好きな人はいるの？」などと，一志からの「想定される質問」が，大地の頭の中で，急速に「エスカレートして」いった。　6．大地に見られていることを意識したせいか，一志は，動かずに前を「向いたまま」で，軽くほほ笑んだ。

問五＜文章内容＞大地は，一志の「ずっと気になってしかたがないんだ」という言葉が自分に向けられたものだと思って身構えたが，一志の質問は，整備カーに書かれた整腸剤のことという全く予想もしない内容だったので，一気に体から力が抜けたのである。

問六＜文章内容＞一志は，「スランプ気味」だと悩む傑のことを相談しに大地のところにやってきたが，大地は「絶対的な運動神経の格差」から傑に「引け目」を感じていた。一志は，兄弟間の微妙な関係を知っていたので，すぐに本題を切り出せず，そのためらいを笑ってごまかしたのである。

問七＜心情＞大地は，傑の先輩ではあるが「マネージャー」だったので，プレーヤーとして弟にアドバイスできないことはわかっており，「一志に助言を求めたい」という傑の気持ちを頭では理解できていた。しかし，一志のところだけに電話があったことを知り，大地は，自分が弟に頼られていないという寂しさも同時に感じたのである。

問八＜心情＞一志は，大地ならスランプ気味の傑を救えると思ってやってきたが，大地が「俺のアドバイスなんて，意味ないよ」や「きっと両親がサポートしてくれてるはずだよ」などと言って，傑とコミュニケーションを取ることを拒否しようとするので，あきれてしまったのである。

問九＜表現＞大地と一志の間の会話がうまく進まずに沈黙が流れる場面で，高速道路の「車の走行音」が聞こえてくることや，風に運ばれる「潮のにおい」などの描写を入れることで，二人の間の気まずさの雰囲気が伝わるようになっている。

二〔国語の知識〕

問一＜漢字＞(1)「成就」は，願いがかなうこと。　(2)「発端」は，物事の始まりのこと。　(3)「途方に暮れる」は，手段が尽きてどうしてよいかわからなくなる，という意味。　(4)「簡素」は，無駄がなくて簡単なこと。　(5)「粉砕」は，こなごなにくだくこと。

問二＜品詞＞「静かな」と「真面目だ」は，自立語で活用があり，終止形が「だ」で終わる形容動詞。「すがすがしい」は，自立語で活用があり，終止形が「い」で終わる形容詞。「母校だ」は，名詞に断定の助動詞「だ」がついたもの。「小さな」は，自立語で活用がなく，体言を修飾する連体詞。

問三＜語句＞「いそいそと」は，うれしさに浮き立った気持ちで動作をするさま。

問四＜慣用句＞「輪を掛ける」は，程度をさらに大きくする，という意味。「目を細くする」は，うれしそうな表情をする，という意味。「頭を冷やす」は，気持ちを冷静にする，という意味。「他山の石」は，自分の成長の助けとなる他人の誤った言動のこと。

三〔論説文の読解─社会学的分野─現代社会〕出典；小川仁志『不条理を乗り越える　希望の哲学』。

≪本文の概要≫コロナ禍において，私たちは感染者差別をするなどさまざまな失態を演じてしまった。ル・ボンは『群集心理』で，フランス革命における群衆の危険な様子を描いているが，それはコロナ禍における私たち自身の姿に重ね合わせられる。現代のSNS社会では誰もがカリスマ的指導者のような立場になりうるので，単純化を好む群衆は，単純なメッセージに踊らされ，攻撃的な言動を繰り返すのである。ただし，ル・ボンも『大衆の反逆』を著したオルテガも，群衆は社会をよい方向に変える力となりうると説いている。オルテガは，教養によって自分の根を持つべきだと説いた。日本でも丸山真男が，「である」という価値観と「する」という価値観を対比し，個々人が教養によってしっかりとした根を持つべきだと説いている。ただし，日本人にとっては，勉強によって個を確立していくよりも，共同性の中で物事を学ぶ方がふさわしいのではないだろうか。そのためには，同調圧力としてしか機能していない共同性を，人を育てるための共同体に変えていく必要がある。

問一＜文章内容＞「烏合の衆」は，統制も規律もなく集まった群衆のこと。大規模なパンデミック下において，私たちは，混乱して「買い占めや感染者差別のような行動」に出たり，「フェイクニュースまがいの怪しい情報を信じ」て中傷を繰り返したりするといった，理性的とはいえない行動をとった。

問二＜文章内容＞「戯画」は，風刺を交えたり誇張したりして描いた滑稽な絵のこと。ル・ボンの描いた「単純化を好む」群衆の姿は，コロナ禍において単純なメッセージに踊らされ，攻撃的な行動を繰り返す私たちの愚かさを風刺しているようであった。

問三＜文章内容＞簡単に情報発信できる現代のSNS社会では，誰もが「カリスマ的な指導者」のような，影響力の大きなインフルエンサーになりえ，その広まった情報に多くの人が踊らされてしまうのである。

問四＜接続語＞17．オルテガが使う「大衆」という言葉が，ル・ボンのいうフランス革命期の「群衆」と同じであるという理由は，オルテガの生きた20世紀は「人々が社会の秩序をひっくり返そうとしていた時代だから」である。　18．現代でもまだ前近代的な「である」価値観を引きずっている日本では，「物事に働きかけて変えようとしない」ので，近代的な「する」価値観によって，「政治の場面において自由を獲得」するといったことをしないといけない。　19．「する」価値観によって「民主主義を活性化」するといったことをしなければならないといわれているが，「ことはそう単純ではない」のである。

問五＜四字熟語＞「付和雷同」は，自分の意見を持たずに他人の言動にすぐに同調すること。「巧言令色」は，巧みな言葉を用いたり表情をとりつくろったりして人に気に入られようとすること。「不惜身命」は，仏道を極めるためには身も命も惜しまないこと。「左右他言」は，都合の悪いことを言い逃れしてごまかすこと。

問六＜文章内容＞「学問や芸術の世界」に求められるのは，その場の状況などに左右されない確固とした「である」価値観である。これに対して，物事にはたらきかける「する」価値観は，「価値の蓄積」が行われず，その場だけの「実用が重視」される価値観といえる。

問七＜文脈＞丸山真男の説く「ラディカル（根底的）な精神的貴族主義がラディカルな民主主義と内面的に結びつく」べきだという主張は，要するに，学問や芸術の世界においてしっかりと「である」価値観を確立した個人が，政治の場面において「する価値観」を行使すべきだということになる。

問八＜文章内容＞オルテガや丸山真男は，「勉強」によって身につけた「教養」によって個を確立する「根を持つ」という考え方を説いている。しかし，日本にはそもそも「個の確立を実現する風土が欠けている」ように思われるので，「私」は，「共同性」の中で成長していき，「共同体の成員」となることで「根に持つ」という方法が望ましいと考えている。

問九＜要旨＞日本人には，「勉強によって個を確立していく」よりも，「共同性のなかで物事を学び，一人前になっていく」方が合っていると考えられる。

四〔古文の読解―日記〕出典；紫式部『紫式部日記』。

≪現代語訳≫（中宮である彰子様が）内裏へお帰りになることも近くなったが，女房たちは行事がいろいろと続いて心が落ち着かないのに，彰子様は，冊子づくりにお励みになるということで，（私は）夜が明けると真っ先に彰子様のおそばにいて，いろいろな紙を選んで調達し，書写してほしい物語を紙と一緒にして，あちらこちらに依頼の手紙を配る。また，書写したものをとじ集めて整理するのを仕事にして，一日を過ごす。（道長様は）「どのような子持ちの女性が，寒い折に，このようなことをなさるのか」と，申し上げなさるものの，（自ら）上等な薄様，筆，墨などを，（幾度も）持っていらっしゃり，硯までも持っていらっしゃったので，彰子様が（それを）私にくださるのを，（他の女房たちは）羨ましがって騒いで，「いつも部屋の奥で，（彰子様と）向き合ってお仕えして，このようなことをしている」と私を責める。けれども，（彰子様は）上等な墨挟みや墨，筆などを，（私に）くださった。

問一＜歴史的仮名遣い＞古語の「入る」は「い（る）」と読むので，「入らせ」は「いらせ」と読む。また，歴史的仮名遣いの語頭以外のハ行は，現代仮名遣いでは原則として「わいうえお」となり，「au」は，「ou」となるので，「給ふ」は「たもう」，「近う」は「ちこう」となる。

問二＜古文の内容理解＞父である道長は，出産後の彰子が寒い時期に一日中冊子づくりに励んでいるので，その体調を心配した。

問三＜古文の内容理解＞彰子と紫式部は，あちらこちらに書写の依頼をしたが，道長に依頼したかはわからない（①…×）。紫式部は，彰子と一緒に冊子づくりの準備をした（②…×）。女房たちは，彰子から紙や墨をもらう紫式部を羨ましがった（③…×）。道長は，彰子の体調を心配しつつも，冊子づくりを支援するために，薄様や筆や墨などを，娘のところに持ってきた（④…○）。

五〔資料〕

問一．どちらの予防法にも共通してあるのは，「せっけんで手を洗う」ことである。

問二．解熱した「翌日から」数えて「２日経過」することが登校再開の条件なので，登校できるのは23日以降となる（…ｘ）。また，資料Ｂを見ると，23日と24日は学校が休みなので，登校できないとわかる（…ｙ）。

Memo

Memo

Memo

2022年度 花咲徳栄高等学校(第1回)

【英　語】 (50分) 〈満点：100点〉

1 放送を聞いて答える問題

問題は、No.1～No.7の全部で7題あり、放送はすべて英語で行われます。放送される内容についての質問にそれぞれ答えなさい。No.1～No.6は、質問に対する答えとして最も適切なものを、①～④の中から1つずつ選び、その番号を(1)～(8)にマークしなさい。No.7は、それぞれの質問に対する答えを記述用解答用紙に英語で答えなさい。放送中メモを取ってもかまいません。各問題について英語は2回ずつ放送されます。

【No.1～No.3】

Listen to each talk, and choose the best answer for each question.

(1) No.1

①

②

③

④

(2) No.2

①

②

③

④

(3) No.3

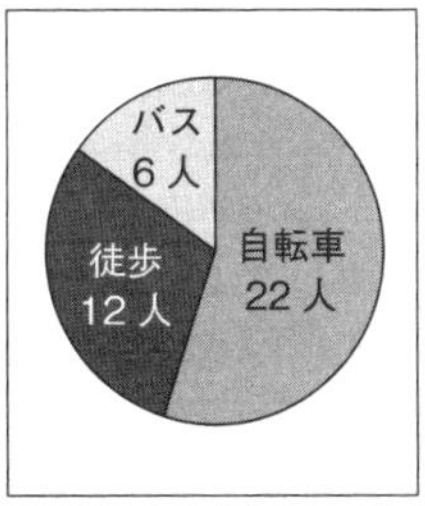

①

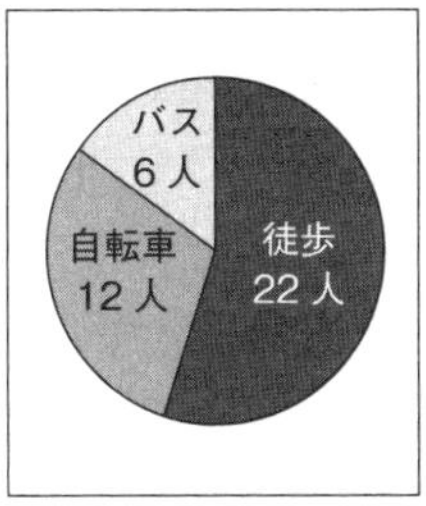

②

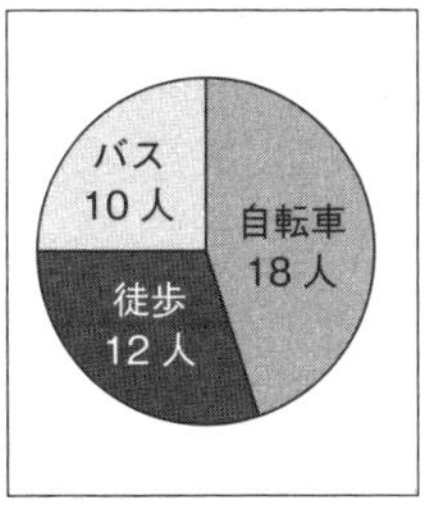

③

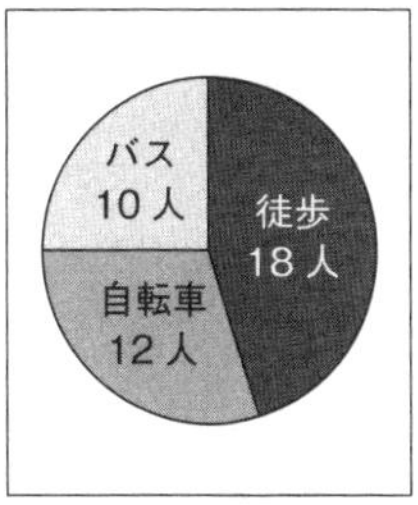

④

【No.4, No.5】

Listen to each situation, and choose the best answer for each question.

(4) No.4

① Let's meet at the station.
② Can you go next Saturday?
③ Please come to my house.
④ How about next Sunday?

(5) No.5

① We have no school today.
② I feel sick this morning.
③ You should go to the doctor.
④ Go to bed earlier.

【No.6】

Listen to the speech of Ms. White, an ALT, and choose the best answer for questions 1, 2 and 3.

(6) Question 1

① Two years ago.
② Three years ago.
③ Two months ago.
④ Three months ago.

(7) Question 2

① To visit many famous places.
② To talk with people in Tokyo.
③ To study Japanese hard.
④ To go shopping in Harajuku.

(8) Question 3

① Because she wanted to be an English teacher in Japan.
② Because her dream was to be a Japanese teacher in America.
③ Because having dreams was important for students.
④ Because she wanted to hear about the dreams of her students.

【No.7】

Listen to the talk between Takeshi and Emma, and read the questions. Then write the answer in English for questions 1, 2 and 3.

Question 1 : Why does Emma go to the library near Midori Park?
Answer : Because it has many (　　　　　　　　　　).
Question 2 : What does Takeshi sometimes do in Midori Park?
Answer : He sometimes plays (　　　　　　　　　　) with his friends.
Question 3 : What will Emma do next Friday afternoon?
Answer : She will practice (　　　　　　　　　　).

※ 放送を聞いて答える問題の放送文は，英語の問題の終わりに付けてあります。

2 次の英文の(　　　)に入るべき語(句)を選び、その番号をマークしなさい。

(9) (　　　) Tomoki play tennis?

① Is　② Do　③ Are　④ Does

(10) Aki can (　　　) letters in English.

① wrote　② writes　③ write　④ writing

(11) I have a (　　　) coins in my bag.

① few　② little　③ much　④ many

(12) We can't go to her birthday party because she didn't invite (　　　).

① we　② our　③ us　④ ours

(13) I always study (　　　) I go to bed.

① if　② during　③ before　④ so

(14) (　　　) is this animal called in Germany?

① How　② When　③ What　④ Where

(15) A: Can you come and help me?

B: I'm sorry I can't. I (　　　) finished my homework yet.

① has　② haven't　③ didn't　④ have

(16) Is this the letter (　　　) he gave you yesterday?

① who　② which　③ how　④ whose

(17) I'm waiting (　　　) front of my classroom.

① at　② with　③ from　④ in

(18) He kept his room (　　　).

① clean　② cleaning　③ have cleaned　④ is cleaned

3 (　　　)内の語(句)を並べかえ、(　　　)内で4番目になるものの番号をマークしなさい。ただし、文頭に来る語も小文字にしてあります。

(19) これはすべての中で最も大切なことです。

This is (① important　② all　③ of　④ the most　⑤ thing).

(20) 私は学校が終わるとすぐに帰宅した。

I (① school ② went ③ as soon as ④ home ⑤ was) over.

(21) この町に住んでいる人々は幸せです。

(① are ② people ③ living ④ this town ⑤ in) happy.

(22) ケンは何も言わずに部屋を出ていった。

Ken (① left ② without ③ saying ④ the room ⑤ anything).

4 次の英文を読んで、問１～問６に答えなさい。

My name is Marie. I went to a supermarket with my mom today. She forgot to bring her own eco-friendly shopping bag, so we had to buy the store's plastic bag. Then I wondered ... why do we have to pay for bags now? They used to be free!

Mother: (1) If we don't, fish in the ocean will die.

Marie: Fish will die? Why, Mom?

Mother: Oh ... umm ... I don't know the details but ...

(Then the store's manager passed by, so I decided to ask him!)

Marie: Hello.

Manager: Hello, Marie. How can I help you today?

Marie: Mom says that we have to buy bags now because fish will die if we don't. Is that true?

Manager: Yes.

Marie: So if we pay for the plastic bags, fish won't die?

Manager: No, no, it's more about using less plastic bags. You see, plastic products like plastic bottles and containers for takeout food become trash in (2).

Marie: That isn't true! My teacher taught us we recycle plastic bottles. They become sweaters!

Manager: You're a good student! It's true we recycle plastics now. As your teacher said, we can make clothes out of old plastic. We can also burn plastic to make electricity. But there is a lot of plastic trash that is just thrown away. Later, we find it in the ocean.

Marie: I didn't know (3) that.

Manager: This is just one example, but sea turtles sometimes eat plastic bags because they think the bags are jellyfish!

Marie: Oh, no!

Manager: The plastic bag stays in their stomach, so the turtles think they are full and stop eating. Then after a while they die because they don't eat.

Marie: That's so sad.

Manager: Marie, have you heard of (4) microplastics?

Marie: No.

Manager: They are very, very small pieces of plastic, sometimes less than 5 millimeters long. Plastic bags are broken into small pieces by the sun, wind or waves. They become microplastics.

Marie: Do they kill sea turtles, too?

Manager: Yes, and not only turtles. Microplastics are everywhere in the sea now. So the microplastics go into the bodies of fish when they are eating or even breathing!

Marie: That's terrible!

Manager: It's a bad thing for humans, too. Do you like fish?

Marie: Yes, I love sushi!

Manager: If the fish has eaten the microplastics, then ...

Marie: (5)

Manager: That's right. That is why the "3 R's" are important.

Marie: "3 R's"? What are they?

Manager: They are Reduce, Reuse and Recycle. We need to make sure there is less trash. That is why we ask customers to pay for plastic bags now.

Marie: I'll be sure Mom doesn't forget to bring her shopping bag!

Mother: Marie, I was listening to the conversation, you know.

問1　下線部(1)に続けるのに最も適切なものを選び、その番号を(23)にマークしなさい。

① go to a local supermarket
② pay for plastic bags
③ throw away plastic products
④ recycle plastic bottles

問2　(2)にあてはまる最も適切なものを選び、その番号を(24)にマークしなさい。

① a supermarket　② the ocean　③ the mountain　④ sea turtles

問3　下線部(3)の内容を、日本語で答えなさい。

問4　下線部(4)の説明として正しくないものを選び、その番号を(25)にマークしなさい。

① The sun, wind or sea waves change plastic bags into so small plastic pieces.
② Fish and sea turtles get microplastics when they get food and air.
③ Microplastics are good for something in the ocean, but not for human.
④ We can find microplastics in every ocean and sea on the earth.

問５　（　5　）にあてはまる最も適切なものを選び、その番号を(26)にマークしなさい。

① They are inside of me, too!

② The fish smells like garbage!

③ The fish becomes too big for humans to eat!

④ Its taste is nice!

問６　次のMarieの問いに対して、Managerは何と返答しているか、英語で答えなさい。

Why do we have to pay for store's plastic bags?

5 次の英文を読んで、問１～問５に答えなさい。

Portia was unhappy because she wanted a husband, but her father's *will stopped her from choosing one that she liked. At the same time, it stopped her from *refusing (1) one that she did not like. Her father had *arranged (2) a kind of game for men who came to *court his daughter. There were three boxes. Each one had something written on it. Every *suitor had to choose a box. Portia's father thought the right man would understand the meaning of the three boxes and choose the right one. The man who chose the right box could marry Portia, but if a man chose the wrong box, he would never marry anyone at all.

Her first suitor was a prince from Italy. Portia did not like him because he talked about cats all the time. He didn't seem to know about anything except cats, and nothing else interested him. Portia did not like cats.

Her second suitor was a *count. Portia did not like him because he always looked sad or angry. He never looked happy, and she was afraid that when he got old, he would be a very unhappy husband for her.

Her third suitor was a French *lord. Portia did not like him either because he did not have his own way of thinking. He tried to be just like every person he met. She thought it would be like having twenty husbands, and she couldn't love him at all.

Her next suitor was a *baron from England. She didn't like him because he had never studied anything. She could not speak with him because he did not understand Latin, French, or Italian. She wanted a husband who could talk to her.

The German *duke was worst of all because he was drinking wine all the time. Portia thought that at his best, he was worse than a man, and at his worst, he was little better than an animal. She hoped that he would not ask to choose one of the boxes, for if he chose the right one, she would have to marry him.

However, none of these men were *brave enough to choose one of the boxes. They thought the risk was too big.

Portia remembered that when her father was alive, a young man called Bassanio came to visit them from Spain. She liked him a lot. She thought he was brave and interesting and handsome. She hoped he would court her and be brave enough to choose a box. Probably he would choose the right box and make her his wife. However, she received news that the Prince of Morocco was coming to court her.

"Not another one!" she said. She was tired of suitors. She thought her father had given her a very difficult problem. If one of the suitors was brave enough to choose a box and chose the right one, she would have to marry him *whether she liked him or not. If he chose the wrong box, she couldn't marry him even if she liked him.

〔注〕will 遺言　refuse ～ ～を拒否する　arrange ～ ～を用意する
court ～ ～に求愛する　suitor 求婚者　count 伯爵　lord 貴族　baron 男爵
duke 侯爵　brave 勇敢な　whether ～ or not ～だろうとなかろうと

問１　下線部(1)の内容として最も適切なものを選び、その番号を(27)にマークしなさい。

① a husband　② a father　③ a will　④ a box

問２　下線部(2)の内容を、日本語で答えなさい。

問３　次の表の(28)、(29)に入るものを選び、その番号をそれぞれマークしなさい。

登場人物	特徴
the German duke	(28)
(29)	He was poor at studying.
a French lord	He did not have his own way of thinking.

(28)

① He was drinking juice all the time.
② He was eating meat all the time.
③ He had never studied anything.
④ He loved drinking wine.
⑤ He was reading books all the time.
⑥ He was always talking about cats.

(29)

① a prince from Italy
② the Prince of Morocco
③ a baron from England
④ the French duke
⑤ a German lord
⑥ a baron from Spain

問４　次の質問に英語で答えなさい。

Who did Portia want to marry?

問５　本文の内容と合うものを選び、その番号を(30)にマークしなさい。

① Portia could refuse the suitors she didn't like.
② Portia thanked her father for his idea.
③ Portia looked forward to visiting foreign countries.
④ Portia didn't enjoy seeing the suitors.

＜放送を聞いて答える問題放送文＞

これから「放送を聞いて答える問題」を始めます。

問題用紙の第1ページ，第2ページを見てください。問題は，No. 1 ～ No. 7 の全部で7題あり，放送はすべて英語で行われます。放送される内容についての質問にそれぞれ答えなさい。No. 1 ～ No. 6 は，質問に対する答えとして最も適切なものを，①～④の中から1つずつ選び，その番号を(1)～(8)にマークしなさい。No. 7は，それぞれの質問に対する答えを記述用解答用紙に英語で答えなさい。放送中メモを取ってもかまいません。各問題について英語は2回ずつ放送されます。では，始めます。

Look at No. 1 to No. 3 on page 1. Listen to each talk, and choose the best answer for each question. Let's start.

No. 1

A : Bill, have you finished your homework yet?

B : Yes, Mom. I'm cleaning my room now.

A : I'll go shopping for dinner. After you clean your room, can you come with me?

B : Sure. I will finish soon.

Question What is Bill doing now?

No. 2

A : Look at this picture. These are my cats.

B : Oh, your two cats are in a box. They are very cute. What are their names?

A : This black one is Tama, and the white one is Momo.

B : I see. I like Tama better.

Question Which picture are they looking at?

No. 3

A : Do you walk to school, Hiroshi?

B : Yes. More than twenty students walk to school in my class.

A : How many students are there in your class?

B : Forty. And, in my class, twelve students go to school by bike.

Question Which is Hiroshi's class?

Look at No. 4 and No. 5 on page 2. Listen to each situation, and choose the best answer for each question. Let's start.

No. 4

Shinji and Jane are talking about next weekend. They want to see a new movie together. Jane says she has something to do next Saturday. Shinji doesn't have anything to do next Saturday or Sunday.

Question What does Shinji say to Jane?

No. 5

Kenta's mother comes to his room. It's time to go to school, but he is still in bed. He says he feels sick. He doesn't look well.

Question What does Kenta's mother say to him?

Look at No. 6. Listen to the speech of Ms. White, an ALT, and choose the best answer for questions 1, 2 and 3. Let's start.

Hello, everyone. My name is Lisa White. I'm from America.

This is the second time I have visited Japan. For the first time, I came to Japan three years ago and studied Japanese at a school in Tokyo for two months. When I started my life in Tokyo, I could not speak Japanese well. But people around me were kind to me, so I had a very good time. I think Tokyo is one of the most exciting cities in the world. I visited many famous places in Tokyo, for example, Akihabara, Odaiba and Harajuku. The most exciting thing for me was going shopping in Harajuku. I love the shops there.

I studied Japanese hard to be an English teacher in Japan. It was my dream. So now I'm very happy to be here as an English teacher. I think having dreams is important for students. I want to hear about your dreams in my class. Thank you.

Question 1 When did Ms. White come to Japan for the first time?

Question 2 What was the most exciting thing in Tokyo for Ms. White?

Question 3 Why did Ms. White study Japanese?

Look at No. 7. Listen to the talk between Takeshi and Emma, and read the questions. Then write the answer in English for questions 1, 2 and 3. Let's start.

Takeshi : How is your summer vacation, Emma?

Emma : I'm enjoying it. I usually go to the library. I like reading books very much.

Takeshi : Do you go to the library near our school?

Emma : No. I go to the library near Midori Park.

Takeshi : Why do you go there?

Emma : Because it has many English books.

Takeshi : I see. I sometimes play tennis with my friends in Midori Park.

Emma : You play tennis? I also like playing tennis.

Takeshi : Really? We're going to play tennis next Friday. Do you want to play with us?

Emma : I want to, but I have to practice the piano in the afternoon on that day. What time will you start to play?

Takeshi : We haven't decided yet. Do you have time in the morning?

Emma : Yes.

Takeshi : OK. Let's start to play tennis at ten thirty.

Emma : All right.

以上で「放送を聞いて答える問題」を終わります。では，ほかの問題を始めてください。

【数　学】（50分）〈満点：100点〉

1 次の各問に答えなさい。解答はマークシート解答用紙に記入すること。

（1）次の計算をしなさい。
$1-2-(6-8)=[1]$

（2）$a=2$, $b=3$ のとき，式 $(b-3a)^2-(b-3a)$ の値は[2][3]である。

（3）2次方程式 $x^2-x-1=0$ の解は $x=\dfrac{[5]\pm\sqrt{[6]}}{[4]}$ である。

（4）2次関数 $y=ax^2$ について，x の変域が $-3\leqq x\leqq 2$ のとき，y の変域は $0\leqq y\leqq 27$ となった。このとき a の値は[7]である。

（5）光は真空中で1秒間に約300000000 m進む。この距離を整数部分が1桁の数と，10の何乗かの積の形で表すと約 $[8]\times10^{[9]}$ mとなる。

（6）右図で，$\angle x$ の大きさは，
[10][11]°である。

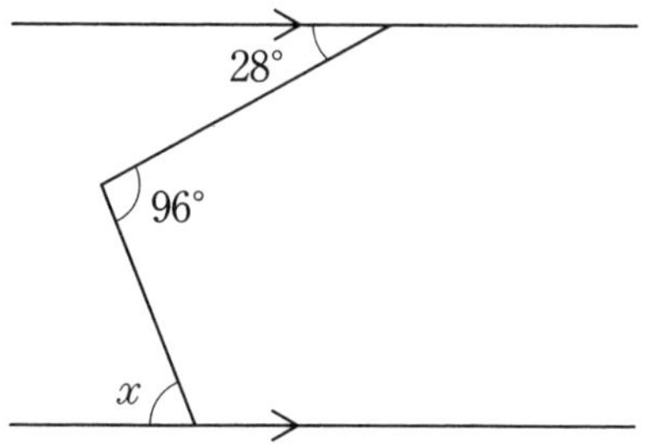

（7）右表はあるクラスの生徒40人について，小テストの結果を度数分布表に表したものである。得点の中央値（メジアン）が含まれる階級の相対度数は[12].[13][14]である。

得点（点）			度数（人）
以上		未満	
0	～	20	4
20	～	40	9
40	～	60	10
60	～	80	8
80	～		9
合計			40

（８）右図のように，中心Ｏ，半径１の円を直径で切った半円の内部に正三角形ＯＡＢがある。ただし点Ａ，Ｂは半円の周上にある。半直線ＯＢと点Ａにおける接線との交点をＣとする。斜線部分の面積の合計は$\frac{[16]\sqrt{[17]}}{[15]}-\frac{\pi}{[18]}$である。

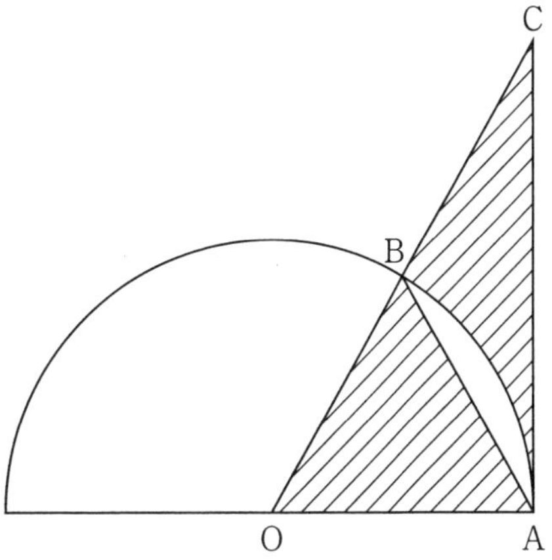

2 右図のように，放物線 $y=ax^2$（ただし，$a>0$）と，直線 $y=mx$ …①，直線 $y=mx+n$ …②（ただし，$m>0$，$n>0$）がある。
放物線と直線②の交点をＡ，Ｂとし，放物線と直線①の交点のうち原点Ｏではない方の点をＣとする。
このとき，次の各問に答えなさい。
解答はマークシート解答用紙に記入すること。

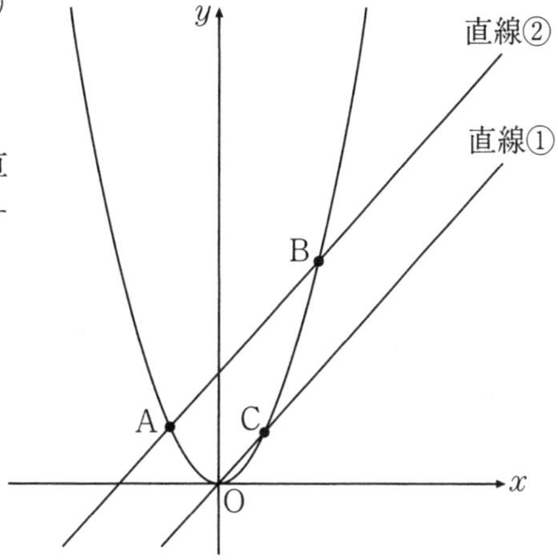

（１）点Ｂの座標が（2，4）のとき，a の値は[19]である。

（２）（１）において，Ａ（−1，1）のとき，m＝[20]，n＝[21]，点Ｃの座標は（[22]，[23]）である。
また，四角形ＯＡＢＣの面積は[24]である。

3 次の各問に答えなさい。解答はマークシート解答用紙に記入すること。

（1）63円の切手と84円の切手を合わせて30枚買い，その合計金額は2,163円であった。このとき，63円の切手を[25][26]枚，84円の切手を[27][28]枚買うこととなる。

（2）Aさんは41歳，Bさんは10歳，Cさんは6歳である。このとき，Bさんの年齢がAさんの年齢の半分になるのは[29][30]年後である。また，Aさんの年齢がBさんとCさんの年齢の和の2倍になるのは[31]年後である。

4 さいころを2回投げ，1回目に出た目の数をa，2回目に出た目の数をbとする。このとき，次の各問に答えなさい。解答はマークシート解答用紙に記入すること。

（1）aとbが同じ目の数となる確率は$\frac{[33]}{[32]}$である。

（2）空欄にあてはまるものを選択肢から選びなさい。
次の①〜④のうち，確率が一番高くなるのは[34]であり，確率が一番低くなるのは[35]である。

〈選択肢〉

①aとbの積が奇数　　②bはaで割り切れる
③$10a+b$が3の倍数　　④$5a<4b$を満たす

5 次の各問に答えなさい。解答は記述用解答用紙に記入すること。解答は答えのみでなく，途中の説明も書いて答えを求めなさい。

（1）右図は，ＡＢ＝x cm，ＡＤ＝ＡＥ＝2 cm の直方体ＡＢＣＤ－ＥＦＧＨである。
次の①～③を求めなさい。
①$x=4$のとき，直方体ＡＢＣＤ－ＥＦＧＨの体積

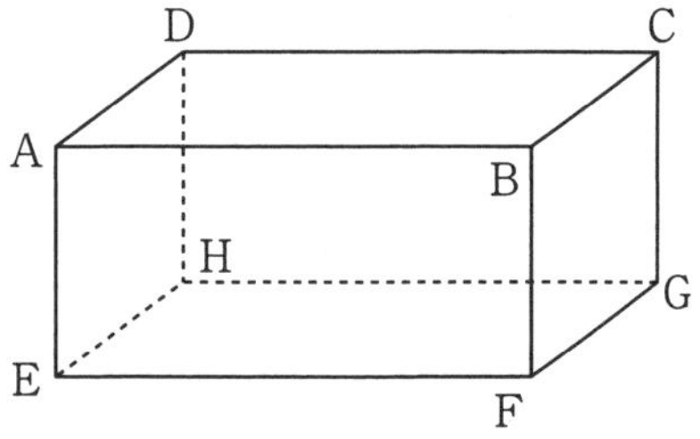

②直方体ＡＢＣＤ－ＥＦＧＨの表面積が41.6 cm^{2}のとき，xの値

③ＡＧ＋ＢＨ＋ＣＥ＋ＤＦ＝$8\sqrt{5}$ cmのとき，xの値

（2）2次方程式$x^2-14x-95=0$の解のうち，大きい方の数をaとする。

また，連立方程式$\begin{cases} 2y-3z=12 \\ 3y-4z=17 \end{cases}$の解$(y,\ z)$について，

$b=\sqrt{(y+z)(y-z)+z^2}$とする。

【問題の解法における会話文】
(花子)bを求めると，一桁の素数になったよ。aは求めた？
(徳男)確かに，bは一桁の素数だね。aは二桁の数だね。
aはbの倍数でない正の整数になるよ。

a^{b-1}をbで割った余りをcとするとき，次の①，②の値を求めよ。
①b

②$100(a-b)+7c$

解答記入上の注意

問題文中の［１］、［２］などの［　］には、特に指示のない限り、数字（１～０）が入ります。これらを〔例〕に従って解答用紙にマークしなさい。また、分数形で解答する場合は、既約分数（それ以上約分できない分数）で答えなさい。

〔例〕

$\dfrac{[3]}{[1][2]}$ に $\dfrac{2}{15}$ と答えたいとき。

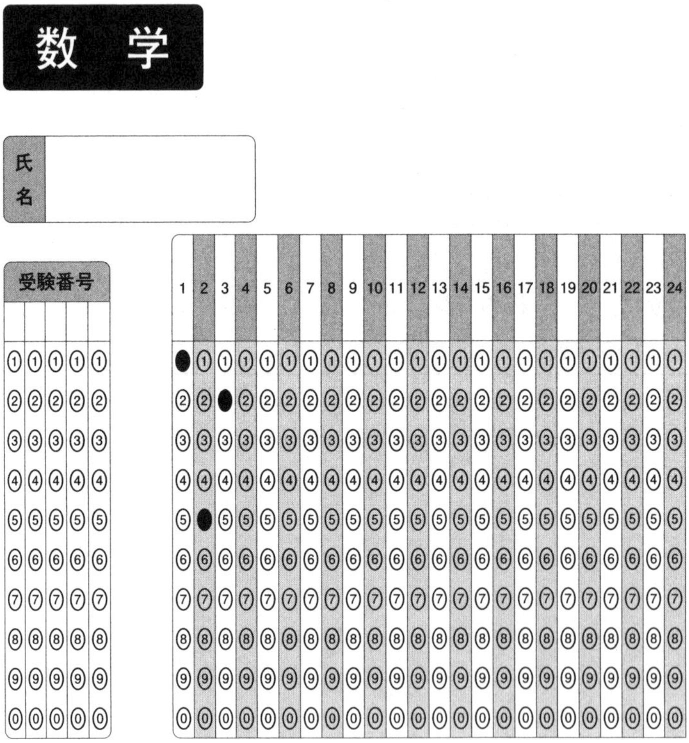

【国　語】（五〇分）〈満点：一〇〇点〉

一　次の文章を読んで、あとの問いに答えなさい。（設問の都合上、本文を一部改変してあります）

学校へ歩く途中の道で、また雪が降ってきた。

けれど、紗奈《さな》の気持ちは、憂鬱《ゆううつ》だった。

本当だったら、紗奈は雪が好きだ。

みんなは冷たいというけど、雪の真っ白い、冷たい光は、紗奈には、あたたかく優しいものに感じられる。その大好きなはずの雪道が、1今日はどこまでも冷たく思えることが、本当に苦しかった。

昨日、紗奈が勇気を出して書いた手紙の返事を、鶴岡《つるおか》くんはくれなかった。

好きです、という告白の答えをもらえないことが、きっと返事なのだということは、すぐにわかった。

他の男子にからかわれないように、女子にも騒がれないように。紗奈は、そっと、机の下を滑らせるようにして手紙を渡した。受け取る鶴岡くんも、一瞬、驚いたような顔をしたものの、すぐに、無言でこくんと、頷《うなず》いてくれたのに。

それがおとといのこと。

鶴岡くんは誰にもこのことを言わなかったのか、昨日、紗奈の手紙や告白は、クラスの誰からも何も言われなかった。けれど、肝心《かんじん》の鶴岡くんの答えも聞けなかった。紗奈が隣の席にいつも通り座っても、こっちを見ない。挨拶《あいさつ》もしない。そうなると紗奈からも、怖くて話しかけられなかった。

――2手紙なんて、渡すんじゃなかった。

「指が分かれた手袋は冷たいから」とお母さんが編んでくれたオレンジ色のミトンを、頬《ほお》にあてる。

学校に行きたくない。

今日は紗奈の好きな国語がある。あとは苦手な体育。今日は何をするんだろう。この雪だと体育館で簡単な球技になるかもしれない。校庭を長距離走ったりすることはなさそうだけど、皆で何かするんだったら嫌だな。鶴岡くんの姿を、そこでも紗奈は絶対に目で追いかけてしまうだろうから。

女子が告白するときは、だいたい、グループの子と話し合ったり、わいわいみんなで騒いで直接言いに行ったりするものだけど、紗奈は、そういうのは嫌だった。授業中、みんなはよくわかってなさそうな先生の話を彼一人だけが静かに笑っていたり、掃除の時、さりげなく重たい机を紗奈の代わりに運んでくれる。鶴岡くんのそういうところが大好きだということを、誰にも教えたくなかった。だから、紗奈は、手紙を書いた。みんながやらない、本やドラマに出てくるやり方をした。

でも、だからこそ、鶴岡くんは答え方がわからなくて、紗奈に呆《あき》れたのかもしれない。紗奈を嫌いになったのかもしれない。

目の前の白い道をとても見ていられなくなる。雪が［　3　］、涙に滲《にじ》む。

曲がり角を一つ折れると、前に、ピンク色の傘が見えた。紗奈は、［　4　］顔を上げる。向こうも、紗奈に気づいた。こっちを向いて「あら」と口にする。

「おはようございます、紗奈ちゃん」

紗奈の担任の先生だ。

「先生……」

「すごい雪だね」

紗奈は他のどの先生よりも、今の担任の先生が好きだ。日本人と外国人のハーフだという先生は、紗奈の学校の中ではずば抜けて若い。赤い髪の毛と青い目がとてもきれい。一度、英語で話すのを聞いたことがあるけど、その時も、紗奈をはじめ、女子も男子も魔法にかかったように【 5 】なってしまった。

「先生、今日体育中止?」

紗奈が尋《たず》ねる。先生は「ダメ」と軽く笑って紗奈を見た。先生の首に巻かれたマフラーが【 6 】風に流れた。

「【 A 】」

「【 B 】」

秘密、と先生は唇《くちびる》の先に人差し指をそっと添える。その仕種《しぐさ》の一つ一つがおしゃれで、とてもかっこよく見えた。

「【 C 】」

「【 D 】」

尋ねると、先生が振り向いた。「うん」と頷く。

「一緒だよ。嫌?」

「嫌じゃないけど……」

声が掠《かす》れた。

先生が「ん?」と優しい顔をして自分を覗《のぞ》き込んでくれているのを見たら、ふいに何もかも打ち明けてしまいたい気持ちに襲われる。普通だったら、大人に恋愛の話なんかできないけど、先生だったら別だ。前に「好きな人いる?」って聞いた時も、先生は昔好きだった人の話を、紗奈たちを子ども扱いせずに、きちんと聞かせてくれた。

だけど、と思う。

先生はひょっとしたら、知ってるんじゃないか。鶴岡くんから、手紙のことを聞いているかもしれない。鶴岡くんが自分には何も言わないのに、先生に相談しているところを想像したら、8胸がぎゅっと痛くなった。

どうしようか迷っていると、先生が、おもむろに紗奈のミトンの指を掴《つか》んだ。そして、「かわいいね」と誉《ほ》めてくれた。驚く紗奈の顔を覗き込む。

「何か、嫌なことあった?」

「嫌なことじゃないけど……」

「じゃあ、いいことでも嫌なことでも、どっちでも、よく覚えておくといいよ」

え、とE唇をちょっと開いて先生を見る。先生は、静かに微笑《ほほえ》んで、紗奈の指を離した。紗奈に何も聞かないで、ただ続ける。

「それがどんなことでも、いつか、思い出せる日が絶対来るから」

「嫌なことも、思い出さなきゃダメ?」

思い出す、という言い方がちょっと引っ掛かった。それでは、紗奈の鶴岡くんへの告白は、返事を聞かないままもう「過去」になってしまう。F紗奈の声の尖《とが》った響きに気づいたかどうかわからないけれど、先生が頷いた。

「うん。たとえそれが、どんなことでも。——こんなふうに思い出せると思わなかったって自分でも驚くような形で、そのことを振り返る日が必ず来るよ」

大好きなはずの雪を、こんなふうに冷たく感じた朝のことを、紗奈はいつか思い出すのだろうか。まだ納得できないでいると、その時、後ろから声が聞こえて、紗奈はどきりと立ち尽くす。

「チサトせんせぇい」

先生は振り返ると「はぁい」と大声で応えて手を振った。先生は笑うとすごく目が細くなって、ほとんどなくなったように見える。目が線のようになる先生のこの笑顔のことも、普段なら、紗奈は大好きだった。

男の子はみんな、先生のことをファーストネーム（この言い方も先生に聞いた）で呼ぶ。

声を聞いて、紗奈は固まる。ゆっくりと振り返ると、そこに思った通り、鶴岡くんが立っていた。鶴岡くんも、紗奈に気づいた。その顔に一瞬、はっとした表情が浮かび、だけどすぐ、傘《かさ》を差しながら、こちらにやってきた。

そして、少しだけ気まずそうに——照れくさそうに、「おはよう」と言った。紗奈に向けて、言った。

「おはよう」

紗奈もあわてて、挨拶をする。心臓が、ドキドキしていた。

その時、鶴岡くんの後ろからも、他の学年の子たちがやってきた。チサト先生は学年にかかわらずみんなに人気だ。「おはよう、先生」と呼びかけられ、すぐに囲まれてしまう。

その輪の外に、紗奈と鶴岡くんだけが残った。鶴岡くんが顔を上げる。小声で「あのさ」と呼びかけてきた。

「今日の休み時間、暇?」

目の前に広がる白い雪と、視界いっぱいの冷たい光が、あたたかく、自分たちを照らすのを感じた。

熱くなった頬を押さえて、戸惑いながら前を見る。たくさんの子どもに囲まれた先生が、一瞬だけ、こちらを見て笑ったように思った。その右耳に、金色のピアス。

昔、大好きだった男の子と分け合ったものなのだと教えてもらった9先生の宝物が、雪と太陽の光を反射して、こちらに向け、輝いていた。

（辻村深月《つじむらみづき》著「冷たい光の通学路——Ⅱ」『光待つ場所へ』所収）

問一　——部1「今日はどこまでも冷たく思える」とありますが、このときの「紗奈」の気持ちを説明したものとして最も適当なものを、次の①～④の中から一つ選び、その番号をマークしなさい。**（マークシート問題番号1）**

① 昨日自分が書いた手紙を無言でこくんと頷いて受け取りながら返事をくれないことに、裏切られた気持ちになり、鶴岡くんを恨めしく思っている。

② 鶴岡くんは私の告白を他の男子に話しはしなかったけれど、今日になって私を無視して挨拶もしなくなったのは、私を嫌いになったのだと絶望している。

③ 驚いてはいたが、無言でこくんと頷いて私の手紙を受け取ってくれた鶴岡くんが、昨日は私を無視して挨拶もしてくれなかったことに恐怖を感じている。

④ 一昨日鶴岡くんに勇気を出して渡した手紙の返事をもらえないのは、自分の告白を断るという意味なのだと、消極的にしか考えられなくなっている。

問二 ——部**2**「手紙なんて、渡すんじゃなかった」とありますが、「紗奈」はなぜこのように考えたのですか。最も適当なものを、次の①～④の中から一つ選び、その番号をマークしなさい。**(マークシート問題番号2)**

① 私の手紙を無言でこくんと頷いて受け取ってくれたから、鶴岡くんも私を好きなのだと思ったのに、断られるぐらいなら告白しなければよかったと残念に思っているから。

② 返事をくれない鶴岡くんの答えは私の告白を断ろうとしているからなのだとしか思えず、こんなに苦しい思いをするのなら、告白しなければよかったと後悔しているから。

③ 鶴岡くんを好きだと他の人に知られたくなくて本やドラマに出てくる手紙で告白したが、それが原因で嫌われてしまい、普通に告白するべきだったと反省しているから。

④ 性格や容姿を気に入らず私の告白を断るのなら仕方ないが、手紙での告白にどう返事すればいいかわからず、私を嫌う程度の男子だったと鶴岡くんを見損なっているから。

問三 [3]～[6]に入れるのに最も適当な言葉を、次の①～④の中からそれぞれ一つずつ選び、その番号をマークしなさい。**(マークシート問題番号3・4・5・6)**

① フワフワと　② はっと　③ じわりと　④ ぽうっと

問四 [A]～[D]の会話を次の①～④を並べ直して完成させたとき、[C]に入るものはどれですか。その番号をマークしなさい。**(マークシート問題番号7)**

① ヒント。雪が止んだら、二チームに分かれてやります

② ……男子も一緒？

③ えー！　どこで？　体育館？

④ 紗奈ちゃん、体育苦手だからでしょう？　ダメよ。今日もしっかりやります

問五 ——部**8**「胸がぎゅっと痛くなった」とありますが、このときの「紗奈」の気持ちを説明したものとして最も適当なものを、次の①～④の中から一つ選び、その番号をマークしなさい。**(マークシート問題番号8)**

① 鶴岡くんの不誠実を先生に相談したいのに、鶴岡くんから自分が有利になるよう先生に相談しているなら、自分が正しいことを証明できなくなり、辛《つら》くなっている。

② 以前先生が話してくれたように、自分も先生に何もかも打ち明けてしまいたいのに、鶴岡くんがすべてを話していたなら、先生を感動させられず、がっかりしている。

③ 自分の苦しい気持ちを先生に相談したいが、先生が鶴岡くんからすべて聞いて知っているなら、先生に自分が言えることはなくなり、ますます苦しくなっている。

④ 先生は私たちを子供扱いせず、自分の恋愛を話してくれたので、自分も純粋な恋心を伝えて先生に共感してもらいたかったが、鶴岡くんに台無しにされ憤慨《ふんがい》している。

問六　〰〰部**E**「唇をちょっと開いて先生を見る」から〰〰部**F**「紗奈の声の尖《とが》った響き」にかけての「紗奈」の気持ちの変化を次のようにまとめました。空欄にあてはまる内容を前半は十字以上、二十字以内、後半は三十字以上、四十字以内で書きなさい。

(記述用解答用紙)

「じゃあ、いいことでも嫌なことでも、どっちでも、よく覚えておくといいよ」という先生の

（　　　　　　　　　　　　　　　　　　　　）

が、自分に何も聞かないまま、「それがどんなことでも、いつか、思い出せる日が絶対来るから」と続けて言う先生の「思い出す」という言い方は、

（　　　　　　　　　　　　　　　　　　　　）

問七　━━部**9**「先生の宝物が、雪と太陽の光を反射して、こちらに向け、輝いていた」とありますが、「紗奈」は先生をどのように感じていますか。それに**あてはまらないもの**を、次の①～④の中から一つ選び、その番号をマークしなさい。**(マークシート問題番号9)**

① 先生は自分の過去の経験に自信を持っていて、生徒に身をもって示しながらいろいろなことを教えてくれる存在だ。

② 私が鶴岡くんを好きなことを先生は知ったことで、自分が間に入れば必ずうまくいくと思っている自信過剰な人だ。

③ 生徒の心の中を自分の経験に照らし合わせながらおもんぱかって対応する先生は、自分たちのよき理解者だ。

④ 一度は先生の言うことを疑ったが、何も知らなくても私の様子から心の中を見抜いて、適切な助言をしてくれる人だ。

問八　本文の表現上の特色と内容の説明として最も適当なものを、次の①～④の中から一つ選び、その番号をマークしなさい。**(マークシート問題番号10)**

① 「告白の答えをもらえないことが、きっと返事なのだ」や「鶴岡くんから、手紙のことを聞いているかもしれない」のように、はっきりとしないことに恐怖を感じてしまう「紗奈」を通して、人間が持つ暗部の相克《そうこく》を重厚な筆致で描いている。

② 「先生……」や「嫌じゃないけど……」など、「……」を多用して「紗奈」が何を考えているか不明瞭な謎多き少女であることを幻想的に描いている。

③ 「日本人と外国人のハーフ」や「その右耳に、金色のピアス」など、先生が日本人の感覚と違うのは当然であると読者が納得できるように論理的に描いている。

④ 「大好きなはずの雪を、こんなふうに冷たく感じた朝」や「白い雪と、視界いっぱいの冷たい光が、あたたかく、自分たちを照らす」のように「紗奈」の心情を情景に仮託《かたく》しながら、微妙な思春期の葛藤《かっとう》を繊細に描いている。

二　次の各問いに答えなさい。

問一　次の――部の漢字には読みがなをつけ、カタカナは漢字に改めなさい。**（記述用解答用紙）**

(1) 腕に鈍い痛みを感じる。

(2) ガンを摘出する。

(3) イセキを発掘する。

(4) 注意をカンキする。

(5) 友人の意見を笑顔でコウテイする。

問二　敬語の使い方が**適当でないもの**を、次の①～④の中から一つ選び、その番号をマークしなさい。**（マークシート問題番号11）**

① 先生の資料を拝見しました。

② アンケートにご協力ください。

③ これから、そちらへ伺います。

④ 校長先生がお見えになられた。

問三　「**誕生**」という熟語の「**生**」と同じ読み方が含まれる熟語はどれですか。次の①～④の中から一つ選び、その番号をマークしなさい。**（マークシート問題番号12）**

① 発生　② 生真面目　③ 今生　④ 生薬

問四　次の意味を表す慣用句として最も適当なものを、次の①～④の中から一つ選び、その番号をマークしなさい。**（マークシート問題番号13）**

無知な者には真価がわからないさま

① 馬の耳に念仏　② 猫に小判　③ 鳩に豆鉄砲　④ 狼に衣

三　次の文章を読んで、あとの問いに答えなさい。（設問の都合上、本文を一部改変してあります）

　ピアジェやコールバーグの研究に影響を受けて、デーモン（Damon）は、道徳性の中でも特に、分配の際に、子どもがどのようなことを公正と判断しているかに焦点を当てて研究しています。

　子どもは（実は大人もそうですが……）、「ずるい！」という言葉をよく叫びます。幼稚園でも小学校でも、少し観察していれば、二、三のトラブルが見られますが、14大半が、「ずるい」「ずるくない」というトラブルです。家庭生活においても、食べ物、テレビの視聴時間、お小遣いなどの分配をめぐって、きょうだい間でしょっちゅうけんかをします。

　大人の世界だってそうです。時給がよいのか、出来高制がよいのか、能力給がよいのかといった判断は、当事者が公平だと受け止められるかどうかに大きくかかわります。そして、ずるいとかずるくないといった判断が、15未来へのやる気や対人関係に深い影響を及ぼすものです。

　デーモン（Damon,1975,1977）は、4歳から8歳の子どもを対象とした調査から、公正観の発達段階が6段階あることを、表に示す通り明らかにしています。立場の異なる登場人物が、報酬《ほうしゅう》をどのように分配すればよいか、といった16ジレンマ課題を与え、つぎの4つの視点が明らかになるような質問がされました。

①公正について、子どもが認知し葛藤《かっとう》する対応にはどのようなものがあるか。
②子どもが公正に関する葛藤をどのような方法で解決するか。
③子どもが葛藤を解決するうえで注目する人はどんな人か。
④葛藤の解決法を正当化する内容はどのようなものか。

17私の研究になりますが（渡辺、1986）、4歳から9歳の子どもたちを対象に、ずるい、ずるくないにかかわるジレンマを与えました。話の内容は日本向きの状況にしましたが、ほぼ同じ調査を実施しました。

子どもたちに、絵を描いたことへのご褒美《ほうび》のアイスクリームをあげて、それを子どもたちがみんなで分け合うという場面で、上手に絵を描いた子もいれば、たくさん描いた子もいるし、さぼっていた子もいるといった状況です。

その結果、0—A、0—B段階の子どもが年齢とともにいなくなり、それに代わって、1—A、1—B、2—A段階の3つの段階にまたがるような結果になりました。

表　公正概念の発達段階

段階	概　　要
0—A	行動を起こしたいという[18]から選択。理由を正当化しようという意図はなく、ただ[18]を主張することのみ。
0—B	依然《いぜん》、欲求中心だが、外見的特徴や性などに基づいて理由づけするようになる。目的は変わりやすく、自分を有利にする傾向がある。
1—A	厳密《げんみつ》な[19]性の概念からなる。[19]は、けんかや葛藤を避けるものとして考えられる。一方的で柔軟性に欠ける。
1—B	行動の互恵《ごけい》的概念からなる。人は[20]に対してお返しを受けるべきだと考える。メリットや功績の概念が現れるが、まだ一方的で柔軟性に欠ける。
2—A	さまざまな人が存在しているが、[21]は等しいということが理解されている。ただ選択理由は主張（競争）を避け、量的に妥協《だきょう》しようとする。
2—B	互恵、平等、公平の真の意味を考える。さまざまな人の主張や状況の特殊性を理解する。したがって、場面により判断理由は変わる。基本的にはだれもが当然、分け前をもらうべきだという考え方。

渡辺弥生 1986 を基に作成

1—A段階の子どもたちは、「みんな同じにするべきである」という反応で、「けんかしないよう同じがいい」「一人が少なくなったり、多くなったりするとちゃんと分けられないから同じがいい」「一人だけ多いとずるいから、独り占めになるなら同じがいい」「同じに分けるというきまりがあるから同じがいい」といった反応をしていました。

1—B段階の子どもたちは、「がんばった人には多くあげる」「上手な人に多くあげる」といった、行動や努力の違いによって分配の差をつけるような反応が、2—A段階の子どもには、「みんなえらいから」「せっかくみんな……したから」「みんな同じにしてあげたいから」など、違いはあっても必要性やそこにいる存在を考えて分配したいという理由が多く見られました。

その後、9～12歳を対象に、質問紙で同じ調査を実施しましたが、10歳以降は、60%以上が2—A段階となり、それ以外は1—A、1—Bに分かれることがわかりました。アメリカの結果に比較して、貢献度や能力に応じて分けた方がよいと考える1—B段階が発達的に増加する傾向は見られませんでした。

日本においては、絶対に同じがいいという1―A段階の考え方が、年齢が高くなっても依然として一定の割合いるという違いが見られました。アメリカに比べると、結果の平等性を重視し、みんな同じということに価値を置く日本の文化が反映された結果が見られたと考えられます。

大人の社会においても、貢献度や努力に応じて分配するべきという考え方と、みんなに同じように分配すべきという考え方があるでしょうから、社会や家庭の価値観がかなり反映される結果が得られたように思います。

みんな同じといっても、結果の形式的な均等でなく、それを必要とするできるだけ多くの人に配分できないか、といった思考自体が大事なように思います。

2年前に、『SMAP×SMAP』というバラエティ番組で、この課題をクイズ形式で取り上げていただきましたが、意外と大人でも、レベルの高い分配のしかたは難しいことがわかりました。

（渡辺《わたなべ》弥生《やよい》著『子どもの「10歳の壁」とは何か？』による）

問一 ――部**14**「大半が、『ずるい』『ずるくない』というトラブルです」とありますが、その理由として最も適当なものを、次の①〜④の中から一つ選び、その番号をマークしなさい。**（マークシート問題番号14）**

① 大人は等しく公正観が発達しているが、子どものうちはまだ公正観が未発達で公平さを感じにくいから。

② 大人の世界と同じように、子どもの世界にも気が合わない者がどうしても存在してしまうものだから。

③ それぞれの家庭環境によって、教育方針の違いから子どものテレビの視聴時間におけるしつけに少なからず差異があるから。

④ 大人でも他人に対して不公平を感じるもので、ましてや未発達な子どもは公平に物事を受け止めることが難しいから。

問二 ――部**15**「未来へのやる気や対人関係に深い影響を及ぼすものです」とありますが、その具体例として最も適当なものを、次の①〜④の中から一つ選び、その番号をマークしなさい。**（マークシート問題番号15）**

① 埼玉県民というだけで不利益を被《こうむ》るのは納得がいかず、近隣の県民といさかいになった。

② 彼だけ仕事の分量が少ないのに皆と同じ給料をもらうのは、やっていられない気分になる。

③ 私の動画だけ同時期に始めた人より再生回数が少ないので、どうしてなのか悩んでいる。

④ このクラスは、野球とサッカーのファンが多く、どちらも興味がない私は肩身が狭い。

問三 ――部**16**「ジレンマ」とありますが、その使い方として最も適当なものを、次の①〜④の中から一つ選び、その番号をマークしなさい。**（マークシート問題番号16）**

① 外出したい気持ちと感染症にかかるのではないかという不安とのジレンマに悩まされる。

② 私と保護者と友人の、それぞれの意見が食い違い、ちょうどジレンマの関係にある。

③ いち早く高校受験の苦しさから解放されて、趣味に没頭したいというジレンマがある。

④ 彼のことも彼女のことも大好きなので、告白すべき相手をジレンマに聞くことにした。

問四　━━部17「私の研究」で分かった子どもたちの判断基準として、**あてはまらないもの**を次の①～④の中から一つ選び、その番号をマークしなさい。**（マークシート問題番号17）**

①　外見的特徴　②　状況の特殊性　③　集団への貢献度　④　結果の平等性

問五　[18]～[21]に入れるのに最も適当な言葉を、次の①～④の中からそれぞれ一つずつ選び、その番号をマークしなさい。**（マークシート問題番号18・19・20・21）**

①　善・悪　②　欲求　③　平等　④　人間的価値

問六　〰〰部「日本の文化が反映された結果」とありますが、どのような結果になったのかを、次のようにまとめました。空欄にあてはまる内容を、それぞれ十字以上、十五字以内で書きなさい。**（記述用解答用紙）**

アメリカでは、
□□□□□□□□□□□□□□□のがよいと考えるが、
日本では、
□□□□□□□□□□□□□□□のがよいと考える。

問七　この文章を読んで二人の生徒が話し合っています。[22]に入れるのに最も適当なものを、次の①～④の中から一つ選び、その番号をマークしなさい。
（マークシート問題番号22）

生徒A――筆者の考える「レベルの高い分配のしかた」ってどういうものかな。
生徒B――大人でも難しいのだから、もちろん子どもには無理なんだろうね。
生徒A――そうだね。自分勝手な分配は「レベルの低い分配のしかた」になるだろうね。
生徒B――では、表を参考にすると[22]ことが「レベルの高い分配のしかた」だといえるね。

①　性別と体格を考慮しつつ、合意形成し適切に分配する
②　個々の資質と貢献度に応じて、量に差をつけて分配する
③　構成員の事情や場面・状況に応じて、適切な量を分配する
④　集団の雰囲気を悪くしないために、みんなへ平等に分配する

問八　本文の内容に最もよく合っているものを、次の①～④の中から一つ選び、その番号をマークしなさい。**（マークシート問題番号23）**

①　公正観の発達段階に応じて物事の公正さの受け止め方が変わるため、子どもの頃は「ずるい」「ずるくない」で揉《も》めることも多々あるが、大人になると「ずるい」と叫ばなくなり、誰もが正しく公平な考えを持てるようになる。
②　デーモンの研究は子どもを不平等な状況下においてどのように行動するのかを調べ、公正観の発達段階を明らかにしたもので、どのように報酬を分けあうべきか考えることで正しい道徳観を養うことができる。

③ 調査結果で判明した日本人とアメリカ人の価値観の違いは、終身雇用制度と成果主義からくるものであることは明らかで、アメリカ人は個人の能力や成果をもとに報酬を分配すべきであるという感覚を強く持っている。

④ 日本人は子どもから大人まで公平であることを気にする傾向があるが、社会や家庭の価値観が反映したものだと思われる。アメリカでは貢献度や能力に応じて差をつけることは当然であると考える傾向がある。

四

次の文章を読んで、あとの問いに答えなさい。（------の左側は口語訳です）

今は昔、安倍中麿《あべのなかまろ》が、24唐土に使《つかひ》にて渡りけるに、この国の、はかなきこと（ちょっとしたこと）につけて思ひ出《い》でられて、恋しく悲しくおぼゆるに、25月のえもいはず明《あか》きに、この国の方をながめて、思ひすまして詠《よ》める、

天《あま》の原《はら》ふりさけ見れば春日《かすが》なる三笠《みかさ》の山にいでし月かも
大空を仰ぎ見ると月が照り輝いている。あの月は昔ふるさとで見たのと同じ月なのだなあ

となむ、詠みて泣きける。

（『古本説話集《こほんせつわ》』第四十五段による）

問一 ——部24「唐土」の読みと意味の組み合わせとして最も適当なものを、次の①～④の中から一つ選び、その番号をマークしなさい。**（マークシート問題番号24）**

① とうど—朝鮮　② もろこし—日本

③ とうど—台湾　④ もろこし—中国

問二 ——部25「月のえもいはず明《あか》きに、この国の方をながめて」とありますが、口語訳として最も適当なものを、次の①～④の中から一つ選び、その番号をマークしなさい。

（マークシート問題番号25）

① 言いようもない月の明るさに驚きつつ、唐土の人たちとながめて

② 月の明るさに感動しつつも、物思いにふけって日本の方をながめて

③ 月のきれいさに言葉を失い感動しながら、唐土の山々をながめて

④ 言葉に表せないほどの月の美しさに、故郷を出てよかったと思って

問三 和歌から読み取れる主人公の感情として**あてはまらないもの**を、次の①～④の中から一つ選び、その番号をマークしなさい。**（マークシート問題番号26）**

① 望郷　② 郷愁　③ 憧憬　④ 悲嘆

五 **バドミントン部マネージャーの花子さんは、体育館利用料金を確保するため、部員と相談しています。このときの会話と【資料A】～【資料C】を踏まえて、あとの問いに答えなさい。**

【会話文】

徳雄「あれ、この表の救急物品代って何のこと?」

花子「練習中にケガをしたときや筋肉痛でつらい人が使っている湿布やテーピングの代金だよ。よく使うから常備してるの」

徳雄「なるほど、みんな使ってるよね。あ、シャトル※にお金をかけすぎているんだ」

花子「確かに、割合を見ると大きすぎるね」

咲美「でも、シャトルはたくさん必要だよ。確かに、冬は練習時間が短くてシャトルも消耗《しょうもう》しにくいけれど、夏は練習時間が長いじゃない。熱中症予防でみんなが消費しているから、［27］も減らせないよね」

徳雄「だったら、どれも減らせないじゃないか」

花子「やっぱりシャトルかな……」

咲美「わかった、費用を削減するなら救急物品代しかないね」

(注) ※ シャトル……バドミントン競技で打ち合う、コルクに羽根が付いたもの。

【資料A】

項目	単価(円)
シャトル代	300
ドリンク代	350
救急物品代	800
体育館利用料金	1,500
大会参加費	500

【資料B】

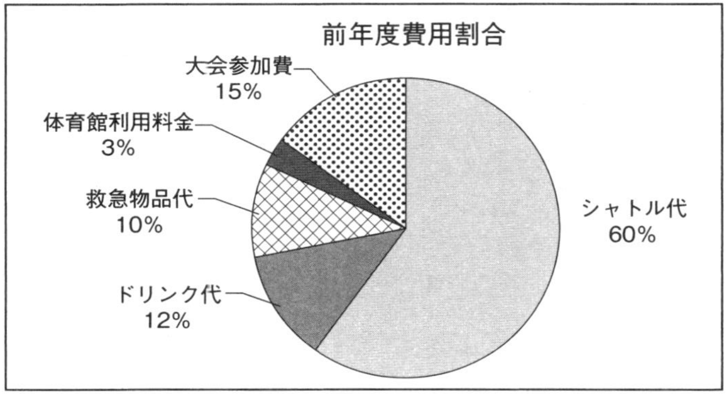

【資料C】

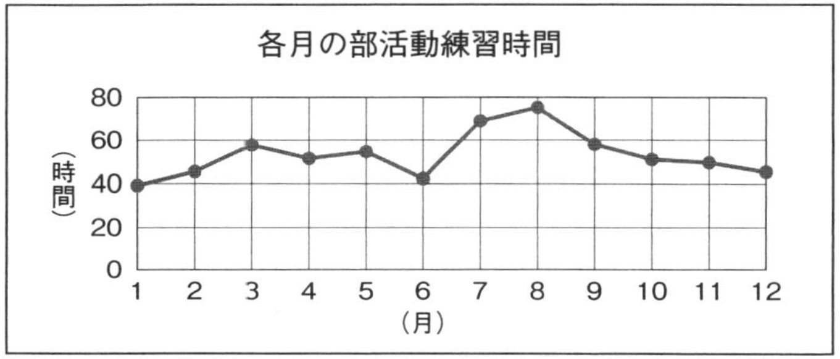

問一 ［27］には【資料A】のどの項目が入りますか。次の①～④の中から一つ選び、その番号をマークしなさい。**(マークシート問題番号27)**

① シャトル代　② ドリンク代　③ 救急物品代　④ 大会参加費

問二　〰〰部「費用を削減するなら救急物品代しかないね」と「咲美」が言った理由を次のようにまとめました。空欄にあてはまる内容を、それぞれ五字以内で書きなさい。

（記述用解答用紙）

a［　　　　　］ので少量減らしただけでも削減になり、みんなが

b［　　　　　］に気をつけて練習をすればそもそも消費しないから。

※これで問題は終わりです。28番以降のマークシートは使用しませんので、何も記入しないでください。

英語解答

1 No. 1 ③(1)　No. 2 ①(2)
No. 3 ②(3)　No. 4 ④(4)
No. 5 ③(5)
No. 6 Question 1 ②(6)
Question 2 ④(7)
Question 3 ①(8)
No. 7 Question 1 English books
Question 2 tennis
Question 3 the piano

2 (9) ④　(10) ③　(11) ①　(12) ③
(13) ③　(14) ③　(15) ②　(16) ②
(17) ④　(18) ①

3 (19) ③　(20) ①　(21) ④　(22) ③

4 問１ ②(23)　問２ ②(24)
問３ (例)ただ捨てられた大量のプラスチックごみが後で海で見つかること。
問４ ③(25)　問５ ①(26)
問６ (例) Because we need to make sure there is less trash.

5 問１ ①(27)
問２ (例) 3つの箱から1つを選ぶこと。
問３ (28)…④　(29)…③
問４ (例) She wanted to marry Bassanio.
問５ ④(30)

1〔放送問題〕解説省略

2〔適語(句)選択・語形変化〕

(9)一般動詞の疑問文で，主語が3人称単数なので does を用いる。　「トモキはテニスをしますか」

(10)助動詞は動詞の原形と組み合わせて用いる。主語が3人称単数でも s はつかない。　「アキは英語で手紙を書くことができる」

(11)‘a few＋数えられる名詞’で「いくらかの～，少しの～」という意味を表す。‘a little＋数えられない名詞’との区別に注意。　「かばんに小銭が数枚ある」

(12)動詞 invite「～を招待する」の目的語なので，目的格(「～を」の形)が適切。　we－our－us－ours　「彼女が私たちを招待しなかったので，私たちは彼女の誕生日パーティーには行けない」

(13)空所の前後が文の形になっているので，接続詞が入る。「～する前に」という意味を表す before が適切。　「私はいつも寝る前に勉強をする」

(14)「この動物は何と呼ばれているか」という意味になると判断できる。「何」は what で表せる。　「この動物はドイツで何と呼ばれていますか」

(15)A：手伝いに来てくれる？／B：ごめん，できないよ。まだ宿題が終わってないんだ。//過去分詞 finished と文末の yet「まだ」から，‘have/has＋過去分詞’の現在完了の‘完了’用法の文とわかる。「宿題が終わっていない」から手伝えないのである。

(16)適切な関係代名詞を選ぶ。先行詞の the letter が動詞 gave の目的語となる he gave you the letter という関係が成り立つ。　「これは彼が昨日あなたにあげた手紙ですか」

(17)in front of ～ で「～の前に〔で〕」という意味を表す。　「私は教室の前で待っているところだ」

(18)‘keep＋目的語＋形容詞’で「～を(…の状態)にしておく，保つ」という意味を表す。　「彼は自分の部屋をきれいにしておいた」

3〔整序結合〕

(19)文頭に This is「これは～です」とあるので，「最も大切なこと」を the most important thing と続ける。「すべての中で」は of all。一般に，最上級の文で「～の中で」を表すとき，‘～’が本問のように主語の属する複数名詞または数詞なら of を，‘範囲’を表す単数名詞なら in を用いる。 This is the most important thing of all.

(20)「私は帰宅した」を I went home とする。「学校が終わるとすぐに」は，‘as soon as＋主語＋動詞’「～が…するとすぐに」の形にまとめる。「終わる」は‘be動詞＋over’で表せる。 I went home as soon as school was over.

(21)文の骨組みとなる「人々は幸せです」を people are happy とする。「この町に住んでいる」は「人々」を修飾しているので，‘名詞＋現在分詞＋語句’（現在分詞の形容詞的用法）を用いて，people living in this town とする。 People living in this town are happy.

(22)文の骨組みとなる「ケンは部屋を出ていった」を Ken left the room とする。「何も言わずに」は，without ～ing「～しないで」を用いて表す。 Ken left the room without saying anything.

4〔長文読解総合―会話文〕

≪全訳≫❶私の名前はマリエです。私は今日，母とスーパーに行きました。母がマイバッグを持っていくのを忘れてしまったので，店のレジ袋を買わなくてはなりませんでした。そのとき，なぜ今はレジ袋にお金を払わなければいけないのだろうと思いました。以前は無料だったのに！❷**母(Mo)**：もしレジ袋代を払わなければ，海の魚が死んでしまうわ。❸**マリエ(Mar)**：魚が死ぬ？ お母さん，どうして？❹**Mo**：うーん，詳しいことは知らないけど…。❺(そのとき店長が通りかかったので，彼にきくことにしました！)❻**Mar**：こんにちは。❼**店長(Man)**：こんにちは，マリエさん。今日はどんなご用件でしょう？❽**Mar**：レジ袋を買わなければならないのは，そうしないと魚が死ぬからだと母が言うんです。本当ですか？❾**Man**：はい。❿**Mar**：では，レジ袋代を払えば，魚は死なないんですか？⓫**Man**：いえ，というよりも，レジ袋の使用を減らそうということなんです。ほら，ペットボトルやテイクアウト容器のようなプラスチック製品は，海洋ごみになりますよね。⓬**Mar**：それは違います！ ペットボトルはリサイクルされると先生が教えてくれました。セーターになるんですよ！⓭**Man**：あなたは優秀な生徒ですね！ 確かに今はプラスチックをリサイクルしています。先生が言ったとおり，使用済みのプラスチックから衣服をつくることができます。プラスチックを燃やして発電することもできますね。でも，ただ廃棄されるだけのプラスチックごみが大量にあるんです。その後，それらが海で見つかるのです。⓮**Mar**：それは知りませんでした。⓯**Man**：これはほんの一例ですが，ウミガメはレジ袋をクラゲと思ってしまい，食べてしまうことがあるんです！⓰**Mar**：そんな！⓱**Man**：レジ袋はウミガメの胃の中にとどまるので，ウミガメは満腹になったと思い食べるのをやめてしまいます。そしてしばらくすると，食べないので死んでしまうんです。⓲**Mar**：それはとても悲しいですね。⓳**Man**：マリエさん，マイクロプラスチックについて聞いたことがありますか？⓴**Mar**：いいえ。㉑**Man**：それはとてもとても小さなプラスチックで，長さが５ミリメートル未満のものもあります。レジ袋は日光や風や波によって小さく分解されます。それらがマイクロプラスチックになるんですよ。㉒**Mar**：それもウミガメを殺してしまうのですね？㉓**Man**：はい，カメだけではありません。今やマイクロプラスチックは海中のいたるところに存在しています。それで，魚が食事をしたり，呼吸をしたりするときにさえ，マイクロプラスチックが魚の体内に取り込まれてしまうのです！㉔Mar：恐ろしい！㉕Man：それは人間にとっても悪いことなんですよ。魚は好きですか？㉖Mar：はい，おすしが大好きです！㉗Man：もしその魚がマイクロプラスチックを食べていたとしたら…。㉘Mar：(5)それは私の体内にもある！㉙Man：そのとおり。だから「３R」が大切なんです。㉚Mar：「３R」？　それは何ですか？㉛Man：「リデュース，リユース，リサイクル」です。私たちは確実にゴミを減らす必要があるのです。だから私たちはお客さまにレジ袋の代金をお願いしているのです。㉜Mar：母はきっと忘れずにマイバッグを持ってくると思います！㉝Mo：マリエ，私はあなたたちの会話を聞いていたわよ。

問１＜英文解釈＞この前で，マリエがなぜレジ袋にお金を払う必要があるのかと疑問を呈していることから，下線部はそれを受けての発言だと考える。

問２＜適語句選択＞第13段落終わりの２文参照。「プラスチックごみが海で見つかる」と言っている。魚やウミガメの話をしていることからも判断できる。

問３＜指示語＞ペットボトルはリサイクルされていると反論するマリエに対し，店長は，廃棄プラスチックは大量にあり，海洋ごみになると述べている。マリエはそのことを知らなかったのである。第13段落終わりの２文の内容をまとめればよい。

問４＜要旨把握＞第21～23段落参照。マイクロプラスチックは海洋生物にも害となるので，③「マイクロプラスチックは海中のものにはよいが，人間にとってはよくない」は正しくない。

問５＜適文選択＞マイクロプラスチックを食べた魚を人が食べたらどうなるかを考える。

問６＜英問英答＞「なぜ店のレジ袋にお金を払う必要があるのか」―「確実にごみを減らす必要があるから」　第31段落参照。why で理由を問われているので，because を使って答えるとよい。

５〔**長文読解総合―物語**〕

≪全訳≫❶ポーシャは夫が欲しいと思っていたが，父の遺言により好きな人を夫に選ぶのを止められていたので不満だった。その遺言は，同時に，彼女が好きではない人を拒否することも禁じていた。父は，娘に求愛しに来る男性に対して，一種のゲームを用意していた。３つの箱があった。それぞれの箱には何か書かれていた。求婚者は皆，箱を１つ選ばなければならなかった。ポーシャの父は，娘にふさわしい男性は３つの箱の意味を理解して正しい箱を選ぶだろうと考えていた。正しい箱を選んだ男性はポーシャと結婚できるが，間違った箱を選んだ男性は，決して誰とも結婚できないだろう。❷最初の求婚者はイタリアの王子だった。彼はいつもネコの話をするので，ポーシャは彼が好きではなかった。彼はネコ以外のことは何も知らないようだったし，他には何も興味がなかった。ポーシャはネコが好きでなかった。❸２番目の求婚者は伯爵だった。彼はいつも悲しそうだったり，怒って見えたりしたので，ポーシャは彼が好きではなかった。彼は決して幸せそうには見えず，年をとったら彼女にとってとても不幸な夫になるのではないかとポーシャは恐れた。❹３番目の求婚者はフランス人の貴族だった。彼は自分自身の考え方を持っていなかったので，ポーシャは彼も好きではなかった。彼は会う人ごとに彼らと同じであろうとしていた。これでは20人の夫を持つようなものだと彼女は思い，彼のことを全く好きになれなかった。❺次の求婚者はイングランドの男爵だった。彼は何も勉強したことがなかったので，ポーシャは彼が好きではなかった。彼はラテン語もフランス語もイタリア語もわからなかったので，彼女は彼としゃべることができなかった。彼女は自分と話すことのできる夫が欲しかった。❻ドイツ人の侯爵は，常にワインを飲んでいたので，最悪だった。彼は最もよい状態でも人間には劣るし，最も悪い状態なら動物並みだとポーシャは思った。ポーシャは彼が箱を選びたいと申し出ないよう願った。というのは，もし彼が正しい箱を選んだら，彼と結婚しなければならないからだ。**7**しかしながら，これらの男性のうち，箱を選ぶほど勇敢な者は１人もいなかった。彼らはリスクが大きすぎると考えたのだ。**8**ポーシャは父の生前，スペインからバサーニオという青年が彼女たちを訪ねてきたことを思い出した。彼女は彼が大好きだった。彼は勇敢で，おもしろくて，ハンサムだとポーシャは思っていた。彼がポーシャに求愛し，勇敢にも箱を選んでくれることを彼女は願っていた。おそらく彼なら正しい箱を選び，彼女を妻にするだろう。ところが，彼女はモロッコの王子が求愛しに来るという知らせを受け取った。**9**「もうたくさん！」と彼女は言った。彼女は求婚者にうんざりしていた。父は非常に難しい問題を出したのだと彼女は思った。もし求婚者の１人が箱を選ぶだけの勇敢さを持ち，正しい箱を選んだなら，彼女は彼を好きであろうがなかろうが，彼と結婚しなければならない。もし彼が間違った箱を選んだなら，たとえ彼女が彼のことを好きであっても結婚することはできない。

問１＜指示語＞この one は前に出ている名詞の代わりのはたらきをする代名詞。不特定の‘人’や‘物’を指し，‘a(n)＋名詞’で置き換えられる。文脈から，この one は前文にある one と同じで，その前にある a husband の代わりとなっていることが読み取れる。

問２＜語句解釈＞ゲームの内容は，次の文以降に書かれている。　a kind of ～「一種の～」

問３＜要旨把握＞(28)第６段落第１文参照。この内容に合うのは，④「彼はワインを飲むのが大好きだった」。　(29)be poor at ～ で「～が苦手だ」という意味を表す。「彼は勉強するのが苦手だった」という特徴に合うのは，③「イングランドの男爵」である(第５段落参照)。

問４＜英問英答＞「ポーシャは誰と結婚したかったか」―「彼女はバサーニオと結婚したかった」第８段落参照。

問５＜内容真偽＞①「ポーシャは好きではない求婚者を拒否することができた」…×　第１段落第２文参照。　‘stop … from ～ing’「…が～するのを妨げる，…が～しないようにする」　②「ポーシャは父の考えに感謝していた」…×　第１段落第１文および最終段落第３文参照。　③「ポーシャは外国を訪問するのを楽しみにしていた」…×　そのような記述はない。　④「ポーシャは求婚者に会うのが楽しくなかった」…○　最終段落第１，２文の内容に合致する。　be tired of ～「～にうんざりする〔飽きる〕」

2022年度／花咲徳栄高等学校（第１回）

数学解答

1 (1) 1　(2) 2…1　3…2
(3) 4…2　5…1　6…5　(4) 3
(5) 8…3　9…8
(6) 10…6　11…8
(7) 12…0　13…2　14…5
(8) 15…4　16…3　17…3　18…6

2 (1) 1
(2) 20…1　21…2　22…1　23…1
24…4

3 (1) 25…1　26…7　27…1　28…3
(2) 29…2　30…1　31…3

4 (1) 32…6　33…1
(2) 34…②　35…①

5 (1) ①　$16cm^3$　②　$\frac{21}{5}$　③　$2\sqrt{3}$
(2) ①　3　②　1607

1〔独立小問集合題〕

(1)＜数の計算＞与式$=1-2-(-2)=1-2+2=1$

(2)＜数の計算＞$b-3a=3-3\times2=3-6=-3$だから，与式$=(-3)^2-(-3)=9+3=12$となる。

(3)＜二次方程式＞解の公式より，$x=\frac{-(-1)\pm\sqrt{(-1)^2-4\times1\times(-1)}}{2\times1}=\frac{1\pm\sqrt{5}}{2}$となる。

(4)＜関数―比例定数＞関数$y=ax^2$において，yの変域が$0\leqq y\leqq27$となるので，$a>0$である。これより，xの絶対値が大きいほどyの値は大きくなるので，xの変域が$-3\leqq x\leqq2$より，絶対値が最大の$x=-3$のとき，yは最大の$y=27$である。よって，$27=a\times(-3)^2$が成り立ち，$a=3$となる。

(5)＜数の性質＞$300000000=3\times100000000$であり，$100000000=10^8$だから，300000000mは，$3\times10^8$mとなる。

(6)＜平面図形―角度＞右図１のように，５点Ａ～Ｅを定め，点Ｃを通り直線ABに平行な直線上の点Ｃより右に点Ｆをとる。AB∥CFより錯角が等しいから，$\angle BCF=\angle ABC=28^\circ$であり，$\angle FCD=\angle BCD-\angle BCF=96^\circ-28^\circ=68^\circ$となる。よって，CF∥EDより錯角が等しいから，$\angle x=\angle FCD=68^\circ$となる。

図１
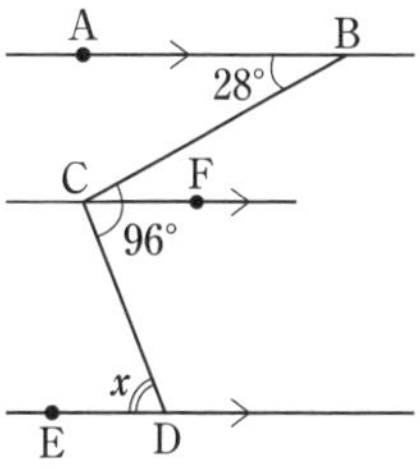

(7)＜データの活用―相対度数＞生徒の人数が40人なので，中央値は，得点を小さい順に並べたときの20番目と21番目の平均値となる。40点未満の人数が$4+9=13$（人），60点未満の人数が$13+10=23$（人）より，20番目と21番目の得点はともに40点以上60点未満の階級に含まれるので，中央値もこの階級に含まれる。この階級の度数は10人だから，求める相対度数は$\frac{10}{40}=0.25$である。

(8)＜平面図形―面積＞右図２で，斜線部分の面積の合計は，△OAC－〔おうぎ形OAB〕＋△OABで求められる。△OABが正三角形より，$\angle AOB=60^\circ$であり，ACが点Ａにおける半円の接線より，$\angle OAC=90^\circ$だから，△OACは３辺の比が$1:2:\sqrt{3}$の直角三角形である。これより，$AC=\sqrt{3}OA=\sqrt{3}\times1=\sqrt{3}$だから，$\triangle OAC=\frac{1}{2}\times OA\times AC=\frac{1}{2}\times1\times\sqrt{3}=\frac{\sqrt{3}}{2}$となる。また，おうぎ形OABの面積は$\pi\times1^2\times\frac{60^\circ}{360^\circ}=\frac{\pi}{6}$となる。点ＢからOAに垂線BHを引くと，△OHBも３辺の比が$1:2:\sqrt{3}$の直角三角形となるので，$BH=\frac{\sqrt{3}}{2}OB=\frac{\sqrt{3}}{2}\times1=\frac{\sqrt{3}}{2}$であり，$\triangle OAB=\frac{1}{2}\times OA\times$

図２
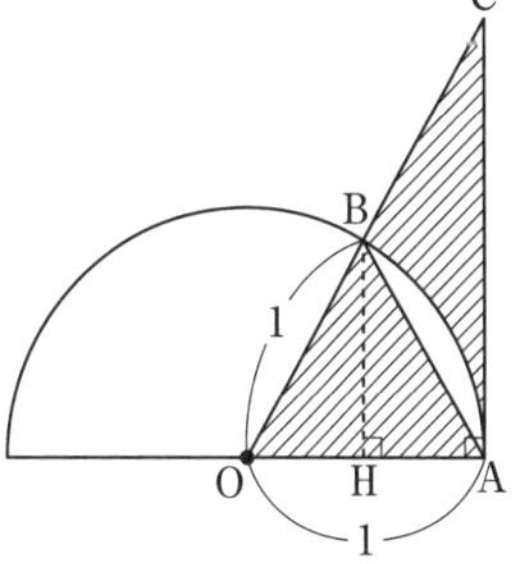

$BH=\frac{1}{2}\times1\times\frac{\sqrt{3}}{2}=\frac{\sqrt{3}}{4}$ となる。以上より，斜線部分の面積の合計は $\frac{\sqrt{3}}{2}-\frac{\pi}{6}+\frac{\sqrt{3}}{4}=\frac{3\sqrt{3}}{4}-\frac{\pi}{6}$ である。

2〔関数—関数 $y=ax^2$ と一次関数，比例のグラフ〕

(1)<**比例定数**>B(2，4)は放物線 $y=ax^2$ 上にあるから，$4=a\times2^2$ より，$a=1$ となる。

(2)<**傾き，切片，座標，面積**>右図で，直線 $y=mx+n$ は，2点A(−1，1)，B(2，4)を通るので，傾きは $m=\frac{4-1}{2-(-1)}=1$ である。直線②の式は $y=x+n$ と表せ，点Bを通ることより，$4=2+n$，$n=2$ となる。(1)より，放物線の式は $y=x^2$ であり，$m=1$ より，直線①の式は $y=x$ である。点Cは放物線 $y=x^2$ と直線 $y=x$ の交点だから，この2式より，$x^2=x$，$x^2-x=0$，$x(x-1)=0$　$\therefore x=0，1$　よって，点Cの x 座標は1であり，$y=1$ となるから，C(1，1)である。次に，2点A，Cを結ぶ。2点A，Cの y 座標はともに1だから，ACは x 軸と平行であり，AC＝1−(−1)＝2となる。△OACで底辺を辺ACと見ると，点Aの y 座標より高さは1だから，$\triangle OAC=\frac{1}{2}\times2\times1=1$ となる。△BACの底辺を辺ACと見ると，2点B，Cの y 座標より高さは $4-1=3$ だから，$\triangle BAC=\frac{1}{2}\times2\times3=3$ となる。したがって，〔四角形OABC〕＝△OAC＋△BAC＝1＋3＝4である。

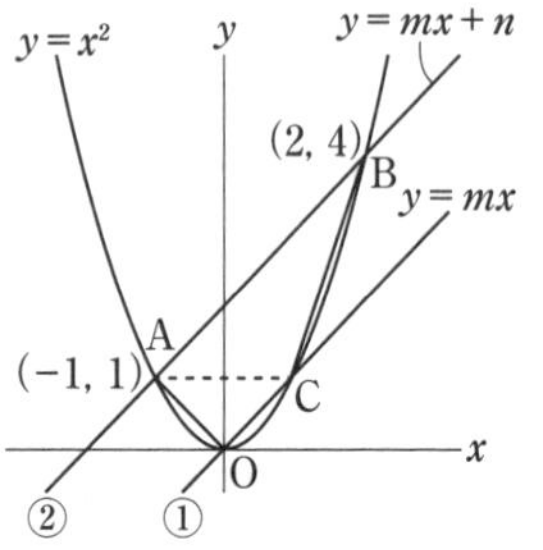

3〔独立小問集合題〕

(1)<**連立方程式の応用**>63円の切手を x 枚，84円の切手を y 枚買うとすると，合わせて30枚だから，$x+y=30$……①である。また，合計金額が2163円だから，$63x+84y=2163$……②が成り立つ。②より，$3x+4y=103$……②′　①×4−②′より，$4x-3x=120-103$　$\therefore x=17$　これを①に代入して，$17+y=30$　$\therefore y=13$　よって，63円切手は17枚，84円切手は13枚である。

(2)<**一次方程式の応用**>x 年後にBさんの年齢がAさんの年齢の半分になるとする。x 年後のAさんの年齢は $41+x$ 歳，Bさんの年齢は $10+x$ 歳だから，$10+x=(41+x)\times\frac{1}{2}$ が成り立つ。両辺を2倍して解くと，$20+2x=41+x$ より，$x=21$(年)後となる。また，y 年後にAさんの年齢がBさんとCさんの年齢の和の2倍になるとする。y 年後のAさんの年齢は $41+y$ 歳，Bさんの年齢は $10+y$ 歳，Cさんの年齢は $6+y$ 歳だから，$41+y=\{(10+y)+(6+y)\}\times2$ が成り立つ。これを解くと，$y=3$(年)後となる。

4〔データの活用—確率—さいころ〕

(1)<**確率**>さいころを2回投げるとき，目の出方は全部で6×6＝36(通り)あるから，a，b の組も36通りある。このうち，$a=b$ となるのは，$(a,\ b)$＝(1，1)，(2，2)，(3，3)，(4，4)，(5，5)，(6，6)の6通りだから，求める確率は $\frac{6}{36}=\frac{1}{6}$ となる。

(2)<**確率が一番高い条件，低い条件**>a と b の積が奇数となるのは，a，b がともに奇数の場合だから，$(a,\ b)$＝(1，1)，(1，3)，(1，5)，(3，1)，(3，3)，(3，5)，(5，1)，(5，3)，(5，5)の9通りある。b が a でわり切れるのは，b が a の倍数の場合だから，$a=1$ のとき $b=1$，2，3，4，5，6の6通りあり，$a=2$ のとき $b=2$，4，6の3通り，$a=3$ のとき $b=3$，6の2通り，$a=4$ のとき $b=4$ の1通り，$a=5$ のとき $b=5$ の1通り，$a=6$ のとき $b=6$ の1通りある。よって，6＋3＋2＋1＋1＋1＝14(通り)ある。$10a+b$ は十の位の数が a，一の位の数が b の2けたの整数を表すので，$10a$

$+b$ が3の倍数となるのは，$(a,\ b)=(1,\ 2)$，$(1,\ 5)$，$(2,\ 1)$，$(2,\ 4)$，$(3,\ 3)$，$(3,\ 6)$，$(4,\ 2)$，$(4,\ 5)$，$(5,\ 1)$，$(5,\ 4)$，$(6,\ 3)$，$(6,\ 6)$ の12通りある。$5a<4b$ を満たす場合は，$a=1$ のとき，$5<4b$ より，$b=2,\ 3,\ 4,\ 5,\ 6$ の5通りあり，$a=2$ のとき，$10<4b$ より，$b=3,\ 4,\ 5,\ 6$ の4通り，$a=3$ のとき，$15<4b$ より，$b=4,\ 5,\ 6$ の3通りある。以下同様にして，$a=4$ のとき $b=6$ の1通りあり，$a=5,\ 6$ のときはない。よって，$5a<4b$ となる a，b の組は $5+4+3+1=13$(通り)ある。以上より，条件を満たす a，b の組が最も多いのは b が a でわり切れる場合，最も少ないのは a と b の積が奇数になる場合だから，確率が一番高くなるのは②，一番低くなるのは①である。

5〔独立小問集合題〕

(1)**＜空間図形―体積，長さ＞**①右図で，$x=4$ のとき，直方体ABCD-EFGHの体積は $2\times4\times2=16(\mathrm{cm}^3)$ である。　②右図で，直方体ABCD-EFGHは，1辺が2cmの正方形2つと，縦，横が2cm，x cmの長方形4つでできているから，表面積は，$(2\times2)\times2+(2\times x)\times4=8+8x$ と表せる。表面積が $41.6\mathrm{cm}^2$ なので，$8+8x=41.6$ が成り立ち，$x=\dfrac{21}{5}(\mathrm{cm})$ となる。

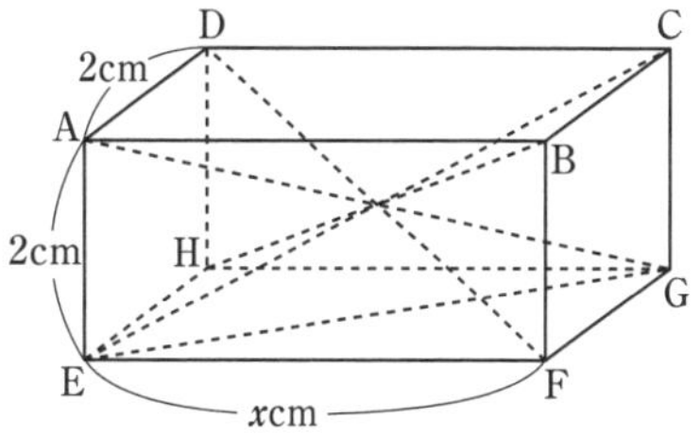

③右上図で，線分AG，BH，CE，DFはいずれも直方体ABCD-EFGHの対角線だから，$\mathrm{AG}=\mathrm{BH}=\mathrm{CE}=\mathrm{DF}$ である。よって，$\mathrm{AG}+\mathrm{BH}+\mathrm{CE}+\mathrm{DF}=8\sqrt{5}$ より，$\mathrm{AG}=8\sqrt{5}\div4=2\sqrt{5}$ となる。△AEGは∠AEG＝90°の直角三角形なので，三平方の定理より，$\mathrm{EG}^2=\mathrm{AG}^2-\mathrm{AE}^2=(2\sqrt{5})^2-2^2=16$ となる。さらに，△EFGは∠EFG＝90°の直角三角形だから，三平方の定理より，$x=\mathrm{EF}=\sqrt{\mathrm{EG}^2-\mathrm{FG}^2}=\sqrt{16-2^2}=\sqrt{12}=2\sqrt{3}(\mathrm{cm})$ となる。

(2)**＜方程式―解の利用＞**① $2y-3z=12$……㋐，$3y-4z=17$……㋑とする。㋑×2－㋐×3より，$-8z-(-9z)=34-36$　$\therefore z=-2$　これを㋐に代入して，$2y+6=12$，$2y=6$　$\therefore y=3$　よって，$b=\sqrt{(y+z)(y-z)+z^2}=\sqrt{\{3+(-2)\}\{3-(-2)\}+(-2)^2}=\sqrt{1\times5+4}=\sqrt{9}=3$ となる。　②二次方程式 $x^2-14x-95=0$ を解くと，$(x+5)(x-19)=0$ より，$x=-5,\ 19$ となる。大きい方の解は $x=19$ だから，$a=19$ である。よって，$a^{b-1}=19^{3-1}=19^2=361$ だから，a^{b-1} を b でわると，$361\div3=120$ あまり1より，$c=1$ である。したがって，$100(a-b)+7c=100\times(19-3)+7\times1=1607$ となる。

国語解答

一

問一　④[1]　問二　②[2]

問三　３…③　４…②　５…④　６…①

問四　①[7]　問五　③[8]

問六　・思いがけないアドバイスに驚いた
・返事も聞いていない鶴岡くんへの告白を「過去」にしてしまうので，納得できない。（38字）

問七　②[9]　問八　④[10]

二

問一　(1)　にぶ　(2)　てきしゅつ
(3)　遺跡　(4)　喚起　(5)　肯定

問二　④[11]　問三　③[12]　問四　②[13]

三

問一　④[14]　問二　②[15]　問三　①[16]

問四　②[17]

問五　18…②　19…③　20…①　21…④

問六　［アメリカでは，］貢献度や努力に応じて分配する［のがよいと考えるが，日本では，］みんなに同じように分配する［のがよいと考える。］

問七　③[22]　問八　④[23]

四

問一　④[24]　問二　②[25]　問三　③[26]

五

問一　②[27]

問二　a　単価が高い　b　ケガ

一〔**小説の読解**〕出典；辻村深月『冷たい光の通学路——Ⅱ』（『光待つ場所へ』所収）。

問一＜**心情**＞おととい，紗奈は，勇気を出して鶴岡くんに手紙を書いて渡したが，昨日，鶴岡くんは返事をくれなかった。「好きです，という告白の答えをもらえないことが，きっと返事なのだ」と思っている紗奈は，鶴岡くんに断られるに違いないと後ろ向きな気持ちになっているので，今日の雪道がどこまでも冷たく拒絶的なものに思えたのである。

問二＜**心情**＞紗奈が勇気を出して渡した告白の手紙に，鶴岡くんは返事をくれなかった。鶴岡くんは「こっちを見ない」し「挨拶もしない」ため，紗奈は話しかけることもできなくなってしまい，こんなつらい思いをするのなら告白などしなければよかった，と後悔したのである。

問三＜**表現**＞３．「じわりと」は，少しずつ確実に進行する様子。目に浮かぶ涙に雪が少しずつにじんだのである。　４．「はっと」は，急に気がつく様子。紗奈は，目の前に現れたピンクの傘に気がついたのである。　５．「ぽうっと」は，意識がぼんやりする様子。英語を話す魅力的な先生に，みんなはぼんやり見とれてしまったのである。　６．「フワフワと」は，軽いものが揺れ動く様子。笑って紗奈を見た先生のマフラーが，風に揺れたのである。

問四＜**文脈**＞紗奈が「先生，今日体育中止？」ときくと，先生は，「ダメよ。今日もしっかりやります」と答え，今日も体育をやると聞いた紗奈が，「えー！　どこで？　体育館？」ときくと，先生は，「雪が止んだら，二チームに分かれてやります」と，「ヒント」を出した。紗奈が，口ごもりがちに「……男子も一緒？」ときくと，先生は「うん」とうなずいて，「一緒だよ。嫌？」と問い返した。

問五＜**心情**＞紗奈は，「優しい顔をして自分を覗き込んでくれている」先生に，鶴岡くんに手紙で告白したけれども返事がもらえないという苦しみを「ふいに何もかも打ち明けてしまいたい気持ちに襲われ」た。だが，「先生はひょっとしたら，知ってるんじゃないか。鶴岡くんから，手紙のことを聞いているかもしれない」と思い，「鶴岡くんが自分には何も言わないのに，先生に相談しているところを想像したら」余計に苦しくなったのである。

問六＜**心情**＞「いいこと」だけでなく「嫌なことでも」覚えておくといいという先生の言葉は，紗奈には意外なアドバイスに思われて驚いた。だが，「いつか，思い出せる日が絶対来るから」と言う先生の「思い出す」という言葉に，「紗奈の鶴岡くんへの告白は，返事を聞かないままもう『過去』

になってしまう」のかと引っ掛かり，納得できない思いになったのである。

問七＜心情＞紗奈は，「いいことでも嫌なことでも，どっちでも，よく覚えておくといいよ」「こんなふうに思い出せると思わなかったって自分でも驚くような形で，そのことを振り返る日が必ず来るよ」という先生の言葉に，まだ納得できないでいたが，鶴岡くんに「今日の休み時間，暇？」と言われて，自分が一人で勝手に鶴岡くんに拒否されたと思いつめていたことを知った。先生は「昔，大好きだった男の子と分け合った」金色のピアスを，今でも大切に身につけていて，そのことをきちんと聞かせてくれたことがあった。紗奈は，先生は過去の経験をよく覚えているから自信を持ってアドバイスしてくれるのだろう，と先生への信頼を厚くした。

問八＜表現＞勇気を出した告白を拒絶されたと思い込んで大好きなはずの雪を冷たく感じたが，その思い込みが誤解だったかもしれないとわかると急に雪やその照り返しがあたたかく感じられたなど，紗奈の心の動きが情景に象徴され，少女の繊細な恋心の揺れ動きが描かれている。

二〔国語の知識〕

問一＜漢字＞(1)音読みは「鈍感」などの「ドン」。　(2)「摘出」は，つまみ出すこと。　(3)「遺跡」は，過去の人類の生活，活動の跡のこと。　(4)「喚起」は，呼び起こすこと。　(5)「肯定」は，そのとおりだと認めること。

問二＜敬語＞「お～になる」あるいは「～(ら)れる」が正しい尊敬語なので，「お見えになられる」は二重敬語。「お見えになった」が正しい。

問三＜漢字＞「誕生」は「たんじょう」と読む。「発生」は「はっせい」，「生真面目」は「きまじめ」，「今生」は「こんじょう」，「生薬」は「しょうやく」。

問四＜ことわざ＞「馬の耳に念仏」は，よいことを言い聞かせても効果のないこと。「猫に小判」は，立派な物でも価値がわからないものにとっては値打ちがないこと。「鳩に豆鉄砲」は，突然のことに驚いて目を見張ること。「狼に衣」は，表面は慈悲深そうだが内面は凶悪であること。

三〔論説文の読解─教育・心理学的分野─教育〕出典；渡辺弥生『子どもの「10歳の壁」とは何か？』。

≪本文の概要≫分配における子どもの公正観の発達についての研究結果では，発達段階は，理由なき自己の欲求の主張(０－Ａ)から，欲求に利己的な理由をつけるようになり(０－Ｂ)，いさかいを避けるための厳密な平等性の概念が形成され(１－Ａ)，互恵的概念が発生して貢献度に応じた報酬を理解し始め(１－Ｂ)，あらゆる人の価値は等しいということが理解されるに至り(２－Ａ)，やがて，互恵，平等，公平の真の意味を考えられるようになり，誰もが分配されるべきだという考え方を基本としたうえで，さまざまな人の主張や特殊性を考慮して場面に応じた判断を行うようになる(２－Ｂ)，という６段階に分けられた。私の研究によると，４～９歳までの子どもでは，０－Ａ・Ｂは年齢とともにいなくなるのに代わって，１－Ａ・Ｂ，２－Ａの３段階にまたがり，10歳以降は60％以上が２－Ａ，それ以外は１－Ａ・Ｂに分かれたが，アメリカの結果と比較して，１－Ｂが発達的に増加する傾向は見られなかった。結果の平等性を重視することに価値を置く日本の文化が反映された結果であろう。平等といっても，結果の形式的な均等でなく，それを必要とするできるだけ多くの人に配分するという思考自体が大事だが，大人でもレベルの高い分配の仕方は難しい。

問一＜文章内容＞大人の世界でも「当事者が公平だと受け止められるかどうか」によって，「ずるいとかずるくないといった判断が，未来へのやる気や対人関係に深い影響を及ぼす」ことがあるのだから，ましてや子どもに「ずるい」「ずるくない」のトラブルが多いのは当然である。

問二＜文章内容＞皆より少ない分量の仕事しかしていないのに皆と同じ給料をもらう「彼」のような「ずるい」人がいると仕事にやる気が出ない，という事例は，「ずるい」「ずるくない」が「やる気や対人関係に深い影響を及ぼす」例といえる。

問三＜語句＞「ジレンマ」は，相反する二つの選択肢から一方を選ばなければならず，どちらを選んでも不利益になるおそれがある状態のこと。外出すれば感染症にかかるという不安があり，外出しなければ外出したいという欲求が満たされないという状況は，「ジレンマ」にあたる。

問四＜文章内容＞「状況の特殊性」が理解できるようになるのは２－Ｂ段階だが，「私の研究」では，10歳以降でも２－Ａ，１－Ａ，１－Ｂ段階までしかデータがなく，２－Ｂ段階の子どもはいない。

問五＜文章内容＞18. ０－Ａは，「行動を起こしたい」という「欲求」だけを主張する段階である。 19. １－Ａは，「みんな同じにするべきである」や「けんかしないよう同じがいい」という「平等」性の概念からなる段階である。 20. １－Ｂは，「行動や努力の違いによって分配の差をつける」という「善・悪」の概念が形成される段階である。 21. ２－Ａは，「みんなえらいから」や「せっかくみんな……したから」と，さまざまな人はいるが「人間的価値」は同じなので，必要性を考えて分配したいと考える段階である。

問六＜文章内容＞日本では，アメリカに比べると「貢献度や能力に応じて分けた方がよいと考える１－Ｂ段階が発達的に増加する傾向」は見られず，「絶対に同じがいいという１－Ａ段階の考え方が，年齢が高くなっても依然として一定の割合いるという」結果が出た。これは，「結果の平等性を重視し，みんな同じということに価値を置く日本の文化が反映された結果が見られた」と考えられる。

問七＜文章内容＞最も「レベルの高い分配のしかた」は，２－Ｂの段階の「互恵，平等，公平の真の意味を考え」て，「さまざまな人の主張や状況の特殊性を理解する」という分配方法である。

問八＜要旨＞子どもの頃は「ずるい」「ずるくない」というトラブルがよく見られるが，「大人の世界」にも「ずるいとかずるくないといった判断が，未来へのやる気や対人関係に深い影響を及ぼす」ことがある(１…×)。デーモンの研究は，「子どもを対象とした調査から，公正観の発達段階が６段階あること」を明らかにしたものである(２…×)。「私」の研究からは，「アメリカに比べると，結果の平等性を重視し，みんな同じということに価値を置く日本の文化が反映された結果が見られた」と考えられる(３…×)。日本においては「絶対に同じがいい」という考え方が「年齢が高くなっても依然として一定の割合」おり，「アメリカの結果に比較して，貢献度や能力に応じて分けた方がよいと考える」段階が「発達的に増加する傾向」は見られない(４…○)。

四〔古文の読解―説話〕出典；『古本説話集』第四十五。

≪現代語訳≫今となっては昔のことだが，安倍中麿が，中国に遣唐使として渡ったときに，日本の国のことが，ちょっとしたことにつけても思い出されて，恋しく悲しく思われたので，月がなんとも言えないほど明るい夜に，日本の国の方を眺めて，思いをこらしてよんだ(歌である)，

大空を仰ぎ見ると月が照り輝いている。あの月は昔ふるさとで見たのと同じ月なのだなあ。

と，よんで泣いた。

問一＜古典の知識＞「唐土」は，「もろこし」と読み，中国のこと。安倍中麿は，遣唐使として中国に遣わされた。

問二＜現代語訳＞「えもいはず」は，言葉にできないほど，言うことができないほど，という意味。安倍中麿は，中国へ来てから，「この国」すなわち日本のことが思い出されて悲しんでいた。

問三＜和歌の内容理解＞「天の原」の歌は，故郷の日本に帰りたい，日本が恋しい，なつかしい，という思いをよんでいる。

五〔資料〕

問一.「熱中症予防」に必要なのは水分なので，「ドリンク代」は減らせない。

問二.「救急物品代」は，単価が「800円」と高く，「練習中にケガをしたとき」に使うものなので，部員各自が「ケガ」に気をつけて練習することで消費が抑えられるため，費用削減の対象になる。

2022年度 花咲徳栄高等学校（第２回）

【英　語】（50分）〈満点：100点〉

1

放送を聞いて答える問題

問題は、No.1～No.7の全部で7題あり、放送はすべて英語で行われます。放送される内容についての質問にそれぞれ答えなさい。No.1～No.6は、質問に対する答えとして最も適切なものを、①～④の中から1つずつ選び、その番号を(1)～(8)にマークしなさい。No.7は、それぞれの質問に対する答えを記述用解答用紙に英語で答えなさい。放送中メモを取ってもかまいません。各問題について英語は2回ずつ放送されます。

【No.1～No.3】

Listen to each talk, and choose the best answer for each question.

(1) No.1

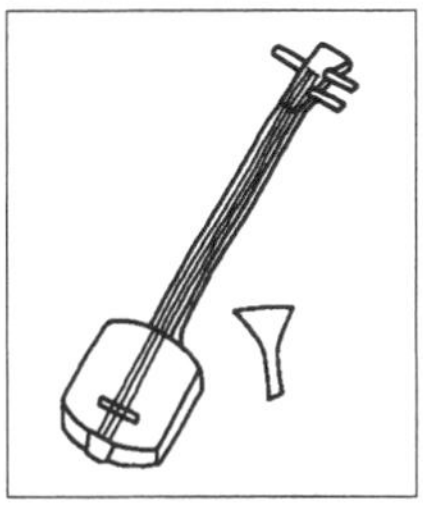

①

②

③

④

(2) No.2

①

②

③

④

(3) No.3

	平日	土日祝
2時	40	30
3時	10　50	30　50
4時		

①

	平日	土日祝
2時	40	30
3時	00　40	20　50
4時		

②

	平日	土日祝
2時	40	30
3時	10　50	20　50
4時		

③

	平日	土日祝
2時	40	30
3時	00　40	30　50
4時		

④

【No.4, No.5】

Listen to each situation, and choose the best answer for each question.

(4) No.4

① Is it an interesting book?
② Can I read the book?
③ Are you reading the book?
④ What book do you like?

(5) No.5

① Sorry, I want to see another one.
② Sorry, I don't like to see movies.
③ Sure. I haven't seen it yet.
④ Sure. I have to go home now.

【No.6】

Listen to the speech of Emma, a student from America, and choose the best answer for questions 1, 2 and 3.

(6) Question 1

① For one year.
② Three months ago.
③ Last April.
④ Last week.

(7) Question 2

① Reading and writing *kanji*.
② Learning how to speak Japanese.
③ Teaching English to Hiroshi.
④ Studying at school in Japan.

(8) Question 3

① She wants to make many friends in Japan.
② She wants to write her name in *kanji*.
③ She wants to learn how to speak Japanese.
④ She wants to learn many different languages.

【No.7】

Listen to the talk between Naomi and David, and read the questions. Then write the answer in English for questions 1, 2 and 3.

Question 1	: When did David come to Japan?
Answer	: He came to Japan last (　　　　　　　　　).
Question 2	: What will David do for his family in his country?
Answer	: He will cook (　　　　　　　　　) for them.
Question 3	: Where is the flower shop?
Answer	: It is (　　　　　　　　　).

※　放送を聞いて答える問題の放送文は，英語の問題の終わりに付けてあります。

2　次の英文の(　　　)に入るべき語(句)を選び、その番号をマークしなさい。

(9) I am (　　　) as Tom.
① taller　② tallest　③ the tallest　④ as tall

(10) I have two cars. One is for work and (　　　) is for home.
① the others　② another　③ one　④ the other

(11) This coffee is so hot (　　　) I can't drink it.
① because　② what　③ that　④ how

(12) You are too late. The game (　　　) thirty minutes ago.
① finish　② finishes　③ finished　④ was finishing

(13) I enjoyed (　　　) golf.
① play　② playing　③ to play　④ played

(14) The shop opens (　　　) seven thirty.
① at　② from　③ on　④ in

(15) I have never (　　　) to Kyushu.
① visited　② stayed　③ had　④ been

(16) Ben is (　　　) at French because he lived in France.
① like　② good　③ interested　④ speaking

(17) Will you let me (　　　) your new address?
① known　② knowing　③ know　④ to know

(18) I have a friend (　　　) is a famous musician.
① which　② whose　③ what　④ who

3 (　　　)内の語(句)を並べかえ、(　　　)内で４番目になるものの番号をマークしなさい。ただし、文頭に来る語も小文字にしてあります。

(19) 私は先生にいくつか質問をされた。
(① by the teacher　② asked　③ I　④ was　⑤ some questions).

(20) 宿題をするのに20分かかるだろう。
It (① do　② to　③ twenty minutes　④ will　⑤ take) your homework.

(21) 私は彼に何を言えばいいのか分からなかった。
I didn't (① what　② tell　③ should　④ know　⑤ I) him.

(22) リサはその店で何か食べる物を買った。
Lisa (① to　② bought　③ something　④ at　⑤ eat) the store.

4 次の英文を読んで、問１～問６に答えなさい。

Winter was *approaching. Jason was excited for the coming season. It was his favorite time of a year. He loved the cold weather and snow. Jason lived in New York. During winter it would snow in New York. [1] He always played in the snow, even as an adult. Jason would gather his family and friends at the park. There, they had snowball fights. It was a lot of fun.

His favorite holiday Christmas was in winter. (1) This was another reason why winter was Jason's favorite season. Every year, he bought presents for his friends and family. Jason loved seeing the look on their faces when they *unwrapped their Christmas presents. [2] Jason loved everything about Christmas. He enjoyed *caroling. He loved singing Christmas music. He loved kissing his wife under the *mistletoe. He loved drinking sweet *eggnog. Jason sometimes even dressed up as Santa Claus for fun, and entertained his nephews. [3]

Winter also came at the end of a year. New Year's Day would come after Christmas. Jason also loved this holiday. [4] It was a day to *celebrate the new year to come, while *reflecting on the past one. Jason always made New Year's *resolutions. Every year he made a new resolution. This year he promised to go skydiving. Last year, he promised himself to lose twenty pounds. Jason always kept his New Year's resolution. He lost twenty pounds in three months. (2) This year was no exception. He planned to *sign up for skydiving lessons in January of next year.

Jason could not stop thinking about winter. He could not wait for it to come. It was going to be the best winter yet. Jason needed to wait five more months because it was (3).

〔注〕approach 近づく　unwrap ~ ~を開ける　carol 聖歌を歌う
mistletoe ヤドリギ(植物)　eggnog エッグノッグ(飲料)　celebrate ~ ~を祝う
reflect on ~ ~を振り返る　resolution 決意　sign up 契約する

問1　以下の文を補うのに最も適切な箇所を本文中の [1]～[4] から選び、その番号を(23)にマークしなさい。

It was better to give than to receive, Jason thought.

問2　下線部(1)の内容を日本語で答えなさい。

問3　下線部(2)の意味に最も近いものを選び、その番号を(24)にマークしなさい。

① 今年は努力をしない。　② 今年も問題ではない。
③ 今年は無理をしない。　④ 今年も例外ではない。

問4　(3)にあてはまる最も適切なものを選び、その番号を(25)にマークしなさい。

① May　② July　③ October　④ December

問5　本文の内容と合うものを選び、その番号を(26)にマークしなさい。

① Jason loved staying inside in winter.
② Jason never dressed up as Santa Claus.
③ Jason liked both Christmas and New Year's Day.
④ Jason gave up losing his weight.

問6　ある日、Jasonが友人宛にメールを送りました。本文の内容に合うように、(　　)に適切な3語以上の英語を入れ、メールを完成させなさい。

Dear my friends, Hi! Winter has come!! It snowed a lot yesterday. As usual, I am planning to (　　) at the park this Sunday. Let's have fun together! Jason

5 次の英文を読んで、問1～問6に答えなさい。

An amusement park is an outdoor area with games, rides and shows. They are spread over a large area, often many square kilometers. Young and old visitors can enjoy many types of attractions. They can go high up in the air in a *Ferris wheel, drive a go-cart or ride on merry-go-rounds. Amusement parks offer not only green areas with *grass to sit down or relax but also restaurants and bars to eat and drink.

Most amusement parks have a *fixed location. Some of them are open *all year round, (1). Today, amusement parks have been *replaced by theme parks. These places *focus on a special topic of history or natural life. The first theme park, Disneyland, opened in California in 1955.

In the *Middle Ages, a singer or musician walked around and sang in open areas. Entertainers gathered in a town field or a market square. After a few days, they went to another town. They often performed in tents and offered food and entertainment. Moreover, visitors could see circus artists perform or have their *portrait painted by street painters.

The first real amusement parks came out of *fairs and public gardens in Europe in the 16th century. Later on, amusement parks in fixed locations developed in larger cities. *The Prater in Vienna was the starting point for many amusement parks in other places. The first amusement park in the United States was built on Coney Island, in New York City. For a long time, it was the world's biggest attraction, with bars, souvenir shops, rides along a long beach. After its peak in the 1920s, the amusement area's *popularity went (2).

After World War II, bigger amusement parks started developing in Europe and other continents. *Up to the end of the twentieth century European parks are small *compared to American (3) ones. The first large theme park in Europe was Euro Disneyland, which opened in Paris in 1992. In Japan, an Asian version of Disneyland opened in 1983. In Denmark, Legoland *features very small buildings and attractions built out of the world-famous Lego plastic *bricks.

Rides are the greatest attractions of amusement parks. By the 19th century many entertainment parks had merry-go-rounds. They began to become popular during the Middle Ages *tournaments that *knights fought against each other. Later on, (4) were added to the attractions of amusement parks. They featured *steep drops from *high altitudes. As early as the 17th century, (4) came from Russian ice slides that were built for the people.

Today, almost every amusement park has a Ferris wheel. The first original Ferris wheel in the United States was built for the Chicago Show in 1893. It *allowed visitors to rise to about 80 meters. Today, Ferris wheels are not only built in amusement parks but in other places. London Eye, for example, is built on the *Thames River and gives visitors a wonderful view of London.

〔注〕Ferris wheel 大観覧車　grass 芝生　fixed 固定した　all year round 一年中
replace ～ ～に取って代わる　focus on ～ ～に注目する　Middle Ages 中世
portrait 肖像画　fair 博覧会（産業振興目的で催される会）
The Prater in Vienna ウィーンのプラーター公園　popularity 人気
up to ～ ～まで　compared to ～ ～と比べると　feature ～ ～を売りにする
brick 積み木　tournament 馬上試合　knight 騎士　steep drop 急降下
high altitude 高所　allow ～ to … ～に…させる　Thames River テムズ川

問1　（　1　）にあてはまる最も適切なものを選び、その番号を(27)にマークしなさい。

① other parks have a lot of attractions
② others only during the warmer season
③ another season will be closed
④ any other amusement park will be open

問2　英文の内容に関する次の質問に、英語で答えなさい。

Where was the first amusement park in the U.S. built?

問3　（　2　）にあてはまる最も適切なものを選び、その番号を(28)にマークしなさい。

① down　② up　③ across　④ on

問4　下線部(3)が表す1語を本文中から抜き出しなさい。

問5　（　4　）にあてはまる最も適切なものを選び、その番号を(29)にマークしなさい。

① teacups　② roller coasters　③ seesaws　④ sandboxes

問6　本文の内容と合うものを選び、その番号を(30)にマークしなさい。

① Amusement parks have restaurants, bars, and green areas.
② A singer or musician could see circus artists perform in a town field or a market square.
③ The first real amusement park was Euro Disneyland and it opened in Paris in 1992.
④ All of the amusement parks have a Ferris wheel to make visitors happy.

＜放送を聞いて答える問題放送文＞

これから「放送を聞いて答える問題」を始めます。

問題用紙の第１ページ，第２ページを見てください。問題は，No. 1 ～ No. 7 の全部で７題あり，放送はすべて英語で行われます。放送される内容についての質問にそれぞれ答えなさい。No. 1 ～ No. 6 は，質問に対する答えとして最も適切なものを，①～④の中から１つずつ選び，その番号を(1)～(8)にマークしなさい。No. 7 は，それぞれの質問に対する答えを記述用解答用紙に英語で答えなさい。放送中メモを取ってもかまいません。各問題について英語は２回ずつ放送されます。では，始めます。

Look at No. 1 to No. 3 on page 1. Listen to each talk, and choose the best answer for each question. Let's start.

No. 1

A : Happy birthday, Mike. This is for you.

B : Thank you. Oh, this is a traditional Japanese thing. It is used when it's hot, right?

A : Yes. My mother always uses it in summer.

B : This is really nice. Thank you, Kumi.

Question What did Kumi give Mike?

No. 2

A : I visited Bill yesterday. He lives in a beautiful house.

B : Really? Is it a big house?

A : Yes. His house stands between two tall trees. They are taller than his house.

B : I see. If you visit him again, I want to go with you.

Question Which is Bill's house?

No. 3

A : Look. We can take the bus at three ten.

B : No. Today is Sunday, so it doesn't come at that time.

A : Oh, I see. When will the next bus come?

B : Well, it is three o'clock now. So we have to wait for twenty minutes.

Question Which picture shows this?

Look at No. 4 and No. 5 on page 2. Listen to each situation, and choose the best answer for each question. Let's start.

No. 4

Yumi and Saki like reading books. Yumi has just finished reading a book. She says to Saki, "This book is very interesting." Saki wants to read it.

Question What does Saki say to Yumi?

No. 5

Kenta and Meg are friends. They sometimes go to the movies together. Meg says she wants to see a movie with Kenta today. But he saw it with his family last week.

Question What does Kenta say to Meg?

Look at No. 6. Listen to the speech of Emma, a student from America, and choose the best answer for questions 1, 2 and 3. Let's start.

Hello, everyone. My name is Emma Brown. I came from America last week. I'm going to study at this school for three months. Why did I decide to study in Japan? I want to tell you about that today.

I have a Japanese friend in my country. His name is Hiroshi. He came to my school in America last April. Then, he could not speak English well, but he tried to speak to us. He asked me many questions in English, and we became good friends.

I taught him English and he taught me Japanese. I learned how to speak Japanese from him for one year. My Japanese is becoming better, but it is still difficult for me to read and write *kanji*. I hope I can read and write *kanji* well during my stay here.

There are many different languages in the world. I want to learn them in the future. Thank you.

Question 1　When did Hiroshi go to Emma's school in America?

Question 2　What is difficult for Emma?

Question 3　What does Emma want to do in the future?

Look at No. 7. Listen to the talk between Naomi and David, and read the questions. Then write the answer in English for questions 1, 2 and 3. Let's start.

Naomi : David, are you going to go back to your country?

David : Yes. I'll go back next Friday.

Naomi : You are staying at Yoshio's house. How long have you stayed there?

David : I came to Japan last November. So I have stayed with Yoshio's family for one year.

Naomi : Did you enjoy staying with his family?

David : Yes, I did. Everyone in his family was very kind to me. They told me many things about Japanese life. They also cooked many kinds of Japanese food. Now I can cook some of them.

Naomi : Really?

David : Yes. I will cook Japanese food for my family when I go back.

Naomi : That's nice.

David : I want to buy something nice for Yoshio's family.

Naomi : What will you buy?

David : I will buy some flowers for them. Do you know a good shop?

Naomi : Yes, I know a nice flower shop near the station. I'll go with you.

David : Really? Thank you, Naomi.

以上で「放送を聞いて答える問題」を終わります。では，ほかの問題を始めてください。

【数　学】（50分）〈満点：100点〉

1　次の各問に答えなさい。解答はマークシート解答用紙に記入すること。

（1）次の計算をしなさい。
$(-3)^2+7\times 2=$[1][2]

（2）連立方程式 $\begin{cases} x-y=1 \\ x-2y=6 \end{cases}$ の解は $x=-$[3]，$y=-$[4]である。

（3）2つのさいころを同時に投げるとき，さいころの出た目の和が9となる確率は $\dfrac{[\ 6\ ]}{[\ 5\ ]}$ である。

（4）$180\times m=n^2$ を満たし，m が最小の自然数となるとき，$m=$[7]，$n=$[8][9]である。

（5）$3x^2+7x+2=(x+$[10]$)($[11]$x+1)$ である。

（6）$\sqrt{3}$ の整数部分を a，小数部分を b とするとき，
$(a+b)^2=$[12]である。

（7）右図の図形の角度において，
$\dfrac{1}{6}(a+b+c+d+e)=$[13][14]°である。

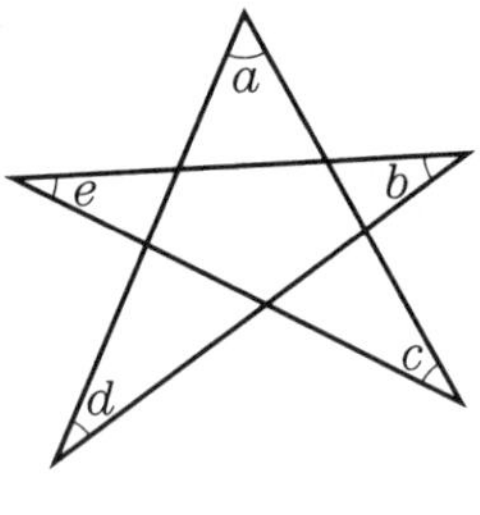

（8）A，B，C，D，Eが受けた試験の平均点は64点であった。得点はAが42点，Bが78点，DはCより10点高く，EはCの2倍より10点低かった。Cの得点は[15][16]点である。

2 右図のように，$a>0$ とする放物線 $y=ax^2$ 上に2点A$(-2,\ 2)$，B$(4,\ 8)$ がある。
また，点A，Bから x 軸に垂線をおろし，x 軸との交点をそれぞれC，Dとする。このとき，次の各問に答えなさい。
解答はマークシート解答用紙に記入すること。

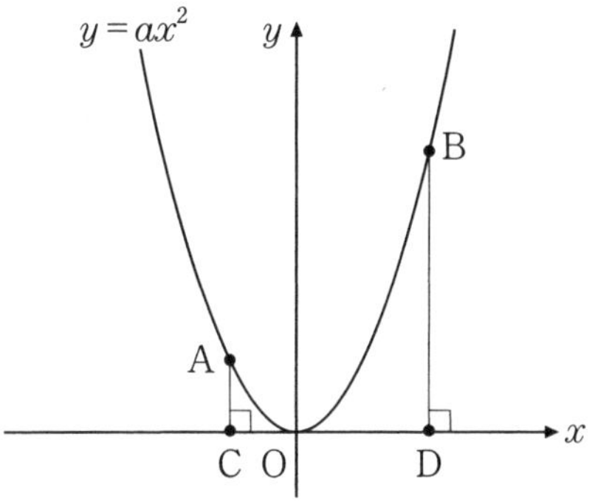

（1）a の値は $\dfrac{[18]}{[17]}$ である。

（2）台形ＡＣＤＢの面積は，三角形ＡＢＯの面積の $\dfrac{[20]}{[19]}$ 倍である。

3 次の各問に答えなさい。解答はマークシート解答用紙に記入すること。

（1）1本60円の鉛筆を4本と，ノート6冊を買って1000円払ったら，おつりは70円だった。このとき，ノート1冊の値段は[21][22][23]円である。

（2）ある川の上流A地点から下流B地点までの距離は80kmである。ある船がA地点から下り始め，別の船が同時にB地点から上り始める。
船の速さはともに時速4kmで，川の流れは時速2kmである。この2隻が出合うのは，[24][25]時間後であり，下流から出発した船は[26][27]km進む。

4 右図のようなAからHまでのマスがあり，Aにはコマが置いてある。また大小2個のさいころを投げ，大きいさいころの目の数を a，小さいさいころの目の数を b として，ある条件 X だけコマを反時計回り（A→B→C→…→H→A→…）に動かす。
このとき，次の各問に答えなさい。
解答はマークシート解答用紙に記入すること。

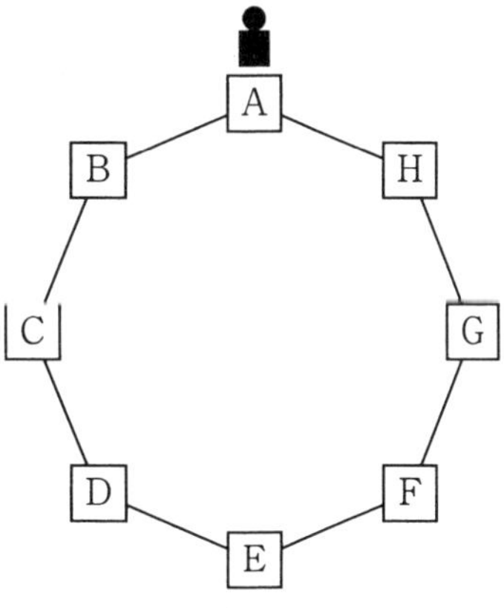

（1）条件 X が「$a+b$」のとき，コマがDに止まる確率は $\dfrac{[29]}{[28]}$ である。

（2）条件 X が「a の b 乗」のとき，コマがAに止まる確率は $\dfrac{[32][33]}{[30][31]}$ である。

5 次の各問に答えなさい。解答は記述用解答用紙に記入すること。解答は答えのみでなく，途中の説明も書いて答えを求めなさい。

（1）① 濃度 15 %の食塩水 500 g 中の食塩は何 g か。

② 濃度が 20 %の食塩水と，濃度が 10 %の食塩水を混ぜて，濃度 15 %の食塩水を 500 g 作るとき，濃度 20 %の食塩水は何 g 必要か。

（2）

＊説明文 $[x]$ は x を超えない最大の整数を表す。 例えば，$[38.2]=38$ 　　　　$[0.2]=0$　である。

以上の説明文を読み，次の計算式の値を求めなさい。

$$\left[\frac{20}{2}\right]+\left[\frac{20}{2^2}\right]+\left[\frac{20}{2^3}\right]+\left[\frac{20}{2^4}\right]+\left[\frac{20}{2^5}\right]+\cdots$$

（3）一辺が 4 cmの正方形の各辺の内側に接する円を描き，さらにその円の内側に接する正方形を描く。

この作業を繰り返し，描いた図形が右図である。このとき，以下の値を求めなさい。

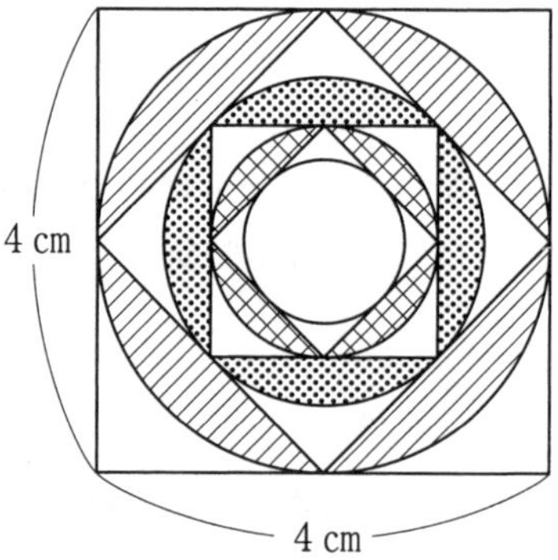

① 斜線部分  の面積

② 斜線部分  の面積を S_1

ドット部分  の面積を S_2

格子柄部分  の面積を S_3 とするとき，

$S_1:S_2:S_3$ の値

解答記入上の注意

問題文中の［1］、［2］などの［　］には、特に指示のない限り、数字（1～0）が入ります。これらを〔例〕に従って解答用紙にマークしなさい。また、分数形で解答する場合は、既約分数（それ以上約分できない分数）で答えなさい。

〔例〕

$\dfrac{[3]}{[1][2]}$ に $\dfrac{2}{15}$ と答えたいとき。

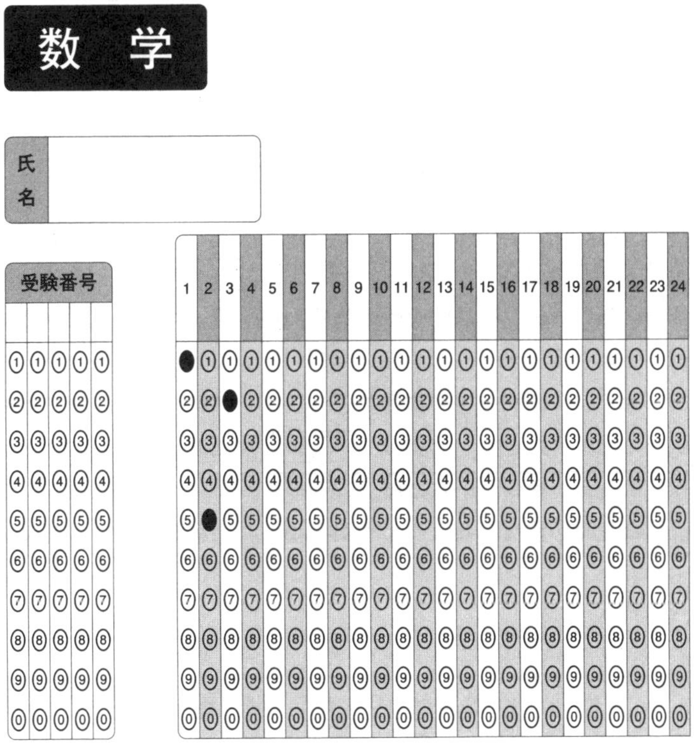

【国　語】（五〇分）〈満点：一〇〇点〉

一　次の文章を読んで、あとの問いに答えなさい。（設問の都合上、本文を一部改変してあります）

私立ながとろ高校カヌー部に所属する二年生で部長の鶴見希衣《つるみきえ》。小学生の時から希衣と※ペアを組み、現在は農園部と兼部している天神千帆《てんじんちほ》。カヌー競技の潜在能力がある一年生の湧別恵《ゆうべつえ》梨香《りか》。カヌー初心者の黒部舞奈《くろべまいな》。以下は、合同練習会後、電車の中で希衣たちが話している場面である。

「※蘭子《らんこ》ちゃん、また速くなってたね」
「まあ、それは認めるけど」
「なんで希衣は不機嫌になってるの」
「別に」
「別にってことはないでしょ」
「単純に、なんで千帆は焦《あせ》らないんだろうって思っただけ。ライバルが強くなってるのに」
「ライバルって―」
千帆が笑う。喜びではなく、呆《あき》れを含んだ声色《こわいろ》で。1吐き出された感情の粒が、カツンと床に跳ね落ちる。希衣が息を呑《の》んだ。彼女の喉《のど》の奥で、小さな熱がせぐり上げるのを感じた。
「［　A　］」
「［　B　］」
「［　C　］」
「［　D　］」
目を伏せ、千帆が静かに首を振った。穏やかな表情とは［　3　］に、膝《ひざ》に置かれた指先は苛立《いらだ》たしげに上下している。狭い車内に、剣呑《けんのん》な空気が混じる。ちらりと隣の恵梨香を盗み見れば、イヤホンを付けたまま真面目《まじめ》な顔でスマホの画面を凝視している。電車に乗ってからというもの、恵梨香はずっとスマホに夢中だ。嫌だな、と舞奈は内心で※独《ひと》り言《ご》ちた。恵梨香は好きだけど、他人と一緒にいるのにスマホを使う人は好きじゃない。［　4　］されていない感じがするから。
6結われた髪の片方の束を握り締め、千帆は深く息を吸い込んだ。桜貝にも似た彼女の爪《つめ》は、白い爪先《つまさき》部分が全くない。農園部の時に土が入ると嫌だから、と彼女が話していたのを舞奈は不意に思い出した。
「希衣はさ、いつの私を見てるの」
「いつって、今だよ」
「だったらそんなトンチンカンなこと言わないでしょ。大体、蘭子ちゃんは東京だし、私たちが去年※インハイに進めなかったのは別の子たちに負けたからじゃん。そっちに向き合わないで蘭子ちゃんばっかり見てるのは、なんか、馬鹿《ばか》みたいだよ」
「よく言うよ。千帆が一番、利根蘭子のこと引きずってるくせに」
「別に引きずってない」
「引きずってるよ。千帆は、一位になりたいんでしょ」
7二人の声の調子は普段と変わらず、それがまた舞奈の不安を煽《あお》った。取っ組み合いの喧嘩《けんか》でも始めてくれれば、無理にでも宥《なだ》めることができるのに。恐れを押し付けるように恵梨香にしがみつくと、彼女はようやく面を上げた。左耳からイヤホンを引き抜き、恵梨香は片眉《まゆ》の端を跳ね上げた。

「何かありましたか?」

　後輩の一声に、二人の口論はピタリと止んだ。両腕を組んで不機嫌さを露《あら》わにする希衣に対し、千帆は曖昧《あいまい》な微笑を浮かべている。

「特になんでもないんだよ、気にしないで」

「なんでもないことないでしょ」

　千帆の台詞《せりふ》に覆《おお》いかぶせるようにして、希衣が唸《うな》った。

「今年、利根蘭子はペアには出ないって言ってた、※シングルに絞《しぼ》るって。じゃ、千帆が本気出してやれば、ペアで一位を狙えるんだよ」

「そんな馬鹿なこと言って」

「馬鹿じゃない。千帆と湧別さんが組めば、インハイ優勝だってありえると私は思ってる」

「はあ?」

　千帆があんぐりと口を開ける。その一言に、拒絶にも似た深い嫌悪《けんお》が滲《にじ》んでいた。見開かれた彼女の両目が、信じられないと言外《げんがい》に叫んでいる。

「何言ってるの?」

「湧別さんは速いよ。この子なら県大会で一位を取るどころか、もっと上を目指せる。じゃあ、ペアは千帆と湧別さんが組んだ方がいいでしょ。去年のシングル、埼玉県大会で私は七位で、千帆は二位だった。小学生でも分かることだよ。二位と七位が組むより、一位と二位が組んだ方がいい」

「カヌーがそんな単純なもんじゃないって、希衣だってわかってんでしょ」

「でもそれが一番合理的じゃん。分かってないのはどっちよ。大体――」

「あの、ちょっといいですか?」

　白熱するやり取りに［ 5 ］ように、恵梨香が小さく手を挙げた。興奮で我を忘れていた二人も、そこで冷静さを取り戻したらしい。コホンと、希衣が気まずそうに咳払《せきばら》いした。

「なに?」

「いや、私の名前が出てたので」

「ああ、ごめんね。希衣がわけのわかんないこと言って」

「分かるでしょ、意味は。湧別さん、あなたはどう思うの。もし千帆とあなたが組んだら、速くなれると思う?」

　ガタン、と電車が大きく揺れた。二人と一人に挟まれた舞奈は、きゅっと身を縮こまらせる。千帆と希衣はずっと昔から相棒だというのに、8どうしてそんなことが言えるのだろう。

　思案するように、恵梨香は自身の顎《あご》を軽く擦《こす》った。やがて、開いた唇からため息と共に声がこぼれる。

「正直に言って、もし誰かとペアをやらなきゃいけないとしたら、私は鶴見先輩の方を希望します」

「なんで」

9希衣が大きく身を仰《の》け反《ぞ》らした。

（武田綾乃《たけだあやの》著『君と漕ぐ　ながとろ高校カヌー部』による）

（注）
※ ペア…………カヤックを二人組で漕ぎ、静水の一定距離のタイムを競う競技。
※ 蘭子《らんこ》ちゃん……利根《とね》蘭子。昨年の全国高等学校総合体育大会シングルの優勝者。
※ 独《ひと》り言《ごと》ちた……ひとりごとを言うこと。
※ インハイ……インターハイスクール（全国高等学校総合体育大会）の略。
※ シングル……カヤックを一人で漕ぎ、静水の一定距離のタイムを競う競技。

問一 ━━部１「吐き出された感情の粒が、カツンと床に跳ね落ちる」の説明として最も適当なものを、次の①～④の中から一つ選び、その番号をマークしなさい。
（マークシート問題番号１）

① 千帆はタイムが伸びないことを心配している希衣に気づいているが、余計なお世話と思い無視している。
② 千帆が蘭子のライバルであることを認めている希衣の気持ちとは裏腹に、千帆は希衣を拒絶している。
③ 蘭子との実力差に気づかない希衣をばかにした言い方で、千帆は希衣の言葉を拒否しようとしている。
④ 後輩が一緒にいるのにも関わらず希衣の不機嫌そうな態度に呆れ、千帆は苛立《いらだ》ちを隠せないでいる。

問二 [A]～[D]の会話を次の①～④を並べ直して完成させたとき、[B]に入るものはどれですか。その番号をマークしなさい。**（マークシート問題番号２）**

① 私は千帆があの子に負けてるなんて思ったことないよ。きっと本気を出せば、千帆だってまた――
② 違うって言うの？
③ そういうの、やめてよ
④ いや、客観的に見て選手としての格が違うじゃん。見たでしょ、今日の漕ぎ

問三 [3]～[5]に入れるのに最も適当な言葉を、それぞれ次の①～④の中から一つずつ選び、その番号をマークしなさい。**（マークシート問題番号３・４・５）**

	①	②	③	④
[3]	① 対照的	② 対称的	③ 対象的	④ 対症的
[4]	① 協力	② 尊重	③ 信頼	④ 軽蔑
[5]	① 水を差す	② 割り込む	③ 横槍《やり》を入れる	④ くさびを打ち込む

問四 ━━部６「結われた髪の片方の束を握り締め、千帆は深く息を吸い込んだ」とありますが、このときの「千帆」の気持ちを説明したものとして最も適当なものを、次の①～④の中から一つ選び、その番号をマークしなさい。**（マークシート問題番号６）**

① 利根蘭子がライバルだという希衣に対し、本音で話し合おうと覚悟を決めている。
② 真剣な話をしている最中にスマホを見ている恵梨香に、忠告しようと意気込んでいる。
③ インハイに進めなかった本当の理由を希衣に言わなければならないと思いつめている。
④ 挑発を止めようとしない希衣に怒りを感じるが、落ち着こうと努力している。

問五　━━部7「二人の声の調子は普段と変わらず、それがまた舞奈の不安を煽《あお》った」とありますが、「舞奈」が不安になる理由として最も適当なものを、次の①～④の中から一つ選び、その番号をマークしなさい。**(マークシート問題番号7)**

① 狭い車内に剣呑な空気が流れている中、希衣と千帆がどんな行動を起こすのか予想することができないから。

② 取っ組み合いの喧嘩にもならず、話し合いでも決着がつかず、わだかまりが残ってしまいそうだから。

③ 希衣と千帆が言い合いをしている最中も、ずっとスマホを操作する恵梨香が、とばっちりを受けそうだから。

④ 普段と同じ口調で不毛な口論をされると、止めるきっかけがつかめず、いつまでも続いてしまいそうだから。

問六　〰〰部「なんでもないことないでしょ」とありますが、このときの「希衣」の気持ちを次のようにまとめました。空欄に当てはまる内容をそれぞれ十字以上、十五字以内で書きなさい。**(記述用解答用紙)**

今回の県大会で															
															をしているのに、
															ことに苛立っている。

問七　━━部8「どうしてそんなことが言えるのだろう」とありますが、このときの「舞奈」の気持ちとして最も適当なものを、次の①～④の中から一つ選び、その番号をマークしなさい。**(マークシート問題番号8)**

① 自分が勝つことよりも、チームが勝つことを考えているのはすごい。

② ずっと昔からの相棒なのに、ペアを解消するなんて信じられない。

③ 試合の結果がこれまでの絆以上に重視すべきものだとは思えない。

④ 組んだことのない恵梨香にペアを組ませようとするのはかわいそう。

問八　━━部9「希衣が大きく身を仰《の》け反《ぞ》らした」とありますが、このときの「希衣」の気持ちを説明したものとして最も適当なものを、次の①～④の中から一つ選び、その番号をマークしなさい。**(マークシート問題番号9)**

① ペアの相手は自分しかいないという恵梨香の言葉に満足している。

② 舞奈が自分とペアを組みたいと言った意外な返答に爆笑している。

③ 恵梨香がペアを組む相手として自分を選んだことに驚いている。

④ 能力のある恵梨香とペアを組むことを想像し恐ろしくなっている。

問九　本文の表現上の特色と内容の説明として最も適当なものを、次の①～④の中から一つ選び、その番号をマークしなさい。**(マークシート問題番号10)**

① 「恐れを押しつけるように」「台詞に覆いかぶせるように」など、比喩表現を使うことによって、登場人物の心情を明確に表現している。

② 文章全体に渡って会話を多用することで、「千帆」と「希衣」がお互いの思いをぶつけ合うリアルなやり取りを表現しようと試みている。

③ 「見開かれた彼女の両目が、信じられないと言外に叫んでいる」のように、擬人法を使うことによって、登場人物の心情を写実的に表現している。

④ 「千帆が笑う。喜びではなく、呆れを含んだ声色で」のように、倒置法を使ってリズムを変化させ、「千帆」が動揺している様子を強調している。

二　**次の各問いに答えなさい。**

問一　次の━━部の漢字には読みがなをつけ、カタカナは漢字に改めなさい。**（記述用解答用紙）**

(1) 長い年月を経て研究を完成させた。

(2) 食堂の献立を考える。

(3) エジプト文明でさえもメツボウした。

(4) 部活動への加入をススめる。

(5) 志望ドウキを明確に記す。

問二　次の━━部の中から品詞が**異なるもの**を、次の①～④の中から一つ選び、その番号をマークしなさい。**（マークシート問題番号11）**

① 音楽ホールで、コンサートを開催する。

② 甲子園球場までバスで移動する。

③ 重い病気で入院することになった。

④ このプリンはなめらかでおいしい。

問三　次の四字熟語の□に共通して入る漢字を、次の①～④の中から一つ選び、その番号をマークしなさい。**（マークシート問題番号12）**

・一往一□　　・一陽□復　　・好機到□

① 長　② 福　③ 来　④ 千

問四　**「支援」**と同じ構成の熟語を、次の①～④の中から一つ選び、その番号をマークしなさい。**（マークシート問題番号13）**

① 気配　② 標的　③ 終始　④ 屈指

三　次の文章を読んで、あとの問いに答えなさい。（設問の都合上、本文を一部改変してあります）

世界に対する対処の仕方は、三つに大別されるでしょう。人工知能の対処の仕方、自然知能の対処の仕方、天然知能の対処の仕方です。これを、身近な虫や魚に対する向き合い方において考えてみます。

第一に、人工知能です。食べるためとか、害虫として駆除《くじょ》するとか、自分にとっての用途、評価が明確に規定され、その上で対処するという向き合い方が、人工知能の対処に相当します。それは一昔前の日本ではよく見られた風景の一部であり、【14】動物的な気さえして、未来的な人工知能とはソリが合わないようにも思えます。【15】私はこれを、人工知能の思考様式に対応させたいと思います。【16】それは、自分にとって有益か有害かを決め、その評価のみで自分の世界に帰属させるか（食べて取り込む、益虫として利用するか）、有害なものとして排除するか（有毒なものを無視する、害虫として駆除するか）、いずれかに決め、【17】にとっての世界を広げるものだからです。

第二に、自然知能です。ここでは、自然科学が規定する知能という意味で、自然知能という言葉を使います。自然知能という言い方は、様々ありますが、本書で言う自然知能とは、自然科学的思考一般の事です。昆虫少年の思考様式が、自然知能の対処の典型となります。自然知能に従う昆虫少年は、世界を理解するために、博物学的、分類学的興味から虫や魚に対処していきます。学名は無理としても、正式な和名を覚え、捕虫網を持って昆虫採集し、毒瓶《びん》で虫を殺して標本を作る。こうして【18】に対する知識を蓄積していく。これが自然知能です。

第三に天然知能です。第一の人工知能が「自分にとっての」知識世界を構築する対処、第二の自然知能が「世界にとっての」知識世界を構築する対処であったのに対し、天然知能はただ世界を、受け容《い》れるだけです。誰にとってのものでもなく、知識ですらない。或《あ》る場合には評価をすることがあっても、別の場合には一切無意味であるものも受け容れる。評価軸が定まっておらず、場当たり的、恣意《しい》的で、その都度《つど》知覚したり、知覚しなかったり。これが天然知能です。

19 子供の頃、ドブ川でナマズを捕っていた私は、天然知能でした。近所には里山が広がり、草深い土手に区切られた用水路で、フナやドジョウを捕っていた私は、食べるためでも、博物学的興味からでもなく、ただ魚を捕り、しばらく飼っては、近くの沼に逃しに行っていました。その地方では梅雨の終わりに大雨が降り、近隣の沼に棲息《せいそく》する大型のナマズ、ライギョ、五十センチにはなるだろう、コイが、近所の、江戸時代に作られた堀に流されてきました。【1】

大雨の翌日は決まって快晴で、水の引いた堀の淀《よど》みに、ナマズやコイが、背びれを見せながら潜んでいました。それを小さなタモ網で掬《すく》い上げることの無上の喜び。堀の上から冷やかす大人の声も気にせず、当時は自転車さえ捨てられていた堀の中で、ただ魚を捕り続けました。帰宅するとタライに魚を放し、その背中をひたすら眺めました。【2】

自然知能は、博物学的に魚を同定しようとしますから、ナマズやコイのイメージは常に図鑑に示されたような、横から見たイメージになります。人工知能では、自らの経験が作り出した用途でイメージが決まります。食べ物として利用するとき、ナマズやコイは三枚おろしや切り身であり、インテリアとして利用するときには、水槽の中で水草と一体になったイメージとなり、その都度、それ以上でもそれ以下でもないイメージが確定します。

天然知能が見るナマズやコイのイメージは、水面から見る影であり背中です。それは常に上から見た黒々とした流線型で、奥の暗がりからフッと現れ、また奥へと消えて行っては、天然知能を興奮させます。天然知能は、自分には見えない暗がり、どうなっているのかわかるはずもない向こう側からやってくるもの、向こう側へ行くものに興奮するのです。魚が向こう側との接点であるとき、自然の中で生きている姿を見るしかない。[3]

向こう側は、他人に聞いても誰にもわかりません。客観的に意味のないものです。だから自然知能は無視します。自然知能は、問題や謎として知覚されたものだけに興奮するのです。人工知能は、知覚できたデータだけを問題にしますから、まずはデータを見せてくれ、と言うでしょう。見えないものに興奮するのは、21天然知能だけの特権なのです。[4]

（中略）

世界の真理としての自然知能、個の経験に依拠《いきょ》した素早い判断である人工知能。これらに対して、天然知能には、「てんねん」という音の感じからも、論理的ではない、愚直《ぐちょく》な感じがありますが、しかし同時に、底抜けに明るい、楽天的な、生きることへの無条件の肯定が感じられます。論理的に評価し、判断する能力としては、低いかもしれない。しかし本書では、天然知能だけが、自分で見ることのできない向こう側、徹底した自分にとっての外側、を受け容れる知性であり、創造を楽しむことができる知性である、ということを、示していきます。結果、天然知能は、自分が自分らしくあることを、肯定できる、唯一の知性なのです。

人工知能や自然知能には創造性がなく、天然知能だけが創造性を持つのです。なぜそう言えるのでしょうか。人工知能や自然知能は、知覚したものだけを自分の世界に取り込み、知覚できないものの存在を許容できません。そこには外部を取り込み、世界を刷新する能力がないのです。天然知能は、知覚できないものの存在を感じ、それを取り込もうと待ち構えている。この意味で天然知能は、自らの世界の成立基盤を変えてしまうのです。

人工知能と人間に、何か題材を決めて絵画を制作させ、一般にアンケートを取ってどちらがいいか選んでもらう。このようにして、創造性を評価しようものなら、人工知能はたちどころに、一般の人がいいと感じる絵画の傾向を学習し、それをもって、アンケート調査で勝つ限りでの、人間が描いたよりずっと「創造的な」絵画を描けるでしょう。優劣は、優劣の基準を決めない限り、存在しないのです。逆に決めたが最後、人工知能の一人勝ちです。

このような創造性は、外部から勝手に評価基準を与えた、擬似《ぎじ》的創造性に過ぎません。当事者にとっては何の意味もない。多くの人が投票によって「創造的」と考える作品は、それを制作した当事者にとって、創造的ではないのです。人工知能や自然知能は、だから、創造性を楽しむことができない。

22天然知能だけが、「創造を楽しむ」ことができるのです。だからこそ、天然知能は、自分が自分らしくあることを、肯定できるのです。ちょっと説明しましょう。

創造とは、今までなかったものを創ることです。別にあなたはアーティストでもないだろうし、創造なんて、と思うかもしれません。しかし、ただ毎日生きるだけでも、創造です。今までなかったあなたが、一瞬ごと、時々刻々と、創られるわけですから。

あなたは、創るということに対して、アーティストを思い浮かべ、「何かを創るなんてことは、そういうイメージを持っているアーティストだけの仕事だろう」と思ったかもしれません。しかし、アーティストの頭の中にイメージが存在するとき、それは既に存在するものになってしまいます。自分の内なるイメージを外に出して形にするだけなら、それは創造ではありません。なかったものを創るとは、自分の知らない向こう側からやってくることを待つしかないのです。

自分からは感じることもできない、自分の知らない向こう側、これを外部と言うことにします。創造とは、外部からやってくるものを受け容れること、なのです。アーティストがイメージするものは、外部からやってくるものが降臨《こうりん》する場所、やってくるきっかけに過ぎない。アーティストとは、平凡な私たちよりほんの少し、外部への感度がいいだけで、創造についてやっていることは同じ、外部を受け容れること、なのです。

（郡司《ぐんじ》ペギオ幸夫《ゆきお》著『天然知能』による）

問一　[14]～[16]に入れるのに最も適当な言葉を、次の①～④の中からそれぞれ一つずつ選び、その番号をマークしなさい。**（マークシート問題番号14・15・16）**

①　しかし　②　なぜなら　③　すでに　④　むしろ

問二　[17]・[18]に入れるのに最も適当な言葉を、次の①～④の中からそれぞれ一つずつ選び、その番号をマークしなさい。**（マークシート問題番号17・18）**

①　世界　②　未来　③　自分　④　誰か

問三　――部**19**「子供の頃、ドブ川でナマズを捕っていた私は、天然知能でした」とありますが、どのようなことをいっているのですか。最も適当なものを、次の①～④の中から一つ選び、その番号をマークしなさい。**（マークシート問題番号19）**

①　分類学的興味から、自分が知らない向こう側からやってくるナマズなどの魚を捕まえて、タライの中に入れて観察することに魅力を感じていたということ。

②　特定の目的は持たないが、自分には見えない暗がりからやってきた存在に興奮して、ナマズなどの魚を捕まえて、ひたすら眺めていたということ。

③　ナマズなどの魚が自然の中で生きている姿を見て、図鑑の中で見る姿との違いを明確にし、今まで見えなかったものを知覚する喜びを味わっていたということ。

④　ナマズなどの魚を捕り、それをしばらく飼っては逃すという行為を繰り返すことで、抱えていた問題点や謎を解き明かそうとしていたということ。

問四　次の一文は本文中の[1]～[4]のうち一箇所に入ります。該当する番号をマークしなさい。
（マークシート問題番号20）

すなわち、私たちは、水中の魚を、上から見るしかないのです。

問五　――部**21**「天然知能だけの特権」とありますが、どのようなことをいっているのですか。最も適当なものを、次の①～④の中から一つ選び、その番号をマークしなさい。
（マークシート問題番号21）

①　人工知能や自然知能は知覚できないものの存在を頭から否定するのに対し、天然知能は今までに得られた知識に基づいて判断をしているということ。

② 人工知能や自然知能は客観的に意味のないものには関心を示さないのに対し、天然知能は本当に希少性の高いものを面白いと感じることができるということ。

③ 人工知能や自然知能はどのようなものであっても評価するのに対し、天然知能は問題や謎として知覚されたものしか評価できないということ。

④ 人工知能や自然知能は知覚できるものにしか興味を持てないのに対し、天然知能は知覚できないものでも受け容れて楽しむことができるということ。

問六 〰〰部「人間が描いたよりずっと『創造的な』絵画を描けるでしょう」とはどのようなことをいっているのかを、次のようにまとめました。空欄にあてはまる内容を十五字以上、二十字以内で書きなさい。**(記述用解答用紙)**

人工知能の創造性とは、

であり、本当の意味での「創造性」ではないということ。

問七 ━━部22「天然知能だけが、『創造を楽しむ』ことができるのです」とありますが、それはなぜですか。最も適当なものを、次の ①～④ の中から一つ選び、その番号をマークしなさい。**(マークシート問題番号22)**

① 多くの人が創造的と評価しても、当事者が納得できなければ真の創造とはいえないため、独自の評価基準を持つ天然知能だけが創造を楽しめるといえるから。

② 知覚できるものを自分の世界に取り込み、世界を刷新する創造という活動を、能動的に行っている天然知能だけが、真の創造をなしているといえるから。

③ 真の創造とは自分の内で生成されるものではなく、知らない外部からくるものを受け容れることであり、評価軸を持たない天然知能だけがなせるものであるから。

④ 底抜けに明るく、楽天的な姿勢を持つ天然知能だけが、自分の内なるイメージを外に出して形にする創造的活動を続け、これまでにない作品を生み出すことができるから。

問八 本文の内容に最もよく合っているものを、次の ①～④ の中から一つ選び、その番号をマークしなさい。**(マークシート問題番号23)**

① 人工知能や自然知能は条件によって評価基準が変わってしまうことがあるが、天然知能だけは評価基準が一定である。

② 世界の真理としての自然知能に対して、愚直な感じがある天然知能ではあるが、実は論理的に評価し、判断する力がある。

③ 天然知能だけが知覚できないものを受け容れ、創造を楽しむことのできる知性であり、知識世界を構築する能力にも優れている。

④ アーティストと私たちの違いは、知覚できないものへの態度だけであり、創造についてやっていることに大きな差はない。

四　次の文章を読んで、あとの問いに答えなさい。

さて、木こり人どもも、いみじく24物の欲しかりければ、尼《あま》どもの食ひ残して取りて多く持ちける、その茸《たけ》を、「死なむよりは、いざ、この茸乞《こ》ひて食はむ」と思ひて、乞ひて食ひける後より、また、木こり人どもも心ならず舞はれけり。しかれば、尼どもも木こり人どもも、互ひに舞ひつつなむ笑ひける。さて、暫《しばら》くありければ、酔《ゑ》ひのさめたるがごとくして、25道もおぼえで各々《おのおの》帰りにけり。それより後、この茸をば舞茸といふなりけり。

これを思ふに、26極めてあやしき事なり。このごろもその舞茸あれども、これを食ふ人、必ず舞はず。これ極めていぶかしき事なりとなむ語り伝へたるとや。

（『今昔物語集《こんじゃくものがたり》』巻二十八による）

問一　――部24「物」が示すものとして最も適当なものを、次の①～④の中から一つ選び、その番号をマークしなさい。**（マークシート問題番号24）**

①　金　②　食料　③　名声　④　材木

問二　――部25「道もおぼえで各々《おのおの》帰りにけり」の口語訳として最も適当なものを、次の①～④の中から一つ選び、その番号をマークしなさい。**（マークシート問題番号25）**

①　どう帰ればよいか思い出したので、それぞれの家に帰った。
②　どう歩いてきたかもわからずに、それぞれの家に帰った。
③　帰る道順を教えてもらったので、それぞれ家に帰った。
④　帰る道順は覚えていたのだが、家に帰りたくなかった。

問三　――部26「極めてあやしき事なり」とありますが、筆者がこのように言う理由として最も適当なものを、次の①～④の中から一つ選び、その番号をマークしなさい。
（マークシート問題番号26）

①　昔は舞茸を食べるとおどったそうだが、今は舞茸を食べてもおどる人はいないから。
②　どんなに舞茸を好んだとしても、聖職者である尼たちの食べ物を盗むはずがないから。
③　空腹で死ぬよりは食べ残しでも食べた方がいいという考えが、近頃はなくなったから。
④　敬うべき対象である尼たちが目の前にいるのに断りもせず舞茸を食べるのは失礼だから。

五

田中さんと森田さんは、子供の歯みがき習慣と安全について調べました。【資料A】・【資料B】を踏まえて、原因と対策について話しています。あとの問いに答えなさい。

【資料A】

1　事故事例

○平成23年以降、歯ブラシによる受傷等により救急搬送された又は受診した5歳以下の事例は337件（入院事例は61件）
○事故件数は1歳代が最も多く、1歳～3歳前半の子供に多く発生
○受傷要因は「転倒」が最も多く、約6割

2　子供の事故の傾向・原因

○「不慮の事故」は、子供の死因の上位
○歯ブラシの事故の要因となる「転倒」は、1・2歳に多い
○2歳近くまで頭囲が胸囲よりも大きく、年齢・月齢が低いほど重心が上方にあり不安定で転びやすい
○幼児の一人みがきは清掃効果不十分であるため、保護者の仕上げみがきが必要である

【資料B】

【安全対策と工夫】

①事故の危険性の高い3歳前半までは、安全対策を施した歯ブラシを選ぶようにする。
②安全対策が施された歯ブラシを使用する場合でも保護者が必ず見守る。
③子供が使用する歯ブラシは安全性を重視し、保護者が仕上げみがきで使用する歯ブラシと使い分けをする。
④歯みがきは床に座って行う。

資料A・Bは「平成28年度　東京都商品等安全対策協議会　報告書概要～子供に対する歯ブラシの安全対策～」（消費者庁）より抜粋

【会話文】

田中　「**【資料A】**を見ると、子供が歯みがきで大きなけがをしたり、入院に至ったりするケースもあることがわかるね。歯みがきは注意してやらせないといけないね」

森田　「そうだね。一番事故件数が多い年齢は一歳代なんだ。その原因は転倒とあるけれど、転倒の理由は［27］と書いてあるね」

田中　「なるべく事故を起こさないために、大人である私たちはいったいどんなことに気をつけたらいいかな」

森田　「それでは、**【資料B】**を見てごらん」

田中　「事故を防止するために工夫できることがありそうだね」

問一　［27］に入る内容として最も適当なものを、次の①～④の中から一つ選び、その番号をマークしなさい。**（マークシート問題番号27）**

① 安全性の低い歯ブラシを使用しているため
② 幼児の一人みがきは危険性を伴うため
③ 重心が上方にあり不安定であるため
④ 「不慮の事故」であり、一つに絞り切れない

問二　～～～部「事故を防止するために工夫できること」を、田中さんは次のようにまとめました。空欄にあてはまる内容を、十字以内で書きなさい。**（記述用解答用紙）**

- 子供が使用する歯ブラシは安全対策を施したものを選ぶ。
- 床に座らせた上で、一人みがきの時間も□□□□□□□□□□。
- 保護者は別の歯ブラシで仕上げみがきをする。

※これで問題は終わりです。28番以降のマークシートは使用しませんので、何も記入しないでください。

英語解答

1 No. 1 ②(1)　No. 2 ④(2)
No. 3 ③(3)　No. 4 ②(4)
No. 5 ①(5)
No. 6 Question 1 ①(6)
Question 2 ①(7)
Question 3 ④(8)
No. 7 Question 1 November
Question 2 Japanese food
Question 3 near the station

2 (9) ④　(10) ④　(11) ③　(12) ③
(13) ②　(14) ①　(15) ④　(16) ②
(17) ③　(18) ④

3 (19) ⑤　(20) ②　(21) ③　(22) ⑤

4 問１ ②(23)
問２ （例）[illegible]が外にあること。
問３ ①(24)　問４ ①(25)　問５ ①(26)
問６ （例）play in the snow
〔have snowball fights〕

5 問１ ②(27)
問２ （例）It was built on Coney Island, in New York City.
問３ ①(28)　問４ parks
問５ ②(29)　問６ ①(30)

1〔放送問題〕解説省略

2〔適語（句）選択・語形変化〕

(9)‘as＋原級＋as ～’で「～と同じくらい…だ」という意味を表す。　*cf.*‘比較級＋than ～’「～より…だ」，‘the＋最上級’「最も…だ」　「私はトムと同じくらいの身長だ」

(10)２つあるもののうちの１つを one で表した場合，もう１つは the other となる。another は不特定の１つを表すので，ここでは不適。　「私は車を２台持っている。１台は仕事用で，もう１台は自家用だ」

(11)‘so ～ that＋主語＋cannot …’「とても～なので―は…できない」の構文。　「このコーヒーはとても熱いので私は飲めない」

(12)文末に ago「（今から）…前に」という過去を表す語があるので，過去形を用いる。　「遅すぎるよ。試合は30分前に終わった」

(13)enjoy は，「～すること」という意味の目的語に to不定詞ではなく動名詞（～ing）をとる。　「私はゴルフを楽しんだ」

(14)「～（時）に」という‘時間’を表す前置詞には at を用いる。　「その店は７時30分に開く」

(15)‘have/has been to ～’で「～に行ったことがある」という現在完了形の‘経験’を表す。なお，visit「～を訪ねる」は直接目的語をとる他動詞なので前置詞 to は不要。　「私は九州に一度も行ったことがない」

(16)be good at ～ で「～が得意だ」という意味を表す。　「ベンはフランスに住んでいたので，フランス語が得意だ」

(17)‘let＋目的語＋動詞の原形’で「～に…させる」という意味を表す。　「あなたの新しい住所を私に教えてくれますか」

(18)適切な関係代名詞を選ぶ。先行詞が a friend で，後ろに動詞が続いているので，‘人’を先行詞とする主格の関係代名詞となる who を選ぶ。　「私には有名な音楽家の友人がいる」

3〔整序結合〕

(19)「私は質問をされた」は，‘be動詞＋過去分詞’の受け身形で I was asked とする。この後に some questions「いくつかの質問」を続け，最後に by ～「～によって」を置く。この文は The teacher asked me some questions. の me を主語にして受け身に書き換えた形。　I was asked some questions by the teacher.

(20)‘It takes＋(人＋)時間＋to ～’「(〈人〉が)～するのに(時間が)…かかる」の形をつくる。　It will take twenty minutes to do your homework.

(21)「私は分からなかった」は I didn’t know で表せる。「何を言えばいいのか」は，文中の一部となる疑問文なので，‘疑問詞＋主語＋動詞…’の間接疑問にする。　I didn’t know what I should tell him.

(22)「リサは買った」を Lisa bought とし，「何か食べる物」は「食べるための何か」と読み換えて something to eat とまとめる(to不定詞の形容詞的用法)。　Lisa bought something to eat at the store.

4〔長文読解総合─物語〕

≪全訳≫❶冬が近づいていた。ジェイソンはこれからやってくる季節にわくわくしていた。それは彼が1年のうちで最も好きな時期であった。彼は寒い天気と雪が大好きだった。ジェイソンはニューヨークに住んでいた。ニューヨークでは冬の間よく雪が降ったものだった。彼はいつも雪の中で遊び，それは大人になってもそうだった。ジェイソンはよく家族や友人を公園に集めた。そこで，雪合戦をした。とても楽しかった。❷彼の最も好きな休日であるクリスマスも冬だった。これはジェイソンの一番好きな季節が冬であるもう1つの理由だった。毎年彼は友達と家族にプレゼントを買った。ジェイソンは彼らがクリスマスプレゼントを開けるとき，彼らの表情を見るのが好きだった。1もらうよりあげる方がいいとジェイソンは思った。ジェイソンはクリスマスに関する全てが好きだった。彼は聖歌を歌うのを楽しんだ。クリスマスの曲を歌うのが好きだった。彼はヤドリギの下で妻と口づけを交わすのが好きだった。彼は甘いエッグノッグを飲むのが好きだった。ときにはおもしろ半分にサンタクロースにふんして，おいっ子たちを楽しませることさえあった。❸冬はまた1年の終わりにやってきた。元旦はクリスマスの後にきた。ジェイソンはこの休日も大好きだった。それは過ぎ去った年を振り返ると同時に，新しい年の訪れを祝う日であった。ジェイソンはいつも新年の決意を立てた。毎年彼は新しい決意を立てた。今年はスカイダイビングをやると約束した。昨年は，20ポンド減量すると自分に誓った。ジェイソンは常に新年の決意を守っていた。彼は3か月で20ポンド減量した。今年も例外ではなかった。彼は翌年1月にスカイダイビングのレッスンを契約する予定を立てた。❹ジェイソンは冬のことを考えずにはいられなかった。彼は冬の到来が待ちきれなかった。今までで最高の冬になりそうだった。7月なので，ジェイソンはあと5か月待つ必要があった。

問1＜適所選択＞‘It is ～ to …’で「…することは～だ」という意味を表す。「もらうよりあげる方がよい」という内容から，プレゼントの話だと判断できる。

問2＜指示語＞この文の意味から，this はジェイソンの一番好きな季節が冬である理由となる内容になる。前文の「彼の最も好きな休日であるクリスマスが冬にある」という内容がそれにあたる。

問３＜英文解釈＞exception は「例外」という意味。前に no という否定語がついているので，「例外ではない」という意味。ジェイソンは毎年新年の決意を守り続けていて，今年も守ったということ。

問４＜適語選択＞ジェイソンは大好きな冬がくるのを楽しみにしているが，five more months「あと５か月」待つ必要がある。第３段落第１文に冬は１年の終わりにくるとあるので，12月を待ち望んでいると考える。

問５＜内容真偽＞①「ジェイソンは冬に室内で過ごすのが大好きだった」…×　第１段落後半参照。雪合戦をするなど，いつも雪の中で遊んでいた。　②「ジェイソンはサンタクロースにふんしたことは一度もなかった」…×　第２段落最終文参照。サンタクロースにふんしておいっ子たちを楽しませた。　③「ジェイソンはクリスマスも元旦もどちらも好きだった」…○　第２，３段落の内容に合致する。　④「ジェイソンは減量するのを諦めた」…×　第３段落後ろから３文目参照。give up ～ing「～することを諦める」

問６＜内容一致＞「親愛なる友人たちへ／こんにちは！　冬がやってきた!!　昨日は大雪だったね。／いつものように，私は今度の日曜日に公園で(　　)つもりだよ。／一緒に楽しもう！／ジェイソン」　as usual で「いつものように」という意味を表す。ジェイソンがいつも雪の中で楽しんでいたことは，第１段落後半に述べられている。３語以上で答えるので，play in the snow「雪の中で遊ぶ」，have snowball fights「雪合戦をする」などとする。plan to ～「～するつもりである」の後なので，動詞は原形にすることに注意する。

５〔長文読解総合―説明文〕

≪全訳≫❶遊園地とはゲームや乗り物やショーがある屋外の広場である。それは広大な敷地に広がり，多くは何平方キロメートルにもなる。若者も年配者もさまざまなタイプのアトラクションが楽しめる。大観覧車で空高く舞い上がったり，ゴーカートを運転したり，メリーゴーランドに乗ったりできる。遊園地には芝生に腰を下ろしてリラックスできる緑地だけでなく，飲食ができるレストランやバーもある。❷ほとんどの遊園地は固定された場所にある。一年中開園している遊園地もあれば，$_{1}$暖かい時期だけ開園する遊園地もある。今日，遊園地はテーマパークに取って代わられている。これらの場所は歴史や自然生物の特別なテーマに注目する。初のテーマパークであるディズニーランドは1955年にカリフォルニアでオープンした。❸中世では，歌手や音楽家が野外で歌を歌って歩き回った。芸人が町の広場や市場に集まった。数日後，彼らは別の町へ行った。彼らはしばしばテントの中で芸を披露し，食事と娯楽を提供したのだった。さらに，観客はサーカスを見たり，街頭の絵描きに肖像画を描いてもらったりすることができた。❹初の本格的な遊園地は16世紀のヨーロッパの博覧会や公園から生まれた。その後，大都市において場所が固定された遊園地が発達した。ウィーンのプラーター公園は，他の地域にある多くの遊園地の出発点となった。アメリカ初の遊園地はニューヨーク市のコニーアイランドにつくられた。そこは長い間，バーや土産物屋や，長い浜辺沿いに乗り物がある世界最大の名所であった。1920年代にピークを迎えた後，その遊園地の人気は落ちた。❺第二次世界大戦後，もっと大きな遊園地がヨーロッパやその他の大陸で発達し始めた。20世紀の終わりまで，ヨーロッパの遊園地はアメリカの遊園地に比べて小さい。ヨーロッパ初の大規模なテーマパークはユーロ・ディズニーで，1992年にパリでオープンした。日本では1983年にアジア版ディズニーランドがオープンした。デンマークではレゴランドが，世界的に有名なプラスチック製の積み木レゴでつくった非常に小さな建物やアトラクションを売りにしている。❻乗り物は遊園地最大のアトラクションである。19世紀までには多くの遊園地にメリーゴーランドができた。メリーゴーランドは，中世の騎士が互いに戦う馬上試合の間に人気を博し始めた。後に，ジェットコースターが遊園地のアトラクションに加わった。それらは高所からの急降下を売りにしていた。すでに17世紀には，市民のためにつくられたロシアの氷の滑り台からジェットコースターが誕生していた。❼今日，ほとんど全ての遊園地には大観覧車がある。アメリカ初の大観覧車は1893年にシカゴ万国博覧会のためにつくられた。乗客はそれに乗って約80メートルまで上がることができた。今日，大観覧車は遊園地だけでなく，他の場所にもつくられている。例えば，ロンドン・アイはテムズ川沿いにつくられていて，乗客にロンドンのすばらしい眺めを提供している。

問１＜適文選択＞空所を含む文の Some に着目。‘some 〜, others … ’で「〜するものもあれば，…するものもある」という意味を表す。文前半の「それら（＝遊園地）のいくつかは一年中開園している」という意味から，文後半も開園時期に関した記述が入ると考えられる。空所に入る選択肢②は，前半と重複する are と open が省略されていることを読み取る。これらを補うと others (are) only (open) during the warmer season となる。

問２＜英問英答＞「アメリカ初の遊園地はどこにつくられたか」―「それはニューヨーク市のコニーアイランドにつくられた」　第４段落後ろから３文目参照。

問３＜適語選択＞文前半に「ピークの後」とあるので，その遊園地の人気は落ちたと考えられる。go down で「低下する，減少する」という意味を表す。

問４＜指示語＞この one(s)は，前述した名詞の繰り返しを避けるために用いられる代名詞で，「(…な)もの」という意味を表す。European parks「ヨーロッパの遊園地」が American ones「アメリカのもの」と比較されているので，ones が指すのは parks だとわかる。

問５＜適語(句)選択＞空所には，遊園地のアトラクションに加わったものが入る。１つ目の空所の直後の文に，その特徴として高所からの急降下が売りだとある。２つ目の空所を含む文には，氷の滑り台に由来すると述べられていて，これらの特徴に合うのはジェットコースターである。

問６＜内容真偽＞①「遊園地にはレストランやバーや緑地がある」…○　第１段落最終文の内容に合致する。　②「歌手や音楽家は町の広場や市場でサーカスを見ることができた」…×　第３段落最終文参照。サーカスを見たのは広場や市場に芸人を見に来た観客である。　③「初の本格的な遊園地はユーロ・ディズニーで，それは1992年にパリにオープンした」…×　第４段落第１文参照。16世紀のヨーロッパの博覧会や公園が始まりである。　④「全ての遊園地には来園者を楽しませるために大観覧車がある」…×　第７段落第１文参照。almost every「ほとんど全ての」であり，全部の遊園地にあるわけではない。

2022年度／花咲徳栄高等学校（第２回）

数学解答

1 (1) **1**…2　**2**…3
(2) **3**…4　**4**…5
(3) **5**…9　**6**…1
(4) **7**…5　**8**…3　**9**…0
(5) **10**…2　**11**…3　(6) 3
(7) **13**…3　**14**…0
(8) **15**…5　**16**…0

2 (1) **17**…2　**18**…1
(2) **19**…2　**20**…5

3 (1) **21**…1　**22**…1　**23**…5
(2) **24**…1　**25**…0　**26**…2　**27**…0

4 (1) **28**…9　**29**…1
(2) **30**…3　**31**…6　**32**…1　**33**…3

5 (1) ① 75g　② 250g　(2) 18
(3) ① $4\pi-8$cm²　② 4：2：1

1 〔独立小問集合題〕

(1)**＜数の計算＞**与式＝$9+14=23$

(2)**＜連立方程式＞**$x-y=1$……①，$x-2y=6$……②とする。①－②より，$-y-(-2y)=1-6$　$\therefore y=-5$　これを①に代入して，$x-(-5)=1$，$x+5=1$　$\therefore x=-4$

(3)**＜確率―さいころ＞**２つのさいころをA，Bとする。２つのさいころA，Bを同時に投げるとき，目の出方は全部で$6\times6=36$(通り)ある。このうち，出た目の和が９となるのは(A，B)＝(3，6)，(4，5)，(5，4)，(6，3)の４通りである。よって，求める確率は$\dfrac{4}{36}=\dfrac{1}{9}$となる。

(4)**＜数の性質＞**$180=2^2\times3^2\times5$だから，$180\times m=n^2$より，$2^2\times3^2\times5\times m=n^2$となる。解答の形式から，$n$は自然数なので，$2^2\times3^2\times5\times m$が自然数の２乗となる最小の自然数$m$は，$2^2\times3^2\times5\times m=2^2\times3^2\times5^2$となる自然数だから，$m=5$である。このとき，$2^2\times3^2\times5^2=n^2$，$(2\times3\times5)^2=n^2$，$30^2=n^2$となるので，$n=30$である。

(5)**＜式の計算―因数分解＞**$3x^2+7x+2=(x+a)(bx+1)$とおく。$(x+a)(bx+1)=bx^2+x+abx+a=bx^2+(1+ab)x+a$となるので，$3x^2+7x+2=bx^2+(1+ab)x+a$である。よって，$x^2$の係数より，$b=3$となり，定数項から，$a=2$である。このとき，$1+ab=1+2\times3=7$だから，適している。したがって，与式＝$(x+2)(3x+1)$である。

(6)**＜数の計算＞**$\sqrt{3}$の整数部分がa，小数部分がbだから，$a+b=\sqrt{3}$である。よって，与式＝$(\sqrt{3})^2=3$である。

(7)**＜平面図形―角度＞**右図のように，点A～点Gを定める。△BGDで内角と外角の関係より，$\angle AGF=b+d$となる。同様に，△CFEで，$\angle AFG=c+e$である。よって，△AGFで，$\angle A+\angle AGF+\angle AFG=180°$だから，$a+(b+d)+(c+e)=180°$となり，$a+b+c+d+e=180°$である。したがって，$\dfrac{1}{6}(a+b+c+d+e)=\dfrac{1}{6}\times180°=30°$となる。

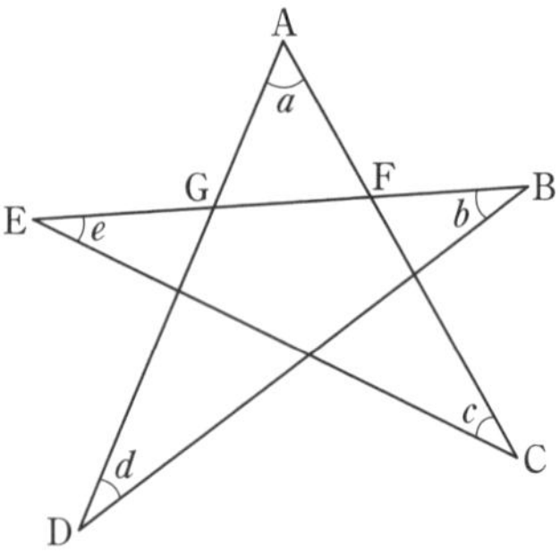

(8)**＜一次方程式の応用＞**Cの得点をx点とすると，DはCより10点高いので，Dの得点は$x+10$点と表せ，EはCの２倍より10点低いので，Eの得点は$2x-10$点と表せる。５人の平均点が64点で，Aが42点，Bが78点だから，５人の得点の合計について，$42+78+x+(x+10)+(2x-10)=64\times5$が成り立つ。これを解くと，$4x=200$より，$x=50$(点)となる。

2〔関数―関数 $y=ax^2$ のグラフ〕

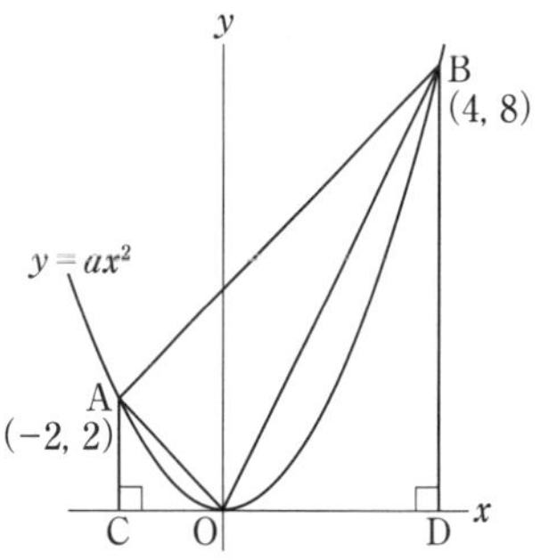

(1)<**比例定数**>右図で，放物線 $y=ax^2$ はB(4，8)を通るので，$8=a\times4^2$ が成り立ち，$a=\frac{1}{2}$ となる。

(2)<**面積比**>右図で，A(−2，2)，B(4，8)だから，AC＝2，BD＝8，CD＝4−(−2)＝6であり，〔台形ACDB〕$=\frac{1}{2}\times(2+8)\times6=30$ である。また，OC＝2，OD＝4なので，△ACO$=\frac{1}{2}\times2\times2=2$，△BDO$=\frac{1}{2}\times4\times8=16$ であり，△ABO＝〔台形ACDB〕−△ACO−△BDO＝30−2−16＝12となる。よって，$30\div12=\frac{5}{2}$ より，台形ACDBの面積は△ABOの面積の $\frac{5}{2}$ 倍である。

3〔独立小問集合題〕

(1)<**一次方程式の応用**>ノート1冊の値段を x 円とする。1本60円の鉛筆4本とノート6冊を，1000円札で買うとおつりが70円だったので，$60\times4+x\times6=1000-70$ が成り立つ。これより，$240+6x=930$，$6x=690$，$x=115$(円)となる。

(2)<**一次方程式の応用**>船が川を下るとき，速さは，川の流れの速さの分だけ速くなるので，4＋2＝6より，時速6kmとなる。船が川を上るとき，速さは，川の流れの速さの分だけ遅くなるので，4−2＝2より，時速2kmとなる。2隻の船が出合うまでの時間を x 時間とすると，下る船が進む距離は $6x$km，上る船が進む距離は $2x$kmと表せる。A地点からB地点まで80kmだから，$6x+2x=80$ が成り立ち，$8x=80$ より，$x=10$ となる。よって，2隻の船が出合うのは10時間後であり，下流から上ってきた船が進んだ距離は，2×10＝20(km)である。

4〔データの活用―確率―さいころ〕

(1)<**確率**>大小2個のさいころを投げるとき，目の出方は，全部で6×6＝36(通り)ある。目の和 $a+b$ の値は，最小で1＋1＝2，最大で6＋6＝12だから，コマがDのマスに止まるとき，$a+b=3$，11である。このようになる a，b の組は $(a,\ b)=(1,\ 2)$，(2，1)，(5，6)，(6，5)の4通りあるから，求める確率は $\frac{4}{36}=\frac{1}{9}$ である。

(2)<**確率**>コマがAのマスに止まるのは，コマを8の倍数動かすときだから，a^b の値が8の倍数になる場合を考える。$8=2^3$ だから，a は2の倍数である。$a=2$ のとき，b は3以上であればよいから，$b=3$，4，5，6の4通りある。$a=4=2^2$ のとき，b は2以上であればよいから，$b=2$，3，4，5，6の5通りある。$a=6=2\times3$ のとき，b は3以上であればよいから，$b=3$，4，5，6の4通りある。よって，36通りの a，b の組のうち，コマがAに止まるのは4＋5＋4＝13(通り)あるから，求める確率は $\frac{13}{36}$ である。

5〔独立小問集合題〕

(1)<**一次方程式の応用**>①濃度15％の食塩水500gに含まれる食塩の量は，$500\times\frac{15}{100}=75$(g)である。

②濃度20％の食塩水を x gとすると，濃度20％の食塩水と濃度10％の食塩水を混ぜて，濃度15％の食塩水を500gつくるから，濃度10％の食塩水は $500-x$gとなる。濃度20％の食塩水に含まれる食塩の量は $x\times\frac{20}{100}=\frac{1}{5}x$(g)，濃度10％の食塩水に含まれる食塩の量は $(500-x)\times\frac{10}{100}=50-\frac{1}{10}x$(g)

であり，①より，濃度15％の食塩水500gに含まれる食塩の量は75gなので，含まれる食塩の量について，$\frac{1}{5}x+50=\frac{1}{10}x+75$ が成り立つ。両辺を10倍してこれを解くと，$2x+500=x+750$，$x=250$(g)となる。

(2)＜特殊・新傾向問題＞$\left[\frac{20}{2}\right]=[10]$ であり，10を超えない最大の整数は10だから，$\left[\frac{20}{2}\right]=10$ となる。$\left[\frac{20}{2^2}\right]=\left[\frac{20}{4}\right]=[5]$ であり，5を超えない最大の整数は5だから，$\left[\frac{20}{2^2}\right]=5$ である。$\left[\frac{20}{2^3}\right]=\left[\frac{20}{8}\right]=\left[\frac{5}{2}\right]$ であり，$\frac{5}{2}$ を超えない最大の整数は2だから，$\left[\frac{20}{2^3}\right]=2$ である。同様にして，$\left[\frac{20}{2^4}\right]=\left[\frac{20}{16}\right]=\left[\frac{5}{4}\right]=1$，$\left[\frac{20}{2^5}\right]=\left[\frac{20}{32}\right]=\left[\frac{5}{8}\right]=0$ となり，以下，$\left[\frac{20}{2^6}\right]=\left[\frac{20}{2^7}\right]=\left[\frac{20}{2^8}\right]=\cdots\cdots=0$ である。よって，$\left[\frac{20}{2}\right]+\left[\frac{20}{2^2}\right]+\left[\frac{20}{2^3}\right]+\left[\frac{20}{2^4}\right]+\left[\frac{20}{2^5}\right]+\cdots\cdots=10+5+2+1+0+\cdots\cdots=18$ となる。

(3)＜平面図形—面積，面積比＞①右図のように，円の中心をOとし，点A～点Dを定める。斜線部分は，半径をOAとする円から正方形ABCDを除いたものである。$OA=OB=\frac{1}{2}\times4=2$ であり，△AOBは直角二等辺三角形なので，$AB=\sqrt{2}OA=\sqrt{2}\times2=2\sqrt{2}$ である。よって，斜線部分の面積は，$\pi\times2^2-(2\sqrt{2})^2=4\pi-8$(cm²)となる。

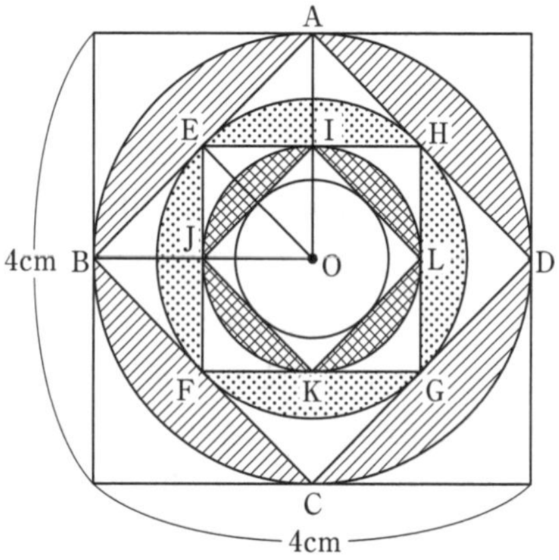

②右図のように，点E～点Lを定める。ドット部分は，半径をOEとする円から正方形EFGHを除いたものである。△AOBが直角二等辺三角形より，△AEOも直角二等辺三角形であり，$OE=\frac{1}{\sqrt{2}}OA=\frac{1}{\sqrt{2}}\times2=\sqrt{2}$ となる。△EJOも直角二等辺三角形だから，$EJ=\frac{1}{\sqrt{2}}OE=\frac{1}{\sqrt{2}}\times\sqrt{2}=1$ となり，$EF=2EJ=2\times1=2$ となる。よって，ドット部分の面積 S_2 は，$S_2=\pi\times(\sqrt{2})^2-2^2=2\pi-4$ である。次に，格子柄部分は，半径をOJとする円から正方形IJKLを除いたものである。$OJ=EJ=1$ であり，△IOJは直角二等辺三角形だから，$IJ=\sqrt{2}OJ=\sqrt{2}\times1=\sqrt{2}$ となる。よって，格子柄部分の面積 S_3 は，$S_3=\pi\times1^2-(\sqrt{2})^2=\pi-2$ となる。①より，$S_1=4\pi-8$ なので，$S_1:S_2:S_3=(4\pi-8):(2\pi-4):(\pi-2)=4(\pi-2):2(\pi-2):(\pi-2)=4:2:1$ である。

≪②の別解≫右上図で，斜線部分，ドット部分，格子柄部分は，いずれも，円から，その内側に接する正方形を除いたものだから，相似となる。その相似比は，円の半径の比と等しく，$OA:OE:OJ=2:\sqrt{2}:1$ となるので，面積比は，$S_1:S_2:S_3=2^2:(\sqrt{2})^2:1^2=4:2:1$ である。

国語解答

一 問一 ③$_{1}$　問二 ④$_{2}$
問三 ３…①　４…②　５…②
問四 ①$_{6}$　問五 ④$_{7}$
問六 ［今回の県大会で］一位を狙うための大事な話［をしているのに，］千帆がごまかそうとしている［ことに苛立っている。］
問七 ③$_{8}$　問八 ③$_{9}$　問九 ②$_{10}$

二 問一 (1) へ　(2) こんだて　(3) 滅亡
(4) 勧〔薦／奨〕　(5) 動機
問二 ④$_{11}$　問三 ③$_{12}$　問四 ②$_{13}$

三 問一 14…④　15…①　16…②
問二 17…③　18…①　問三 ②$_{19}$
問四 ③$_{20}$　問五 ④$_{21}$
問六 ［人工知能の創造性とは，］外部から評価基準を与えた，擬似的創造性〔アンケート調査で多数票を取ること／優劣の基準をあらかじめ決めたもの〕［であり，本当の意味での「創造性」ではないということ。］
問七 ③$_{22}$　問八 ④$_{23}$

四 問一 ②$_{24}$　問二 ②$_{25}$　問三 ①$_{26}$

五 問一 ③$_{27}$　問二 保護者が必ず見守る

一〔小説の読解〕出典；武田綾乃『君と漕ぐ　ながとろ高校カヌー部』。

問一＜心情＞千帆は，自分と蘭子とは選手として格が違うのに，それがわからない希衣に呆れて，「ライバルって」と吐き捨てるように笑い，蘭子をライバルと見なして焦る希衣の言葉を強く否定したのである。

問二＜文脈＞「ライバルって」と呆れて笑う千帆に対し，希衣が「違うって言うの？」と返し，それに対して千帆が「選手としての格が違う」と答えた。格が違うと言う千帆に対し，千帆が蘭子に負けているとは思っていない希衣が「本気を出せば，千帆だってまた——」と言いかけると，千帆が「そういうの，やめてよ」とさえぎって，目を伏せ静かに首を振った。

問三．３＜表現＞千帆は，「穏やかな表情」をしていたが，それとは反対に，指先の動きが苛立ちを表していた。　**４＜文章内容＞**他人と一緒にいるときにスマホを使う人は，目の前の人の存在を無視している感じがするので，舞奈は好きではなかった。　**５＜文章内容＞**千帆と希衣の白熱するやりとりに，恵梨香が「小さく」手を挙げて，遠慮がちに入り込んだ。

問四＜心情＞「本気を出せば，千帆だって」蘭子には負けないと言う希衣に，千帆は，「希衣はさ，いつの私を見てるの」と，根本的なところから真剣に話そうとしている。千帆は，希衣と真剣に話そうと決意し髪の束を握りしめ，深く息を吸い込んだのである。

問五＜文章内容＞希衣と千帆が「取っ組み合いの喧嘩でも始めてくれれば，無理にでも宥めることができる」のに，ふだんと変わらない調子の声で口論を続けているため，仲裁するにもきっかけがなく，この口論がいつ終わるかわからないので，舞奈は，不安になったのである。

問六＜心情＞「県大会で一位を取る」どころか「インハイ優勝だってありえる」というような，カヌー部にとって大事な話をしているのに，千帆が「なんでもないんだよ，気にしないで」とごまかそうとしたので，希衣は苛立って，「なんでもないことないでしょ」と言ったのである。

問七＜心情＞「千帆と希衣はずっと昔から相棒」だったのに，県大会やインターハイで勝ち抜くためなら，長い間培ってきた二人の間の絆を断ちきってでもより速い恵梨香と千帆が組むことが「一番合理的」だと割りきる希衣の気持ちが，舞奈には，理解しがたいのである。

問八＜心情＞千帆と恵梨香が組んだら最強のペアになると信じ，恵梨香に意見をきいたのに，自分とペアを組みたいという予想外の言葉が恵梨香から返ってきたので，希衣は，驚いたのである。

問九＜表現＞千帆と希衣のそれぞれの意思のぶつかり合いを，二人の会話文をそのまま引用する形の直接話法を用いることで，現実に二人の口論が聞こえてくるかのように表現されている。

二〔国語の知識〕

問一＜漢字＞(1)音読みは「経過」などの「ケイ」。　(2)「献立」は，メニューのこと。　(3)「滅亡」は，絶えてなくなってしまうこと。　(4)「勧」の音読みは「勧告」などの「カン」。「薦」の音読みは「推薦」などの「セン」。「奨」の音読みは「推奨」などの「ショウ」。　(5)「動機」は，人が意志を決め行動を起こす原因のこと。

問二＜品詞＞「なめらかで」の「で」は，形容動詞「なめらかだ」の連用形活用語尾。「音楽ホールで」の「で」は，場所を表す格助詞。「バスで」の「で」は，方法や手段を表す格助詞。「病気で」の「で」は，原因を表す格助詞。

問三＜四字熟語＞「一往一来」は，行ったり来たりすること。「一陽来復」は，悪いことの後によいことが巡ってくること。「好機到来」は，チャンスが訪れること。

問四＜熟語の構成＞「支援」と「標的」は，似た意味の漢字を重ねた熟語。

三〔論説文の読解―哲学的分野―哲学〕出典；郡司ペギオ幸夫『天然知能』。

≪本文の概要≫世界に対する対処の仕方には，自分にとっての用途，評価が明確に規定され，自分にとっての知識世界を構築する「人工知能」と，自然科学的思考をもって世界にとっての知識世界を構築する「自然知能」と，評価軸が決まっておらず，知覚できるものも知覚できないものもただ受けいれるだけの「天然知能」の三つがある。経験に依拠した人工知能や世界の真理としての自然知能に対し，天然知能は，自分で見ることができない向こう側，外側を受けいれる知性であり，創造を楽しむことができ，自分が自分らしくあることを肯定できる唯一の知性である。人工知能や自然知能は，知覚したものだけを自分の世界に取り込み，知覚できないものの存在を許容できないので，外部を取り込んで世界を刷新する能力はないが，天然知能は，知覚できないものの存在を感じ，取り込み，自らの世界の成立基盤をも変える力を持っている。創造とは，なかったものを創ることであり，それには，自分の知らない向こう側からやってくることを待つしかなく，知覚できない向こう側を受けいれることができるのは，天然知能だけなのである。

問一＜接続語＞14．「食べるためとか，害虫として駆除する」といった「自分にとっての用途，評価が明確に規定され，その上で対処するという向き合い方」である「人工知能」は，「未来的な人工知能」というよりも逆に原始的で「動物的な気さえ」する。　15．「人工知能」は，「動物的な気さえして，未来的な人工知能とはソリが合わない」ように思われるけれども，「私」はこのような「食べるためとか，害虫として駆除する」といった「自分にとっての用途，評価が明確に規定され，その上で対処するという向き合い方」を「人工知能の思考様式に対応させたい」と思う。　16．「私」が動物的にさえ思われる対処の仕方を「人工知能」に対応させたいのはなぜかというと，「人工知能」は，「自分にとって有益か有害かを決め，その評価のみで自分の世界に帰属させるか，有害なものとして排除するか」を決めることで，「自分にとっての世界を広げるもの」だからである。

問二＜文章内容＞17．「人工知能」は，「自分にとって有益か有害かを」決めるという「『自分にとっての』知識世界を構築する対処」である。　18．「自然知能」は，「世界を理解するため」の対処であり，「『世界にとっての』知識世界を構築する対処」である。

問三＜文章内容＞「天然知能」とは，「ただ世界を，受け容れるだけ」で，「一切無意味であるもの」さえ「受け容れる」こともある。ドブ川でナマズを捕っても，「食べるためでも，博物学的興味からでも」なく，ただ魚を捕ってひたすら眺め，魚を「向こう側との接点」として，「自分には見えない暗がり，どうなっているのかわかるはずもない向こう側からやってくるもの，向こう側へ行くものに興奮」していた「私」は，「天然知能」をもって世界に対処していたのである。

問四＜文脈＞「天然知能が見るナマズやコイのイメージは，水面から見る影であり背中」である。「魚が向こう側との接点であるとき，自然の中で生きている姿を見るしかない」ということは，天然知能で魚を見る「私たちは，水中の魚を，上から見るしかない」ということである。

問五＜文章内容＞「自然知能は，問題や謎として知覚されたものだけに興奮」し，「人工知能は，知覚できたデータだけを問題」にする。天然知能だけが「見えないもの」や「一切無意味であるものも受け容れ」て「興奮する」ことができるのである。

問六＜文章内容＞人工知能の創造性は，例えば「アンケート調査で勝つ」というように「優劣の基準」の決められた，「外部から勝手に評価基準を与えた，擬似的創造性」にすぎず，「今までなかったものを創る」という「創造」の意味とは違う。

問七＜文章内容＞「創造とは，今までなかったものを創ること」であり，「自分の内なるイメージを外に出して形にするだけなら，それは創造」ではない。「なかったものを創るとは，自分の知らない向こう側からやってくることを待つしか」なく，「自分からは感じることもできない，自分の知らない向こう側」である「外部からやってくるものを受け容れること」ができるのは，「評価軸が定まっておらず」，知覚できるものもできないものも受けいれる「天然知能」だけである。

問八＜要旨＞天然知能は「評価軸が定まっておらず」，知覚できるものもできないものも受けいれる（1…×）。天然知能は「論理的でない，愚直な感じ」があり，「論理的に評価し，判断する能力としては，低い」といえる（2…×）。「天然知能だけが，『創造を楽しむ』ことができる」唯一の対処法であるが，それは，「誰にとってのものでもなく，知識ですらない」知性である（3…×）。「アーティストとは，平凡な私たちよりほんの少し，外部への感度がいいだけで，創造についてやっていることは同じ」である（4…○）。

四〔**古文の読解―説話**〕出典；『今昔物語集』巻第二十八ノ第二十八。

≪現代語訳≫ところが，木こりたちも，ひどく食べ物が欲しかったので，尼たちが食べ残して取ってたくさん持っていた，そのきのこを，「（飢えて）死ぬよりは，さあ，このきのこをもらって食べよう」と思って，もらって食べた後から，また，木こりたちも自然と踊ってしまった。そういうわけで，尼たちも木こりたちも，お互いに踊りながら笑い合った。さて，しばらくたったところ，まるで酔いがさめたようにして，どう歩いてきたかもわからずに，それぞれの家へ帰った。それ以来，このきのこを舞茸というのであった。／これを思うと，非常に不思議なことだ。最近もその舞茸はあるけれども，これを食べる人は，必ずしも踊るとはかぎらない。これは実に不審なことだと語り伝えているとかいうことだ。

問一＜古文の内容理解＞木こりたちは，食べ物が欲しかったので，尼たちの食べ残しのきのこをもらって食べた。

問二＜現代語訳＞「おぼえで」の「で」は，活用語の未然形について，打ち消しを表す。「道もおぼえで」は，道もわからないで，という意味。「各々帰りにけり」は，それぞれ帰った，という意味。

問三＜古文の内容理解＞昔，木こりや尼が食べて自然と踊ってしまったので，その食べたきのこは「舞茸」と名づけられたが，最近では，舞茸を食べる人が踊ることはないので，不思議だ，と作者は述べている。

五〔**資料**〕

問一．「転倒の理由」として，資料Aの2に，「2歳近くまで頭囲が胸囲よりも」大きいため，「重心が上方にあり不安定で転びやすい」とある。

問二．事故を防止する方法について，資料Bに，子どもが使用する歯ブラシは安全対策が施されたものにし，「安全対策が施された歯ブラシを使用する場合でも保護者が必ず見守る」とある。

Memo

2025年度用

高校スーパー過去問

■編集人　声の教育社・編集部

■発行所　株式会社　声の教育社

〒162-0814 東京都新宿区新小川町8-15

☎03-5261-5061㈹ FAX03-5261-5062

https://www.koenokyoikusha.co.jp

※本書の内容についての一切の責任は当社にあります。内容・解説・解答その他の質問等は文書にて当社に御郵送くださるようお願いいたします。

カコを追いかけ
ミライをつかめ
「今の説明、もう一回」を何度でも
web過去問
ストリーミング配信による入試問題の解説動画
声の教育社
詳しくはこちらから

花咲徳栄高等学校

別冊解答用紙

丁寧に抜きとって、別冊としてご使用ください。

注意

○ 解答用紙は、収録の都合により縮小したものや、小社独自に作成したものもあります。
○ 学校配点は学校発表のもの、推定配点は小社で作成したものです。
○ 無断転載を禁じます。
○ 解答用紙を拡大コピーする場合、表示した拡大率に対応する用紙サイズは以下のとおりです。
101%～102%＝B5　103%～118%＝A4　119%～144%＝B4　145%～167%＝A3
（タイトルと配点表は含みません）

2024年度　花咲徳栄高等学校　第1回

英語解答用紙　No. 1

学校法人 佐藤栄学園 花咲徳栄高等学校

整理番号（指示があった場合のみ記入）

記入上の注意事項

1. 氏名、受験番号を必ず記入して下さい。
2. マークは記入例に従って○の中を正確にぬりつぶして下さい。
3. 受験番号及び解答は所定の位置に正しくマークして下さい。
4. 記入は必ずＨＢの鉛筆でマークして下さい。
5. 解答の訂正はプラスチックの消しゴムでていねいに消し、消しクズを残さないで下さい。
6. 所定の記入欄以外には何も記入しないで下さい。
7. 解答用紙は汚したり、折り曲げたりしないで下さい。

記入例　良い例／悪い例

氏名 ＿＿＿＿

受験番号

1	2	3	4	5	6	7	8	9	10	11	12	13	14	15	16	17	18	19	20	21	22	23	24	25	26	27	28	29	30	31	32	33	34	35	36	37	38	39	40	41	42	43	44	45	46	47	48	49	50

チェック　U　V　W

評点　＿＿／100

（注）この解答用紙は実物を縮小してあります。Ｂ４用紙に143％拡大コピーすると、ほぼ実物大で使用できます。（タイトルと配点表は含みません）

推定配点

1 No.1～No.5 各2点×5　No.6、No.7 各3点×6
2 各2点×10
3 各3点×4
4 問1 3点　問2 4点　問3、問4 各3点×2　問5 4点　問6 3点
5 問1 4点　問2～問4 各3点×3　問5 4点　問6 3点

計 100点

２０２４年度　花咲徳栄高等学校　第１回

英語解答用紙　No.２

1	問題 7	1	Saki's (　　　　　　　　　　　　　　) does.
		2	They will go there (　　　　　　　　　　　　).
		3	They will watch a (　　　　　　　　　　) about animals.

4	問 2	（　　　　　　　）であることと、（　　　　　　　）をつけること。
	問 5	

5	問 1	あることを学ぶ一番良い方法は（ 　　　　　　　　　　　　　　　　　）こと。
	問 5	

（注）この解答用紙は実物大です。

２０２４年度 花咲徳栄高等学校 第１回

数学解答用紙 No.1

学校法人 佐藤栄学園 花咲徳栄高等学校

整	理	番	号

（指示があった場合のみ記入）

記入上の注意事項

1. 氏名、受験番号を必ず記入して下さい。
2. マークは記入例に従って○の中を正確にぬりつぶして下さい。
3. 受験番号及び解答は所定の位置に正しくマークして下さい。
4. 記入は必ずＨＢの鉛筆でマークして下さい。
5. 解答の訂正はプラスチックの消しゴムでていねいに消し、消しクズを残さないで下さい。
6. 所定の記入欄以外には何も記入しないで下さい。
7. 解答用紙は汚したり、折り曲げたりしないで下さい。

記入例

良い例	悪い例
●	⊙ ⊗ ◒

氏名

受験番号				
1	1	1	1	1
2	2	2	2	2
3	3	3	3	3
4	4	4	4	4
5	5	5	5	5
6	6	6	6	6
7	7	7	7	7
8	8	8	8	8
9	9	9	9	9
0	0	0	0	0

1	2	3	4	5	6	7	8	9	10	11	12	13	14	15	16	17	18	19	20	21	22	23	24	25	26	27	28	29	30	31	32	33	34	35	36	37	38	39	40	41	42	43	44	45	46	47	48	49	50
1	1	1	1	1	1	1	1	1	1	1	1	1	1	1	1	1	1	1	1	1	1	1	1	1	1	1	1	1	1	1	1	1	1	1	1	1	1	1	1	1	1	1	1	1	1	1	1	1	1
2	2	2	2	2	2	2	2	2	2	2	2	2	2	2	2	2	2	2	2	2	2	2	2	2	2	2	2	2	2	2	2	2	2	2	2	2	2	2	2	2	2	2	2	2	2	2	2	2	2
3	3	3	3	3	3	3	3	3	3	3	3	3	3	3	3	3	3	3	3	3	3	3	3	3	3	3	3	3	3	3	3	3	3	3	3	3	3	3	3	3	3	3	3	3	3	3	3	3	3
4	4	4	4	4	4	4	4	4	4	4	4	4	4	4	4	4	4	4	4	4	4	4	4	4	4	4	4	4	4	4	4	4	4	4	4	4	4	4	4	4	4	4	4	4	4	4	4	4	4
5	5	5	5	5	5	5	5	5	5	5	5	5	5	5	5	5	5	5	5	5	5	5	5	5	5	5	5	5	5	5	5	5	5	5	5	5	5	5	5	5	5	5	5	5	5	5	5	5	5
6	6	6	6	6	6	6	6	6	6	6	6	6	6	6	6	6	6	6	6	6	6	6	6	6	6	6	6	6	6	6	6	6	6	6	6	6	6	6	6	6	6	6	6	6	6	6	6	6	6
7	7	7	7	7	7	7	7	7	7	7	7	7	7	7	7	7	7	7	7	7	7	7	7	7	7	7	7	7	7	7	7	7	7	7	7	7	7	7	7	7	7	7	7	7	7	7	7	7	7
8	8	8	8	8	8	8	8	8	8	8	8	8	8	8	8	8	8	8	8	8	8	8	8	8	8	8	8	8	8	8	8	8	8	8	8	8	8	8	8	8	8	8	8	8	8	8	8	8	8
9	9	9	9	9	9	9	9	9	9	9	9	9	9	9	9	9	9	9	9	9	9	9	9	9	9	9	9	9	9	9	9	9	9	9	9	9	9	9	9	9	9	9	9	9	9	9	9	9	9
0	0	0	0	0	0	0	0	0	0	0	0	0	0	0	0	0	0	0	0	0	0	0	0	0	0	0	0	0	0	0	0	0	0	0	0	0	0	0	0	0	0	0	0	0	0	0	0	0	0

チェック		
U	V	W
1	1	1
2	2	2
3	3	3
4	4	4
5	5	5
6	6	6
7	7	7
8	8	8
9	9	9
0	0	0

評点 /100

（注）この解答用紙は実物を縮小してあります。Ｂ４用紙に143％拡大コピーすると、ほぼ実物大で使用できます。（タイトルと配点表は含みません）

推定配点	
1〜4 各5点×20〔1(6)、(7)はそれぞれ各5点×2〕	
100点	計

２０２４年度　花咲徳栄高等学校　第１回

数学解答用紙　No. 2

4 (1) ① 〈答〉

② 〈答〉

③ 〈考え方・途中計算〉

〈答〉

(2) ① 〈答〉

② 〈考え方・途中計算〉

〈答〉

(注) この解答用紙は実物を縮小してあります。Ａ４用紙に115%拡大コピーすると、ほぼ実物大で使用できます。(タイトルと配点表は含みません)

二〇二四年度 花咲徳栄高等学校 第一回

国語解答用紙 No. 1

学校法人 佐藤栄学園 花咲徳栄高等学校

整理番号				

（指示があった場合のみ記入）

記入上の注意事項

1. 氏名、受験番号を必ず記入して下さい。
2. マークは記入例に従って◯の中を正確にぬりつぶして下さい。
3. 受験番号及び解答は所定の位置に正しくマークして下さい。
4. 記入は必ずＨＢの鉛筆でマークして下さい。
5. 解答の訂正はプラスチックの消しゴムでていねいに消し、消しクズを残さないで下さい。
6. 所定の記入欄以外には何も記入しないで下さい。
7. 解答用紙は汚したり、折り曲げたりしないで下さい。

記入例

良い例	悪い例
●	⊙ ⊗ ◓

氏名

受験番号				
①	①	①	①	①
②	②	②	②	②
③	③	③	③	③
④	④	④	④	④
⑤	⑤	⑤	⑤	⑤
⑥	⑥	⑥	⑥	⑥
⑦	⑦	⑦	⑦	⑦
⑧	⑧	⑧	⑧	⑧
⑨	⑨	⑨	⑨	⑨
⓪	⓪	⓪	⓪	⓪

1	2	3	4	5	6	7	8	9	10	11	12	13	14	15	16	17	18	19	20	21	22	23	24	25	26	27	28	29	30	31	32	33	34	35	36	37	38	39	40	41	42	43	44	45	46	47	48	49	50
①	①	①	①	①	①	①	①	①	①	①	①	①	①	①	①	①	①	①	①	①	①	①	①	①	①	①	①	①	①	①	①	①	①	①	①	①	①	①	①	①	①	①	①	①	①	①	①	①	①
②	②	②	②	②	②	②	②	②	②	②	②	②	②	②	②	②	②	②	②	②	②	②	②	②	②	②	②	②	②	②	②	②	②	②	②	②	②	②	②	②	②	②	②	②	②	②	②	②	②
③	③	③	③	③	③	③	③	③	③	③	③	③	③	③	③	③	③	③	③	③	③	③	③	③	③	③	③	③	③	③	③	③	③	③	③	③	③	③	③	③	③	③	③	③	③	③	③	③	③
④	④	④	④	④	④	④	④	④	④	④	④	④	④	④	④	④	④	④	④	④	④	④	④	④	④	④	④	④	④	④	④	④	④	④	④	④	④	④	④	④	④	④	④	④	④	④	④	④	④
⑤	⑤	⑤	⑤	⑤	⑤	⑤	⑤	⑤	⑤	⑤	⑤	⑤	⑤	⑤	⑤	⑤	⑤	⑤	⑤	⑤	⑤	⑤	⑤	⑤	⑤	⑤	⑤	⑤	⑤	⑤	⑤	⑤	⑤	⑤	⑤	⑤	⑤	⑤	⑤	⑤	⑤	⑤	⑤	⑤	⑤	⑤	⑤	⑤	⑤
⑥	⑥	⑥	⑥	⑥	⑥	⑥	⑥	⑥	⑥	⑥	⑥	⑥	⑥	⑥	⑥	⑥	⑥	⑥	⑥	⑥	⑥	⑥	⑥	⑥	⑥	⑥	⑥	⑥	⑥	⑥	⑥	⑥	⑥	⑥	⑥	⑥	⑥	⑥	⑥	⑥	⑥	⑥	⑥	⑥	⑥	⑥	⑥	⑥	⑥
⑦	⑦	⑦	⑦	⑦	⑦	⑦	⑦	⑦	⑦	⑦	⑦	⑦	⑦	⑦	⑦	⑦	⑦	⑦	⑦	⑦	⑦	⑦	⑦	⑦	⑦	⑦	⑦	⑦	⑦	⑦	⑦	⑦	⑦	⑦	⑦	⑦	⑦	⑦	⑦	⑦	⑦	⑦	⑦	⑦	⑦	⑦	⑦	⑦	⑦
⑧	⑧	⑧	⑧	⑧	⑧	⑧	⑧	⑧	⑧	⑧	⑧	⑧	⑧	⑧	⑧	⑧	⑧	⑧	⑧	⑧	⑧	⑧	⑧	⑧	⑧	⑧	⑧	⑧	⑧	⑧	⑧	⑧	⑧	⑧	⑧	⑧	⑧	⑧	⑧	⑧	⑧	⑧	⑧	⑧	⑧	⑧	⑧	⑧	⑧
⑨	⑨	⑨	⑨	⑨	⑨	⑨	⑨	⑨	⑨	⑨	⑨	⑨	⑨	⑨	⑨	⑨	⑨	⑨	⑨	⑨	⑨	⑨	⑨	⑨	⑨	⑨	⑨	⑨	⑨	⑨	⑨	⑨	⑨	⑨	⑨	⑨	⑨	⑨	⑨	⑨	⑨	⑨	⑨	⑨	⑨	⑨	⑨	⑨	⑨
⓪	⓪	⓪	⓪	⓪	⓪	⓪	⓪	⓪	⓪	⓪	⓪	⓪	⓪	⓪	⓪	⓪	⓪	⓪	⓪	⓪	⓪	⓪	⓪	⓪	⓪	⓪	⓪	⓪	⓪	⓪	⓪	⓪	⓪	⓪	⓪	⓪	⓪	⓪	⓪	⓪	⓪	⓪	⓪	⓪	⓪	⓪	⓪	⓪	⓪

チェック		
U	V	W
①	①	①
②	②	②
③	③	③
④	④	④
⑤	⑤	⑤
⑥	⑥	⑥
⑦	⑦	⑦
⑧	⑧	⑧
⑨	⑨	⑨
⓪	⓪	⓪

評点 /100

（注）この解答用紙は実物を縮小してあります。Ｂ４用紙に143％拡大コピーすると、ほぼ実物大で使用できます。（タイトルと配点表は含みません）

推定配点

一 問一～問四 各3点×6 問五 5点 問六～問九 各3点×4
二 各2点×8
三 問一 3点 問二 5点 問三～問九 各3点×9
四 各2点×3
五 問一 3点 問二 5点

計 100点

二〇二四年度　花咲徳栄高等学校　第一回

国語解答用紙　No. 2

一　問五

Aでは、安斎が意図せぬ展開になりつつある中で、打点王氏には計画通りに

（　　　　　　　　　　　　　　　　　　　　　）であり、

Bでは、安斎が久留米先生の決めつけに肚を決めて立ち向かっている中、草壁が今までより上手にスウィングできたことで、

（　　　　　　　　　　　　　　　　　　　　　）と考えている。

二　問一

(1)		(2)		(3)		(4)	
(5)							

三　問二

（　　　　　　　　　　　　　　　　　　　　　）

五　問二

炭酸飲料は

（　　　　　　　　　　　　　　　　　　　　　）

可能性があり、

スポーツドリンクは

（　　　　　　　　　　　　　　　　　　　　　）

可能性があるため、入れられない。

（注）この解答用紙は実物を縮小してあります。A4用紙に108%拡大コピーすると、ほぼ実物大で使用できます。（タイトルと配点表は含みません）

２０２４年度　花咲徳栄高等学校　第２回

英語解答用紙 No.1

学校法人 佐藤栄学園 花咲徳栄高等学校

整理番号				

（指示があった場合のみ記入）

記入上の注意事項

1. 氏名、受験番号を必ず記入して下さい。
2. マークは記入例に従って○の中を正確にぬりつぶして下さい。
3. 受験番号及び解答は所定の位置に正しくマークして下さい。
4. 記入は必ずＨＢの鉛筆でマークして下さい。
5. 解答の訂正はプラスチックの消しゴムでていねいに消し、消しクズを残さないで下さい。
6. 所定の記入欄以外には何も記入しないで下さい。
7. 解答用紙は汚したり、折り曲げたりしないで下さい。

記入例

良い例	悪い例
●	⊙ ⊗ ◒

氏名

受験番号				
①	①	①	①	①
②	②	②	②	②
③	③	③	③	③
④	④	④	④	④
⑤	⑤	⑤	⑤	⑤
⑥	⑥	⑥	⑥	⑥
⑦	⑦	⑦	⑦	⑦
⑧	⑧	⑧	⑧	⑧
⑨	⑨	⑨	⑨	⑨
⓪	⓪	⓪	⓪	⓪

1 ①②③④⑤⑥⑦⑧⑨⓪
2 ①②③④⑤⑥⑦⑧⑨⓪
3 ①②③④⑤⑥⑦⑧⑨⓪
4 ①②③④⑤⑥⑦⑧⑨⓪
5 ①②③④⑤⑥⑦⑧⑨⓪
6 ①②③④⑤⑥⑦⑧⑨⓪
7 ①②③④⑤⑥⑦⑧⑨⓪
8 ①②③④⑤⑥⑦⑧⑨⓪
9 ①②③④⑤⑥⑦⑧⑨⓪
10 ①②③④⑤⑥⑦⑧⑨⓪
11 ①②③④⑤⑥⑦⑧⑨⓪
12 ①②③④⑤⑥⑦⑧⑨⓪
13 ①②③④⑤⑥⑦⑧⑨⓪
14 ①②③④⑤⑥⑦⑧⑨⓪
15 ①②③④⑤⑥⑦⑧⑨⓪
16 ①②③④⑤⑥⑦⑧⑨⓪
17 ①②③④⑤⑥⑦⑧⑨⓪
18 ①②③④⑤⑥⑦⑧⑨⓪
19 ①②③④⑤⑥⑦⑧⑨⓪
20 ①②③④⑤⑥⑦⑧⑨⓪
21 ①②③④⑤⑥⑦⑧⑨⓪
22 ①②③④⑤⑥⑦⑧⑨⓪
23 ①②③④⑤⑥⑦⑧⑨⓪
24 ①②③④⑤⑥⑦⑧⑨⓪
25 ①②③④⑤⑥⑦⑧⑨⓪
26 ①②③④⑤⑥⑦⑧⑨⓪
27 ①②③④⑤⑥⑦⑧⑨⓪
28 ①②③④⑤⑥⑦⑧⑨⓪
29 ①②③④⑤⑥⑦⑧⑨⓪
30 ①②③④⑤⑥⑦⑧⑨⓪
31 ①②③④⑤⑥⑦⑧⑨⓪
32 ①②③④⑤⑥⑦⑧⑨⓪
33 ①②③④⑤⑥⑦⑧⑨⓪
34 ①②③④⑤⑥⑦⑧⑨⓪
35 ①②③④⑤⑥⑦⑧⑨⓪
36 ①②③④⑤⑥⑦⑧⑨⓪
37 ①②③④⑤⑥⑦⑧⑨⓪
38 ①②③④⑤⑥⑦⑧⑨⓪
39 ①②③④⑤⑥⑦⑧⑨⓪
40 ①②③④⑤⑥⑦⑧⑨⓪
41 ①②③④⑤⑥⑦⑧⑨⓪
42 ①②③④⑤⑥⑦⑧⑨⓪
43 ①②③④⑤⑥⑦⑧⑨⓪
44 ①②③④⑤⑥⑦⑧⑨⓪
45 ①②③④⑤⑥⑦⑧⑨⓪
46 ①②③④⑤⑥⑦⑧⑨⓪
47 ①②③④⑤⑥⑦⑧⑨⓪
48 ①②③④⑤⑥⑦⑧⑨⓪
49 ①②③④⑤⑥⑦⑧⑨⓪
50 ①②③④⑤⑥⑦⑧⑨⓪

チェック		
U	V	W
①	①	①
②	②	②
③	③	③
④	④	④
⑤	⑤	⑤
⑥	⑥	⑥
⑦	⑦	⑦
⑧	⑧	⑧
⑨	⑨	⑨
⓪	⓪	⓪

評点　／100

（注）この解答用紙は実物を縮小してあります。Ｂ４用紙に143％拡大コピーすると、ほぼ実物大で使用できます。（タイトルと配点表は含みません）

推定配点

1 No.1～No.5 各2点×5　No.6、No.7 各3点×6
2 各2点×10
3 各3点×4
4 問1 3点　問2 4点　問3 3点　問4 4点　問5、問6 各3点×2
5 問1～問3 各3点×3　問4、問5 各4点×2　問6 3点

計	100点

２０２４年度　花咲徳栄高等学校　第２回

英語解答用紙　No. 2

1	問題7	1	She wants to buy a book about (　　　　　　　　　　).
		2	He is interested in (　　　　　　　　　　).
		3	He will visit her class on (　　　　　　　　　　).

4	問2	Because (　　　　　　　　　　).
	問4	The doctor ran down the hall (　　　　　　　　　　) stopping to talk about the surgery.

5	問4	
	問5	Because (　　　　　　　　　　).

（注）この解答用紙は実物大です。

２０２４年度　花咲徳栄高等学校　第２回

数学解答用紙　No.１

学校法人 佐藤栄学園 花咲徳栄高等学校

整理番号				

（指示があった場合のみ記入）

記入上の注意事項

1. 氏名、受験番号を必ず記入して下さい。
2. マークは記入例に従って○の中を正確にぬりつぶして下さい。
3. 受験番号及び解答は所定の位置に正しくマークして下さい。
4. 記入は必ずＨＢの鉛筆でマークして下さい。
5. 解答の訂正はプラスチックの消しゴムでていねいに消し、消しクズを残さないで下さい。
6. 所定の記入欄以外には何も記入しないで下さい。
7. 解答用紙は汚したり、折り曲げたりしないで下さい。

記入例

良い例	悪い例
●	⊙ ⊗ ◒

氏名

受験番号				
①	①	①	①	①
②	②	②	②	②
③	③	③	③	③
④	④	④	④	④
⑤	⑤	⑤	⑤	⑤
⑥	⑥	⑥	⑥	⑥
⑦	⑦	⑦	⑦	⑦
⑧	⑧	⑧	⑧	⑧
⑨	⑨	⑨	⑨	⑨
⓪	⓪	⓪	⓪	⓪

1	2	3	4	5	6	7	8	9	10	11	12	13	14	15	16	17	18	19	20	21	22	23	24	25	26	27	28	29	30	31	32	33	34	35	36	37	38	39	40	41	42	43	44	45	46	47	48	49	50
①	①	①	①	①	①	①	①	①	①	①	①	①	①	①	①	①	①	①	①	①	①	①	①	①	①	①	①	①	①	①	①	①	①	①	①	①	①	①	①	①	①	①	①	①	①	①	①	①	①
②	②	②	②	②	②	②	②	②	②	②	②	②	②	②	②	②	②	②	②	②	②	②	②	②	②	②	②	②	②	②	②	②	②	②	②	②	②	②	②	②	②	②	②	②	②	②	②	②	②
③	③	③	③	③	③	③	③	③	③	③	③	③	③	③	③	③	③	③	③	③	③	③	③	③	③	③	③	③	③	③	③	③	③	③	③	③	③	③	③	③	③	③	③	③	③	③	③	③	③
④	④	④	④	④	④	④	④	④	④	④	④	④	④	④	④	④	④	④	④	④	④	④	④	④	④	④	④	④	④	④	④	④	④	④	④	④	④	④	④	④	④	④	④	④	④	④	④	④	④
⑤	⑤	⑤	⑤	⑤	⑤	⑤	⑤	⑤	⑤	⑤	⑤	⑤	⑤	⑤	⑤	⑤	⑤	⑤	⑤	⑤	⑤	⑤	⑤	⑤	⑤	⑤	⑤	⑤	⑤	⑤	⑤	⑤	⑤	⑤	⑤	⑤	⑤	⑤	⑤	⑤	⑤	⑤	⑤	⑤	⑤	⑤	⑤	⑤	⑤
⑥	⑥	⑥	⑥	⑥	⑥	⑥	⑥	⑥	⑥	⑥	⑥	⑥	⑥	⑥	⑥	⑥	⑥	⑥	⑥	⑥	⑥	⑥	⑥	⑥	⑥	⑥	⑥	⑥	⑥	⑥	⑥	⑥	⑥	⑥	⑥	⑥	⑥	⑥	⑥	⑥	⑥	⑥	⑥	⑥	⑥	⑥	⑥	⑥	⑥
⑦	⑦	⑦	⑦	⑦	⑦	⑦	⑦	⑦	⑦	⑦	⑦	⑦	⑦	⑦	⑦	⑦	⑦	⑦	⑦	⑦	⑦	⑦	⑦	⑦	⑦	⑦	⑦	⑦	⑦	⑦	⑦	⑦	⑦	⑦	⑦	⑦	⑦	⑦	⑦	⑦	⑦	⑦	⑦	⑦	⑦	⑦	⑦	⑦	⑦
⑧	⑧	⑧	⑧	⑧	⑧	⑧	⑧	⑧	⑧	⑧	⑧	⑧	⑧	⑧	⑧	⑧	⑧	⑧	⑧	⑧	⑧	⑧	⑧	⑧	⑧	⑧	⑧	⑧	⑧	⑧	⑧	⑧	⑧	⑧	⑧	⑧	⑧	⑧	⑧	⑧	⑧	⑧	⑧	⑧	⑧	⑧	⑧	⑧	⑧
⑨	⑨	⑨	⑨	⑨	⑨	⑨	⑨	⑨	⑨	⑨	⑨	⑨	⑨	⑨	⑨	⑨	⑨	⑨	⑨	⑨	⑨	⑨	⑨	⑨	⑨	⑨	⑨	⑨	⑨	⑨	⑨	⑨	⑨	⑨	⑨	⑨	⑨	⑨	⑨	⑨	⑨	⑨	⑨	⑨	⑨	⑨	⑨	⑨	⑨
⓪	⓪	⓪	⓪	⓪	⓪	⓪	⓪	⓪	⓪	⓪	⓪	⓪	⓪	⓪	⓪	⓪	⓪	⓪	⓪	⓪	⓪	⓪	⓪	⓪	⓪	⓪	⓪	⓪	⓪	⓪	⓪	⓪	⓪	⓪	⓪	⓪	⓪	⓪	⓪	⓪	⓪	⓪	⓪	⓪	⓪	⓪	⓪	⓪	⓪

チェック		
U	V	W
①	①	①
②	②	②
③	③	③
④	④	④
⑤	⑤	⑤
⑥	⑥	⑥
⑦	⑦	⑦
⑧	⑧	⑧
⑨	⑨	⑨
⓪	⓪	⓪

評点	
	／100

（注）この解答用紙は実物を縮小してあります。Ｂ４用紙に143％拡大コピーすると、ほぼ実物大で使用できます。（タイトルと配点表は含みません）

推定配点

1　各5点×9〔(5)は各5点×2、(6)(ii)は完答〕

2　(1)　[20]　2点　[21]・[22]　3点　(2)、(3)　各5点×2

3　各5点×3

4　(1)　①　5点　②　6点　(2)　各7点×2

計
100点

2024年度　　花咲徳栄高等学校　第2回

数学解答用紙　No.2

4 (1) ①〈答〉

②〈答〉　男子　　　　人　　女子　　　　人

(2) ①〈考え方・途中計算〉

〈答〉

②〈考え方・途中計算〉

〈答〉

(注) この解答用紙は実物を縮小してあります。A4用紙に115%拡大コピーすると、ほぼ実物大で使用できます。(タイトルと配点表は含みません)

二〇二四年度　花咲徳栄高等学校　第二回

国語解答用紙　No. 1

評点	/100

学校法人 佐藤栄学園 花咲徳栄高等学校

整理番号

（指示があった場合のみ記入）

記入上の注意事項

1. 氏名、受験番号を必ず記入して下さい。
2. マークは記入例に従って○の中を正確にぬりつぶして下さい。
3. 受験番号及び解答は所定の位置に正しくマークして下さい。
4. 記入は必ずＨＢの鉛筆でマークして下さい。
5. 解答の訂正はプラスチックの消しゴムでていねいに消し、消しクズを残さないで下さい。
6. 所定の記入欄以外には何も記入しないで下さい。
7. 解答用紙は汚したり、折り曲げたりしないで下さい。

記入例　良い例　悪い例

チェック	U	V	W
	①〜⓪	①〜⓪	①〜⓪

氏名	

受験番号				
	①②③④⑤⑥⑦⑧⑨⓪	①②③④⑤⑥⑦⑧⑨⓪	①②③④⑤⑥⑦⑧⑨⓪	①②③④⑤⑥⑦⑧⑨⓪

解答番号	解答欄
1	①②③④⑤⑥⑦⑧⑨⓪
2	①②③④⑤⑥⑦⑧⑨⓪
3	①②③④⑤⑥⑦⑧⑨⓪
4	①②③④⑤⑥⑦⑧⑨⓪
5	①②③④⑤⑥⑦⑧⑨⓪
6	①②③④⑤⑥⑦⑧⑨⓪
7	①②③④⑤⑥⑦⑧⑨⓪
8	①②③④⑤⑥⑦⑧⑨⓪
9	①②③④⑤⑥⑦⑧⑨⓪
10	①②③④⑤⑥⑦⑧⑨⓪
11	①②③④⑤⑥⑦⑧⑨⓪
12	①②③④⑤⑥⑦⑧⑨⓪
13	①②③④⑤⑥⑦⑧⑨⓪
14	①②③④⑤⑥⑦⑧⑨⓪
15	①②③④⑤⑥⑦⑧⑨⓪
16	①②③④⑤⑥⑦⑧⑨⓪
17	①②③④⑤⑥⑦⑧⑨⓪
18	①②③④⑤⑥⑦⑧⑨⓪
19	①②③④⑤⑥⑦⑧⑨⓪
20	①②③④⑤⑥⑦⑧⑨⓪
21	①②③④⑤⑥⑦⑧⑨⓪
22	①②③④⑤⑥⑦⑧⑨⓪
23	①②③④⑤⑥⑦⑧⑨⓪
24	①②③④⑤⑥⑦⑧⑨⓪
25	①②③④⑤⑥⑦⑧⑨⓪
26	①②③④⑤⑥⑦⑧⑨⓪
27	①②③④⑤⑥⑦⑧⑨⓪
28	①②③④⑤⑥⑦⑧⑨⓪
29	①②③④⑤⑥⑦⑧⑨⓪
30	①②③④⑤⑥⑦⑧⑨⓪
31	①②③④⑤⑥⑦⑧⑨⓪
32	①②③④⑤⑥⑦⑧⑨⓪
33	①②③④⑤⑥⑦⑧⑨⓪
34	①②③④⑤⑥⑦⑧⑨⓪
35	①②③④⑤⑥⑦⑧⑨⓪
36	①②③④⑤⑥⑦⑧⑨⓪
37	①②③④⑤⑥⑦⑧⑨⓪
38	①②③④⑤⑥⑦⑧⑨⓪
39	①②③④⑤⑥⑦⑧⑨⓪
40	①②③④⑤⑥⑦⑧⑨⓪
41	①②③④⑤⑥⑦⑧⑨⓪
42	①②③④⑤⑥⑦⑧⑨⓪
43	①②③④⑤⑥⑦⑧⑨⓪
44	①②③④⑤⑥⑦⑧⑨⓪
45	①②③④⑤⑥⑦⑧⑨⓪
46	①②③④⑤⑥⑦⑧⑨⓪
47	①②③④⑤⑥⑦⑧⑨⓪
48	①②③④⑤⑥⑦⑧⑨⓪
49	①②③④⑤⑥⑦⑧⑨⓪
50	①②③④⑤⑥⑦⑧⑨⓪

（注）この解答用紙は実物を縮小してあります。Ｂ４用紙に143％拡大コピーすると、ほぼ実物大で使用できます。（タイトルと配点表は含みません）

推定配点		計
	一　問一～問五　各3点×7　問六　5点　問七～問九　各3点×3 二　各2点×8 三　問一～問七　各3点×9　問八　5点　問九　3点 四　各2点×3 五　問一　3点　問二　5点	100点

二〇二四年度　花咲徳栄高等学校　第二回

国語解答用紙　No.2

一　問六

ミナも

ことを知り、

と思ったから。

二　問一

(1)

(2)

(3)

(4)

(5)

三　問八

獲物が

システム。

五　問二

x

y

（注）この解答用紙は実物を縮小してあります。A4用紙に108%拡大コピーすると、ほぼ実物大で使用できます。（タイトルと配点表は含みません）

２０２３年度　花咲徳栄高等学校　第１回

英語解答用紙　No. 1

学校法人 佐藤栄学園 花咲徳栄高等学校

整理番号

（指示があった場合のみ記入）

記入上の注意事項

1. 氏名、受験番号を必ず記入して下さい。
2. マークは記入例に従って◯の中を正確にぬりつぶして下さい。
3. 受験番号及び解答は所定の位置に正しくマークして下さい。
4. 記入は必ずＨＢの鉛筆でマークして下さい。
5. 解答の訂正はプラスチックの消しゴムでていねいに消し、消しクズを残さないで下さい。
6. 所定の記入欄以外には何も記入しないで下さい。
7. 解答用紙は汚したり、折り曲げたりしないで下さい。

記入例

良い例　悪い例

氏名

受験番号

1 2 3 4 5 6 7 8 9 10 11 12 13 14 15 16 17 18 19 20 21 22 23 24 25 26 27 28 29 30 31 32 33 34 35 36 37 38 39 40 41 42 43 44 45 46 47 48 49 50

①②③④⑤⑥⑦⑧⑨⓪

チェック　U V W

評点　／100

（注）この解答用紙は実物を縮小してあります。Ｂ４用紙に143%拡大コピーすると、ほぼ実物大で使用できます。（タイトルと配点表は含みません）

学校配点	
1	No.1～No.5　各2点×5　No.6、No.7　各3点×6
2	各2点×10
3	各3点×4
4	問1、問2　各3点×2　問3、問4　各4点×2　問5、問6　各3点×2
5	問1～問3　各3点×3　問4、問5　各4点×2　問6　3点
計	100点

2023年度　　花咲徳栄高等学校　第１回

英語解答用紙　No. 2

1	No.7	1	He's going to practice (　　　　　　　　).
		2	She will visit him next (　　　　　　　　).
		3	It is (　　　　　　　　).

4	問 3	
	問 4	Because he wanted to (　　　　　　　　) again.

5	問 4	
	問 5	

（注）この解答用紙は実物大です。

２０２３年度　花咲徳栄高等学校　第１回

数学解答用紙　No. 1

学校法人 佐藤栄学園 花咲徳栄高等学校

整理番号

（指示があった場合のみ記入）

記入上の注意事項

1. 氏名、受験番号を必ず記入して下さい。
2. マークは記入例に従って○の中を正確にぬりつぶして下さい。
3. 受験番号及び解答は所定の位置に正しくマークして下さい。
4. 記入は必ずＨＢの鉛筆でマークして下さい。
5. 解答の訂正はプラスチックの消しゴムでていねいに消し、消しクズを残さないで下さい。
6. 所定の記入欄以外には何も記入しないで下さい。
7. 解答用紙は汚したり、折り曲げたりしないで下さい。

記入例

良い例	悪い例
●	⊙ ⊗ ◓

氏名

受験番号

1	2	3	4	5	6	7	8	9	10	11	12	13	14	15	16	17	18	19	20	21	22	23	24	25	26	27	28	29	30	31	32	33	34	35	36	37	38	39	40	41	42	43	44	45	46	47	48	49	50

チェック		
U	V	W

評点　／100

（注）この解答用紙は実物を縮小してあります。Ｂ４用紙に143％拡大コピーすると、ほぼ実物大で使用できます。（タイトルと配点表は含みません）

学校配点	
1 (1)、(2) 各3点×2　(3)～(8) 各4点×6 2 (1) 8点　(2) 7点 3 各5点×3 4 (1) 8点　(2) 7点 5 各5点×5	
100点	計

２０２３年度　　花咲徳栄高等学校　第１回

数学解答用紙　No. 2

5 (1)〈考え方・途中計算〉

①

②

③

〈答〉①

〈答〉②

〈答〉③

(2)〈考え方・途中計算〉

①

②

〈答〉①

〈答〉②

(注) この解答用紙は実物を縮小してあります。Ａ４用紙に115%拡大コピーすると、ほぼ実物大で使用できます。(タイトルと配点表は含みません)

二〇二三年度　花咲徳栄高等学校　第一回

国語解答用紙　No. 1

学校法人 佐藤栄学園 花咲徳栄高等学校

整理番号			

（指示があった場合のみ記入）

記入上の注意事項

1. 氏名、受験番号を必ず記入して下さい。
2. マークは記入例に従って○の中を正確にぬりつぶして下さい。
3. 受験番号及び解答は所定の位置に正しくマークして下さい。
4. 記入は必ずＨＢの鉛筆でマークして下さい。
5. 解答の訂正はプラスチックの消しゴムでていねいに消し、消しクズを残さないで下さい。
6. 所定の記入欄以外には何も記入しないで下さい。
7. 解答用紙は汚したり、折り曲げたりしないで下さい。

記入例

良い例	悪い例
●	⊙ ⊗ ◓

氏名	

受験番号

①	①	①	①	①
②	②	②	②	②
③	③	③	③	③
④	④	④	④	④
⑤	⑤	⑤	⑤	⑤
⑥	⑥	⑥	⑥	⑥
⑦	⑦	⑦	⑦	⑦
⑧	⑧	⑧	⑧	⑧
⑨	⑨	⑨	⑨	⑨
⓪	⓪	⓪	⓪	⓪

1	2	3	4	5	6	7	8	9	10	11	12	13	14	15	16	17	18	19	20	21	22	23	24	25	26	27	28	29	30	31	32	33	34	35	36	37	38	39	40	41	42	43	44	45	46	47	48	49	50
①	①	①	①	①	①	①	①	①	①	①	①	①	①	①	①	①	①	①	①	①	①	①	①	①	①	①	①	①	①	①	①	①	①	①	①	①	①	①	①	①	①	①	①	①	①	①	①	①	①
②	②	②	②	②	②	②	②	②	②	②	②	②	②	②	②	②	②	②	②	②	②	②	②	②	②	②	②	②	②	②	②	②	②	②	②	②	②	②	②	②	②	②	②	②	②	②	②	②	②
③	③	③	③	③	③	③	③	③	③	③	③	③	③	③	③	③	③	③	③	③	③	③	③	③	③	③	③	③	③	③	③	③	③	③	③	③	③	③	③	③	③	③	③	③	③	③	③	③	③
④	④	④	④	④	④	④	④	④	④	④	④	④	④	④	④	④	④	④	④	④	④	④	④	④	④	④	④	④	④	④	④	④	④	④	④	④	④	④	④	④	④	④	④	④	④	④	④	④	④
⑤	⑤	⑤	⑤	⑤	⑤	⑤	⑤	⑤	⑤	⑤	⑤	⑤	⑤	⑤	⑤	⑤	⑤	⑤	⑤	⑤	⑤	⑤	⑤	⑤	⑤	⑤	⑤	⑤	⑤	⑤	⑤	⑤	⑤	⑤	⑤	⑤	⑤	⑤	⑤	⑤	⑤	⑤	⑤	⑤	⑤	⑤	⑤	⑤	⑤
⑥	⑥	⑥	⑥	⑥	⑥	⑥	⑥	⑥	⑥	⑥	⑥	⑥	⑥	⑥	⑥	⑥	⑥	⑥	⑥	⑥	⑥	⑥	⑥	⑥	⑥	⑥	⑥	⑥	⑥	⑥	⑥	⑥	⑥	⑥	⑥	⑥	⑥	⑥	⑥	⑥	⑥	⑥	⑥	⑥	⑥	⑥	⑥	⑥	⑥
⑦	⑦	⑦	⑦	⑦	⑦	⑦	⑦	⑦	⑦	⑦	⑦	⑦	⑦	⑦	⑦	⑦	⑦	⑦	⑦	⑦	⑦	⑦	⑦	⑦	⑦	⑦	⑦	⑦	⑦	⑦	⑦	⑦	⑦	⑦	⑦	⑦	⑦	⑦	⑦	⑦	⑦	⑦	⑦	⑦	⑦	⑦	⑦	⑦	⑦
⑧	⑧	⑧	⑧	⑧	⑧	⑧	⑧	⑧	⑧	⑧	⑧	⑧	⑧	⑧	⑧	⑧	⑧	⑧	⑧	⑧	⑧	⑧	⑧	⑧	⑧	⑧	⑧	⑧	⑧	⑧	⑧	⑧	⑧	⑧	⑧	⑧	⑧	⑧	⑧	⑧	⑧	⑧	⑧	⑧	⑧	⑧	⑧	⑧	⑧
⑨	⑨	⑨	⑨	⑨	⑨	⑨	⑨	⑨	⑨	⑨	⑨	⑨	⑨	⑨	⑨	⑨	⑨	⑨	⑨	⑨	⑨	⑨	⑨	⑨	⑨	⑨	⑨	⑨	⑨	⑨	⑨	⑨	⑨	⑨	⑨	⑨	⑨	⑨	⑨	⑨	⑨	⑨	⑨	⑨	⑨	⑨	⑨	⑨	⑨
⓪	⓪	⓪	⓪	⓪	⓪	⓪	⓪	⓪	⓪	⓪	⓪	⓪	⓪	⓪	⓪	⓪	⓪	⓪	⓪	⓪	⓪	⓪	⓪	⓪	⓪	⓪	⓪	⓪	⓪	⓪	⓪	⓪	⓪	⓪	⓪	⓪	⓪	⓪	⓪	⓪	⓪	⓪	⓪	⓪	⓪	⓪	⓪	⓪	⓪

チェック

U	V	W
①	①	①
②	②	②
③	③	③
④	④	④
⑤	⑤	⑤
⑥	⑥	⑥
⑦	⑦	⑦
⑧	⑧	⑧
⑨	⑨	⑨
⓪	⓪	⓪

評点　／100

（注）この解答用紙は実物を縮小してあります。Ｂ４用紙に143%拡大コピーすると、ほぼ実物大で使用できます。（タイトルと配点表は含みません）

推定配点

一　問一～問七　各3点×9　問八　5点　問九　3点
二　各2点×8
三　問一～問八　各3点×10　問九　5点
四　各2点×3
五　問一　5点　問二　3点

計	100点

国語解答用紙　No. 2

一　問八

という気持ち。

二　問一

(1)　(2)　(3)　(4)　(5)

三　問九

●近代社会以前の教育と近代社会の教育の違い

近代社会以前は、子どもが共同体社会で生きていけるように、

を持たせるように教育したが、近代社会になってからは、

教科を勉強して競い合う教育に変化した。

五　問一

a

b

（注）この解答用紙は実物を縮小してあります。A4用紙に108%拡大コピーすると、ほぼ実物大で使用できます。（タイトルと配点表は含みません）

2023年度 花咲徳栄高等学校 第2回

英語解答用紙 No.1

評点 /100

学校法人 佐藤栄学園 花咲徳栄高等学校

整理番号

（指示があった場合のみ記入）

記入上の注意事項

1. 氏名、受験番号を必ず記入して下さい。
2. マークは記入例に従って○の中を正確にぬりつぶして下さい。
3. 受験番号及び解答は所定の位置に正しくマークして下さい。
4. 記入は必ずＨＢの鉛筆でマークして下さい。
5. 解答の訂正はプラスチックの消しゴムでていねいに消し、消しクズを残さないで下さい。
6. 所定の記入欄以外には何も記入しないで下さい。
7. 解答用紙は汚したり、折り曲げたりしないで下さい。

記入例

良い例	悪い例
●	⊙ ⊗ ◓

氏名

受験番号				
①	①	①	①	①
②	②	②	②	②
③	③	③	③	③
④	④	④	④	④
⑤	⑤	⑤	⑤	⑤
⑥	⑥	⑥	⑥	⑥
⑦	⑦	⑦	⑦	⑦
⑧	⑧	⑧	⑧	⑧
⑨	⑨	⑨	⑨	⑨
⓪	⓪	⓪	⓪	⓪

1	2	3	4	5	6	7	8	9	10	11	12	13	14	15	16	17	18	19	20	21	22	23	24	25	26	27	28	29	30	31	32	33	34	35	36	37	38	39	40	41	42	43	44	45	46	47	48	49	50
①	①	①	①	①	①	①	①	①	①	①	①	①	①	①	①	①	①	①	①	①	①	①	①	①	①	①	①	①	①	①	①	①	①	①	①	①	①	①	①	①	①	①	①	①	①	①	①	①	①
②	②	②	②	②	②	②	②	②	②	②	②	②	②	②	②	②	②	②	②	②	②	②	②	②	②	②	②	②	②	②	②	②	②	②	②	②	②	②	②	②	②	②	②	②	②	②	②	②	②
③	③	③	③	③	③	③	③	③	③	③	③	③	③	③	③	③	③	③	③	③	③	③	③	③	③	③	③	③	③	③	③	③	③	③	③	③	③	③	③	③	③	③	③	③	③	③	③	③	③
④	④	④	④	④	④	④	④	④	④	④	④	④	④	④	④	④	④	④	④	④	④	④	④	④	④	④	④	④	④	④	④	④	④	④	④	④	④	④	④	④	④	④	④	④	④	④	④	④	④
⑤	⑤	⑤	⑤	⑤	⑤	⑤	⑤	⑤	⑤	⑤	⑤	⑤	⑤	⑤	⑤	⑤	⑤	⑤	⑤	⑤	⑤	⑤	⑤	⑤	⑤	⑤	⑤	⑤	⑤	⑤	⑤	⑤	⑤	⑤	⑤	⑤	⑤	⑤	⑤	⑤	⑤	⑤	⑤	⑤	⑤	⑤	⑤	⑤	⑤
⑥	⑥	⑥	⑥	⑥	⑥	⑥	⑥	⑥	⑥	⑥	⑥	⑥	⑥	⑥	⑥	⑥	⑥	⑥	⑥	⑥	⑥	⑥	⑥	⑥	⑥	⑥	⑥	⑥	⑥	⑥	⑥	⑥	⑥	⑥	⑥	⑥	⑥	⑥	⑥	⑥	⑥	⑥	⑥	⑥	⑥	⑥	⑥	⑥	⑥
⑦	⑦	⑦	⑦	⑦	⑦	⑦	⑦	⑦	⑦	⑦	⑦	⑦	⑦	⑦	⑦	⑦	⑦	⑦	⑦	⑦	⑦	⑦	⑦	⑦	⑦	⑦	⑦	⑦	⑦	⑦	⑦	⑦	⑦	⑦	⑦	⑦	⑦	⑦	⑦	⑦	⑦	⑦	⑦	⑦	⑦	⑦	⑦	⑦	⑦
⑧	⑧	⑧	⑧	⑧	⑧	⑧	⑧	⑧	⑧	⑧	⑧	⑧	⑧	⑧	⑧	⑧	⑧	⑧	⑧	⑧	⑧	⑧	⑧	⑧	⑧	⑧	⑧	⑧	⑧	⑧	⑧	⑧	⑧	⑧	⑧	⑧	⑧	⑧	⑧	⑧	⑧	⑧	⑧	⑧	⑧	⑧	⑧	⑧	⑧
⑨	⑨	⑨	⑨	⑨	⑨	⑨	⑨	⑨	⑨	⑨	⑨	⑨	⑨	⑨	⑨	⑨	⑨	⑨	⑨	⑨	⑨	⑨	⑨	⑨	⑨	⑨	⑨	⑨	⑨	⑨	⑨	⑨	⑨	⑨	⑨	⑨	⑨	⑨	⑨	⑨	⑨	⑨	⑨	⑨	⑨	⑨	⑨	⑨	⑨
⓪	⓪	⓪	⓪	⓪	⓪	⓪	⓪	⓪	⓪	⓪	⓪	⓪	⓪	⓪	⓪	⓪	⓪	⓪	⓪	⓪	⓪	⓪	⓪	⓪	⓪	⓪	⓪	⓪	⓪	⓪	⓪	⓪	⓪	⓪	⓪	⓪	⓪	⓪	⓪	⓪	⓪	⓪	⓪	⓪	⓪	⓪	⓪	⓪	⓪

チェック		
U	V	W
①	①	①
②	②	②
③	③	③
④	④	④
⑤	⑤	⑤
⑥	⑥	⑥
⑦	⑦	⑦
⑧	⑧	⑧
⑨	⑨	⑨
⓪	⓪	⓪

（注）この解答用紙は実物を縮小してあります。Ｂ４用紙に143%拡大コピーすると、ほぼ実物大で使用できます。（タイトルと配点表は含みません）

学校配点

1 No.1～No.5 各2点×5　No.6、No.7 各3点×6
2 各2点×10
3 各3点×4
4 問1、問2 各4点×2　問3～問6 各3点×4
5 問1～問3 各3点×3　問4、問5 各4点×2　問6 3点

計 100点

２０２３年度　　　花咲徳栄高等学校　第２回

英語解答用紙　No. 2

1	No.7	1	She wants to read books about (　　　　　　　　).
		2	It is in front of the (　　　　　　　　) room.
		3	She will go there (　　　　　　　　).

4	問 1	
	問 2	They are (　　　　　　　　) and (　　　　　　　　).

5	問 4	シロイルカが (　　　　　　　　) こと。
	問 5	

(注) この解答用紙は実物大です。

2023年度　花咲徳栄高等学校　第2回

数学解答用紙　No. 1

学校法人 佐藤栄学園 花咲徳栄高等学校

整理番号				

（指示があった場合のみ記入）

記入上の注意事項

1. 氏名、受験番号を必ず記入して下さい。
2. マークは記入例に従って○の中を正確にぬりつぶして下さい。
3. 受験番号及び解答は所定の位置に正しくマークして下さい。
4. 記入は必ずＨＢの鉛筆でマークして下さい。
5. 解答の訂正はプラスチックの消しゴムでていねいに消し、消しクズを残さないで下さい。
6. 所定の記入欄以外には何も記入しないで下さい。
7. 解答用紙は汚したり、折り曲げたりしないで下さい。

記入例

良い例	悪い例
●	⊙ ⊗ ◒

氏名

受験番号				
①	①	①	①	①
②	②	②	②	②
③	③	③	③	③
④	④	④	④	④
⑤	⑤	⑤	⑤	⑤
⑥	⑥	⑥	⑥	⑥
⑦	⑦	⑦	⑦	⑦
⑧	⑧	⑧	⑧	⑧
⑨	⑨	⑨	⑨	⑨
⓪	⓪	⓪	⓪	⓪

1	2	3	4	5	6	7	8	9	10	11	12	13	14	15	16	17	18	19	20	21	22	23	24	25	26	27	28	29	30	31	32	33	34	35	36	37	38	39	40	41	42	43	44	45	46	47	48	49	50
①	①	①	①	①	①	①	①	①	①	①	①	①	①	①	①	①	①	①	①	①	①	①	①	①	①	①	①	①	①	①	①	①	①	①	①	①	①	①	①	①	①	①	①	①	①	①	①	①	①
②	②	②	②	②	②	②	②	②	②	②	②	②	②	②	②	②	②	②	②	②	②	②	②	②	②	②	②	②	②	②	②	②	②	②	②	②	②	②	②	②	②	②	②	②	②	②	②	②	②
③	③	③	③	③	③	③	③	③	③	③	③	③	③	③	③	③	③	③	③	③	③	③	③	③	③	③	③	③	③	③	③	③	③	③	③	③	③	③	③	③	③	③	③	③	③	③	③	③	③
④	④	④	④	④	④	④	④	④	④	④	④	④	④	④	④	④	④	④	④	④	④	④	④	④	④	④	④	④	④	④	④	④	④	④	④	④	④	④	④	④	④	④	④	④	④	④	④	④	④
⑤	⑤	⑤	⑤	⑤	⑤	⑤	⑤	⑤	⑤	⑤	⑤	⑤	⑤	⑤	⑤	⑤	⑤	⑤	⑤	⑤	⑤	⑤	⑤	⑤	⑤	⑤	⑤	⑤	⑤	⑤	⑤	⑤	⑤	⑤	⑤	⑤	⑤	⑤	⑤	⑤	⑤	⑤	⑤	⑤	⑤	⑤	⑤	⑤	⑤
⑥	⑥	⑥	⑥	⑥	⑥	⑥	⑥	⑥	⑥	⑥	⑥	⑥	⑥	⑥	⑥	⑥	⑥	⑥	⑥	⑥	⑥	⑥	⑥	⑥	⑥	⑥	⑥	⑥	⑥	⑥	⑥	⑥	⑥	⑥	⑥	⑥	⑥	⑥	⑥	⑥	⑥	⑥	⑥	⑥	⑥	⑥	⑥	⑥	⑥
⑦	⑦	⑦	⑦	⑦	⑦	⑦	⑦	⑦	⑦	⑦	⑦	⑦	⑦	⑦	⑦	⑦	⑦	⑦	⑦	⑦	⑦	⑦	⑦	⑦	⑦	⑦	⑦	⑦	⑦	⑦	⑦	⑦	⑦	⑦	⑦	⑦	⑦	⑦	⑦	⑦	⑦	⑦	⑦	⑦	⑦	⑦	⑦	⑦	⑦
⑧	⑧	⑧	⑧	⑧	⑧	⑧	⑧	⑧	⑧	⑧	⑧	⑧	⑧	⑧	⑧	⑧	⑧	⑧	⑧	⑧	⑧	⑧	⑧	⑧	⑧	⑧	⑧	⑧	⑧	⑧	⑧	⑧	⑧	⑧	⑧	⑧	⑧	⑧	⑧	⑧	⑧	⑧	⑧	⑧	⑧	⑧	⑧	⑧	⑧
⑨	⑨	⑨	⑨	⑨	⑨	⑨	⑨	⑨	⑨	⑨	⑨	⑨	⑨	⑨	⑨	⑨	⑨	⑨	⑨	⑨	⑨	⑨	⑨	⑨	⑨	⑨	⑨	⑨	⑨	⑨	⑨	⑨	⑨	⑨	⑨	⑨	⑨	⑨	⑨	⑨	⑨	⑨	⑨	⑨	⑨	⑨	⑨	⑨	⑨
⓪	⓪	⓪	⓪	⓪	⓪	⓪	⓪	⓪	⓪	⓪	⓪	⓪	⓪	⓪	⓪	⓪	⓪	⓪	⓪	⓪	⓪	⓪	⓪	⓪	⓪	⓪	⓪	⓪	⓪	⓪	⓪	⓪	⓪	⓪	⓪	⓪	⓪	⓪	⓪	⓪	⓪	⓪	⓪	⓪	⓪	⓪	⓪	⓪	⓪

チェック		
U	V	W
①	①	①
②	②	②
③	③	③
④	④	④
⑤	⑤	⑤
⑥	⑥	⑥
⑦	⑦	⑦
⑧	⑧	⑧
⑨	⑨	⑨
⓪	⓪	⓪

評点
／100

（注）この解答用紙は実物を縮小してあります。Ｂ４用紙に143％拡大コピーすると、ほぼ実物大で使用できます。（タイトルと配点表は含みません）

学校配点	
1 (1)〜(6) 各4点×6　(7)、(8) 各3点×2 2 (1) 8点　(2) 7点 3 各5点×3 4 (1) 8点　(2) 7点 5 各5点×5	
100点	計

２０２３年度　　花咲徳栄高等学校　第２回

数学解答用紙　No.２

5 (1)〈考え方・途中計算〉

①

②

③

〈答〉①

〈答〉②

〈答〉③

(2)〈考え方・途中計算〉

①

②

〈答〉①　通り

〈答〉②　点

(注) この解答用紙は実物を縮小してあります。A４用紙に115%拡大コピーすると、ほぼ実物大で使用できます。(タイトルと配点表は含みません)

二〇二三年度 花咲徳栄高等学校 第二回

国語解答用紙 No.1

学校法人 佐藤栄学園 花咲徳栄高等学校

整理番号

（指示があった場合のみ記入）

記入上の注意事項

1. 氏名、受験番号を必ず記入して下さい。
2. マークは記入例に従って○の中を正確にぬりつぶして下さい。
3. 受験番号及び解答は所定の位置に正しくマークして下さい。
4. 記入は必ずＨＢの鉛筆でマークして下さい。
5. 解答の訂正はプラスチックの消しゴムでていねいに消し、消しクズを残さないで下さい。
6. 所定の記入欄以外には何も記入しないで下さい。
7. 解答用紙は汚したり、折り曲げたりしないで下さい。

記入例

良い例	悪い例
●	⊙ ⊗ ◓

氏名	

受験番号				
①	①	①	①	①
②	②	②	②	②
③	③	③	③	③
④	④	④	④	④
⑤	⑤	⑤	⑤	⑤
⑥	⑥	⑥	⑥	⑥
⑦	⑦	⑦	⑦	⑦
⑧	⑧	⑧	⑧	⑧
⑨	⑨	⑨	⑨	⑨
⓪	⓪	⓪	⓪	⓪

1	① ② ③ ④ ⑤ ⑥ ⑦ ⑧ ⑨ ⓪
2	① ② ③ ④ ⑤ ⑥ ⑦ ⑧ ⑨ ⓪
3	① ② ③ ④ ⑤ ⑥ ⑦ ⑧ ⑨ ⓪
4	① ② ③ ④ ⑤ ⑥ ⑦ ⑧ ⑨ ⓪
5	① ② ③ ④ ⑤ ⑥ ⑦ ⑧ ⑨ ⓪
6	① ② ③ ④ ⑤ ⑥ ⑦ ⑧ ⑨ ⓪
7	① ② ③ ④ ⑤ ⑥ ⑦ ⑧ ⑨ ⓪
8	① ② ③ ④ ⑤ ⑥ ⑦ ⑧ ⑨ ⓪
9	① ② ③ ④ ⑤ ⑥ ⑦ ⑧ ⑨ ⓪
10	① ② ③ ④ ⑤ ⑥ ⑦ ⑧ ⑨ ⓪
11	① ② ③ ④ ⑤ ⑥ ⑦ ⑧ ⑨ ⓪
12	① ② ③ ④ ⑤ ⑥ ⑦ ⑧ ⑨ ⓪
13	① ② ③ ④ ⑤ ⑥ ⑦ ⑧ ⑨ ⓪
14	① ② ③ ④ ⑤ ⑥ ⑦ ⑧ ⑨ ⓪
15	① ② ③ ④ ⑤ ⑥ ⑦ ⑧ ⑨ ⓪
16	① ② ③ ④ ⑤ ⑥ ⑦ ⑧ ⑨ ⓪
17	① ② ③ ④ ⑤ ⑥ ⑦ ⑧ ⑨ ⓪
18	① ② ③ ④ ⑤ ⑥ ⑦ ⑧ ⑨ ⓪
19	① ② ③ ④ ⑤ ⑥ ⑦ ⑧ ⑨ ⓪
20	① ② ③ ④ ⑤ ⑥ ⑦ ⑧ ⑨ ⓪
21	① ② ③ ④ ⑤ ⑥ ⑦ ⑧ ⑨ ⓪
22	① ② ③ ④ ⑤ ⑥ ⑦ ⑧ ⑨ ⓪
23	① ② ③ ④ ⑤ ⑥ ⑦ ⑧ ⑨ ⓪
24	① ② ③ ④ ⑤ ⑥ ⑦ ⑧ ⑨ ⓪
25	① ② ③ ④ ⑤ ⑥ ⑦ ⑧ ⑨ ⓪
26	① ② ③ ④ ⑤ ⑥ ⑦ ⑧ ⑨ ⓪
27	① ② ③ ④ ⑤ ⑥ ⑦ ⑧ ⑨ ⓪
28	① ② ③ ④ ⑤ ⑥ ⑦ ⑧ ⑨ ⓪
29	① ② ③ ④ ⑤ ⑥ ⑦ ⑧ ⑨ ⓪
30	① ② ③ ④ ⑤ ⑥ ⑦ ⑧ ⑨ ⓪
31	① ② ③ ④ ⑤ ⑥ ⑦ ⑧ ⑨ ⓪
32	① ② ③ ④ ⑤ ⑥ ⑦ ⑧ ⑨ ⓪
33	① ② ③ ④ ⑤ ⑥ ⑦ ⑧ ⑨ ⓪
34	① ② ③ ④ ⑤ ⑥ ⑦ ⑧ ⑨ ⓪
35	① ② ③ ④ ⑤ ⑥ ⑦ ⑧ ⑨ ⓪
36	① ② ③ ④ ⑤ ⑥ ⑦ ⑧ ⑨ ⓪
37	① ② ③ ④ ⑤ ⑥ ⑦ ⑧ ⑨ ⓪
38	① ② ③ ④ ⑤ ⑥ ⑦ ⑧ ⑨ ⓪
39	① ② ③ ④ ⑤ ⑥ ⑦ ⑧ ⑨ ⓪
40	① ② ③ ④ ⑤ ⑥ ⑦ ⑧ ⑨ ⓪
41	① ② ③ ④ ⑤ ⑥ ⑦ ⑧ ⑨ ⓪
42	① ② ③ ④ ⑤ ⑥ ⑦ ⑧ ⑨ ⓪
43	① ② ③ ④ ⑤ ⑥ ⑦ ⑧ ⑨ ⓪
44	① ② ③ ④ ⑤ ⑥ ⑦ ⑧ ⑨ ⓪
45	① ② ③ ④ ⑤ ⑥ ⑦ ⑧ ⑨ ⓪
46	① ② ③ ④ ⑤ ⑥ ⑦ ⑧ ⑨ ⓪
47	① ② ③ ④ ⑤ ⑥ ⑦ ⑧ ⑨ ⓪
48	① ② ③ ④ ⑤ ⑥ ⑦ ⑧ ⑨ ⓪
49	① ② ③ ④ ⑤ ⑥ ⑦ ⑧ ⑨ ⓪
50	① ② ③ ④ ⑤ ⑥ ⑦ ⑧ ⑨ ⓪

チェック		
U	V	W
①	①	①
②	②	②
③	③	③
④	④	④
⑤	⑤	⑤
⑥	⑥	⑥
⑦	⑦	⑦
⑧	⑧	⑧
⑨	⑨	⑨
⓪	⓪	⓪

評点
／100

（注）この解答用紙は実物を縮小してあります。Ｂ４用紙に143%拡大コピーすると、ほぼ実物大で使用できます。（タイトルと配点表は含みません）

推定配点

一 問一～問四 各3点×6　問五 5点　問六～問九 各3点×4
二 各2点×8
三 問一～問七 各3点×9　問八 5点　問九 3点
四 各2点×3
五 問一 3点　問二 5点

計	100点

国語解答用紙　No.2

一　問五

覚悟していたのに、一志が話し始めたのは「俺」のことではなく、（　）から。

二　問一

(1)　(2)　(3)　(4)　(5)

三　問八

（　）で個を確立させるのではなく、（　）の成員に育つということ。

五　問二

22日は x（　）という理由で登校できなかった。

23日と24日は y（　）という理由で登校できなかった。

（注）この解答用紙は実物を縮小してあります。A4用紙に108%拡大コピーすると、ほぼ実物大で使用できます。（タイトルと配点表は含みません）

２０２２年度　花咲徳栄高等学校　第１回

英語解答用紙　No. 1

学校法人 佐藤栄学園 花咲徳栄高等学校

整理番号

（指示があった場合のみ記入）

記入上の注意事項

1. 氏名、受験番号を必ず記入して下さい。
2. マークは記入例に従って○の中を正確にぬりつぶして下さい。
3. 受験番号及び解答は所定の位置に正しくマークして下さい。
4. 記入は必ずＨＢの鉛筆でマークして下さい。
5. 解答の訂正はプラスチックの消しゴムでていねいに消し、消しクズを残さないで下さい。
6. 所定の記入欄以外には何も記入しないで下さい。
7. 解答用紙は汚したり、折り曲げたりしないで下さい。

記入例

良い例	悪い例
●	⊙ ⊗ ◒

氏名	

受験番号				
1	1	1	1	1
2	2	2	2	2
3	3	3	3	3
4	4	4	4	4
5	5	5	5	5
6	6	6	6	6
7	7	7	7	7
8	8	8	8	8
9	9	9	9	9
0	0	0	0	0

1	2	3	4	5	6	7	8	9	10	11	12	13	14	15	16	17	18	19	20	21	22	23	24	25	26	27	28	29	30	31	32	33	34	35	36	37	38	39	40	41	42	43	44	45	46	47	48	49	50
1	1	1	1	1	1	1	1	1	1	1	1	1	1	1	1	1	1	1	1	1	1	1	1	1	1	1	1	1	1	1	1	1	1	1	1	1	1	1	1	1	1	1	1	1	1	1	1	1	1
2	2	2	2	2	2	2	2	2	2	2	2	2	2	2	2	2	2	2	2	2	2	2	2	2	2	2	2	2	2	2	2	2	2	2	2	2	2	2	2	2	2	2	2	2	2	2	2	2	2
3	3	3	3	3	3	3	3	3	3	3	3	3	3	3	3	3	3	3	3	3	3	3	3	3	3	3	3	3	3	3	3	3	3	3	3	3	3	3	3	3	3	3	3	3	3	3	3	3	3
4	4	4	4	4	4	4	4	4	4	4	4	4	4	4	4	4	4	4	4	4	4	4	4	4	4	4	4	4	4	4	4	4	4	4	4	4	4	4	4	4	4	4	4	4	4	4	4	4	4
5	5	5	5	5	5	5	5	5	5	5	5	5	5	5	5	5	5	5	5	5	5	5	5	5	5	5	5	5	5	5	5	5	5	5	5	5	5	5	5	5	5	5	5	5	5	5	5	5	5
6	6	6	6	6	6	6	6	6	6	6	6	6	6	6	6	6	6	6	6	6	6	6	6	6	6	6	6	6	6	6	6	6	6	6	6	6	6	6	6	6	6	6	6	6	6	6	6	6	6
7	7	7	7	7	7	7	7	7	7	7	7	7	7	7	7	7	7	7	7	7	7	7	7	7	7	7	7	7	7	7	7	7	7	7	7	7	7	7	7	7	7	7	7	7	7	7	7	7	7
8	8	8	8	8	8	8	8	8	8	8	8	8	8	8	8	8	8	8	8	8	8	8	8	8	8	8	8	8	8	8	8	8	8	8	8	8	8	8	8	8	8	8	8	8	8	8	8	8	8
9	9	9	9	9	9	9	9	9	9	9	9	9	9	9	9	9	9	9	9	9	9	9	9	9	9	9	9	9	9	9	9	9	9	9	9	9	9	9	9	9	9	9	9	9	9	9	9	9	9
0	0	0	0	0	0	0	0	0	0	0	0	0	0	0	0	0	0	0	0	0	0	0	0	0	0	0	0	0	0	0	0	0	0	0	0	0	0	0	0	0	0	0	0	0	0	0	0	0	0

チェック		
U	V	W
1	1	1
2	2	2
3	3	3
4	4	4
5	5	5
6	6	6
7	7	7
8	8	8
9	9	9
0	0	0

評点
／100

（注）この解答用紙は実物を縮小してあります。Ｂ４用紙に143％拡大コピーすると、ほぼ実物大で使用できます。（タイトルと配点表は含みません）

学校配点

1 No.1～No.5　各2点×5　No.6、No.7　各3点×6

2 各2点×10

3 各3点×4

4 問1、問2　各3点×2　問3　4点　問4、問5　各3点×2　問6　4点

5 問1　3点　問2　4点　問3　各3点×2　問4　4点　問5　3点

100点	計

英語解答用紙　No. 2

1	No.7	1	Because it has many (　　　　　　　　).
		2	He sometimes plays (　　　　　　　　) with his friends.
		3	She will practice (　　　　　　　　).

4	問 3	
	問 6	

5	問 2	
	問 4	

(注) この解答用紙は実物大です。

2022年度　花咲徳栄高等学校　第1回

数学解答用紙 No. 1

学校法人 佐藤栄学園 花咲徳栄高等学校

整理番号

（指示があった場合のみ記入）

記入上の注意事項

1. 氏名、受験番号を必ず記入して下さい。
2. マークは記入例に従って○の中を正確にぬりつぶして下さい。
3. 受験番号及び解答は所定の位置に正しくマークして下さい。
4. 記入は必ずＨＢの鉛筆でマークして下さい。
5. 解答の訂正はプラスチックの消しゴムでていねいに消し、消しクズを残さないで下さい。
6. 所定の記入欄以外には何も記入しないで下さい。
7. 解答用紙は汚したり、折り曲げたりしないで下さい。

記入例

良い例	悪い例
●	⊙ ⊗ ◓

氏名	

受験番号				
1	1	1	1	1
2	2	2	2	2
3	3	3	3	3
4	4	4	4	4
5	5	5	5	5
6	6	6	6	6
7	7	7	7	7
8	8	8	8	8
9	9	9	9	9
0	0	0	0	0

1	2	3	4	5	6	7	8	9	10	11	12	13	14	15	16	17	18	19	20	21	22	23	24	25	26	27	28	29	30	31	32	33	34	35	36	37	38	39	40	41	42	43	44	45	46	47	48	49	50
1	1	1	1	1	1	1	1	1	1	1	1	1	1	1	1	1	1	1	1	1	1	1	1	1	1	1	1	1	1	1	1	1	1	1	1	1	1	1	1	1	1	1	1	1	1	1	1	1	1
2	2	2	2	2	2	2	2	2	2	2	2	2	2	2	2	2	2	2	2	2	2	2	2	2	2	2	2	2	2	2	2	2	2	2	2	2	2	2	2	2	2	2	2	2	2	2	2	2	2
3	3	3	3	3	3	3	3	3	3	3	3	3	3	3	3	3	3	3	3	3	3	3	3	3	3	3	3	3	3	3	3	3	3	3	3	3	3	3	3	3	3	3	3	3	3	3	3	3	3
4	4	4	4	4	4	4	4	4	4	4	4	4	4	4	4	4	4	4	4	4	4	4	4	4	4	4	4	4	4	4	4	4	4	4	4	4	4	4	4	4	4	4	4	4	4	4	4	4	4
5	5	5	5	5	5	5	5	5	5	5	5	5	5	5	5	5	5	5	5	5	5	5	5	5	5	5	5	5	5	5	5	5	5	5	5	5	5	5	5	5	5	5	5	5	5	5	5	5	5
6	6	6	6	6	6	6	6	6	6	6	6	6	6	6	6	6	6	6	6	6	6	6	6	6	6	6	6	6	6	6	6	6	6	6	6	6	6	6	6	6	6	6	6	6	6	6	6	6	6
7	7	7	7	7	7	7	7	7	7	7	7	7	7	7	7	7	7	7	7	7	7	7	7	7	7	7	7	7	7	7	7	7	7	7	7	7	7	7	7	7	7	7	7	7	7	7	7	7	7
8	8	8	8	8	8	8	8	8	8	8	8	8	8	8	8	8	8	8	8	8	8	8	8	8	8	8	8	8	8	8	8	8	8	8	8	8	8	8	8	8	8	8	8	8	8	8	8	8	8
9	9	9	9	9	9	9	9	9	9	9	9	9	9	9	9	9	9	9	9	9	9	9	9	9	9	9	9	9	9	9	9	9	9	9	9	9	9	9	9	9	9	9	9	9	9	9	9	9	9
0	0	0	0	0	0	0	0	0	0	0	0	0	0	0	0	0	0	0	0	0	0	0	0	0	0	0	0	0	0	0	0	0	0	0	0	0	0	0	0	0	0	0	0	0	0	0	0	0	0

チェック		
U	V	W
1	1	1
2	2	2
3	3	3
4	4	4
5	5	5
6	6	6
7	7	7
8	8	8
9	9	9
0	0	0

評点
/100

（注）この解答用紙は実物を縮小してあります。Ｂ４用紙に143%拡大コピーすると、ほぼ実物大で使用できます。（タイトルと配点表は含みません）

学校配点

1 (1)〜(6) 各4点×6　(7)、(8) 各3点×2
2 (1) 5点　(2) 20・21 4点　22・23、24 各3点×2
3 (1) 各4点×2　(2) 29・30 4点　31 3点
4 (1) 7点　(2) 各4点×2
5 各5点×5

100点	計

数学解答用紙　No. 2

5 (1)〈考え方・途中計算〉

①

②

③

〈答〉①体積　　　cm^3

〈答〉② $x=$

〈答〉③ $x=$

(2)〈考え方・途中計算〉

①

②

〈答〉① $b=$

〈答〉② $100(a-b)+7c=$

（注）この解答用紙は実物を縮小してあります。Ａ４用紙に116％拡大コピーすると、ほぼ実物大で使用できます。（タイトルと配点表は含みません）

二〇二三年度 花咲徳栄高等学校 第一回

国語解答用紙 No. 1

学校法人 佐藤栄学園 花咲徳栄高等学校

整理番号

（指示があった場合のみ記入）

記入上の注意事項

1. 氏名、受験番号を必ず記入して下さい。
2. マークは記入例に従って○の中を正確にぬりつぶして下さい。
3. 受験番号及び解答は所定の位置に正しくマークして下さい。
4. 記入は必ずＨＢの鉛筆でマークして下さい。
5. 解答の訂正はプラスチックの消しゴムでていねいに消し、消しクズを残さないで下さい。
6. 所定の記入欄以外には何も記入しないで下さい。
7. 解答用紙は汚したり、折り曲げたりしないで下さい。

記入例

良い例	悪い例
●	⊙ ⊗ ◒

氏名	

受験番号				
1	1	1	1	1
2	2	2	2	2
3	3	3	3	3
4	4	4	4	4
5	5	5	5	5
6	6	6	6	6
7	7	7	7	7
8	8	8	8	8
9	9	9	9	9
0	0	0	0	0

1	2	3	4	5	6	7	8	9	10	11	12	13	14	15	16	17	18	19	20	21	22	23	24	25	26	27	28	29	30	31	32	33	34	35	36	37	38	39	40	41	42	43	44	45	46	47	48	49	50
1	1	1	1	1	1	1	1	1	1	1	1	1	1	1	1	1	1	1	1	1	1	1	1	1	1	1	1	1	1	1	1	1	1	1	1	1	1	1	1	1	1	1	1	1	1	1	1	1	1
2	2	2	2	2	2	2	2	2	2	2	2	2	2	2	2	2	2	2	2	2	2	2	2	2	2	2	2	2	2	2	2	2	2	2	2	2	2	2	2	2	2	2	2	2	2	2	2	2	2
3	3	3	3	3	3	3	3	3	3	3	3	3	3	3	3	3	3	3	3	3	3	3	3	3	3	3	3	3	3	3	3	3	3	3	3	3	3	3	3	3	3	3	3	3	3	3	3	3	3
4	4	4	4	4	4	4	4	4	4	4	4	4	4	4	4	4	4	4	4	4	4	4	4	4	4	4	4	4	4	4	4	4	4	4	4	4	4	4	4	4	4	4	4	4	4	4	4	4	4
5	5	5	5	5	5	5	5	5	5	5	5	5	5	5	5	5	5	5	5	5	5	5	5	5	5	5	5	5	5	5	5	5	5	5	5	5	5	5	5	5	5	5	5	5	5	5	5	5	5
6	6	6	6	6	6	6	6	6	6	6	6	6	6	6	6	6	6	6	6	6	6	6	6	6	6	6	6	6	6	6	6	6	6	6	6	6	6	6	6	6	6	6	6	6	6	6	6	6	6
7	7	7	7	7	7	7	7	7	7	7	7	7	7	7	7	7	7	7	7	7	7	7	7	7	7	7	7	7	7	7	7	7	7	7	7	7	7	7	7	7	7	7	7	7	7	7	7	7	7
8	8	8	8	8	8	8	8	8	8	8	8	8	8	8	8	8	8	8	8	8	8	8	8	8	8	8	8	8	8	8	8	8	8	8	8	8	8	8	8	8	8	8	8	8	8	8	8	8	8
9	9	9	9	9	9	9	9	9	9	9	9	9	9	9	9	9	9	9	9	9	9	9	9	9	9	9	9	9	9	9	9	9	9	9	9	9	9	9	9	9	9	9	9	9	9	9	9	9	9
0	0	0	0	0	0	0	0	0	0	0	0	0	0	0	0	0	0	0	0	0	0	0	0	0	0	0	0	0	0	0	0	0	0	0	0	0	0	0	0	0	0	0	0	0	0	0	0	0	0

チェック		
U	V	W
1	1	1
2	2	2
3	3	3
4	4	4
5	5	5
6	6	6
7	7	7
8	8	8
9	9	9
0	0	0

評点
/100

（注）この解答用紙は実物を縮小してあります。Ｂ４用紙に143%拡大コピーすると、ほぼ実物大で使用できます。（タイトルと配点表は含みません）

学校配点

一 問一～問五 各3点×8　問六 5点　問七、問八 各3点×2
二 各2点×8
三 問一～問五 各3点×8　問六 5点　問七、問八 各3点×2
四 各2点×3
五 問一 3点　問二 5点

計	100点

二〇二二年度　花咲徳栄高等学校　第一回

国語解答用紙　No. 2

一 問六

「じゃあ、いいことでも嫌なことでも、どっちでも、よく覚えておくといいよ」という先生の

（　　　　　　　　　　　　　　　　　　　　）

が、自分に何も聞かないまま、「それがどんなことでも、いつか、思い出せる日が絶対来るから」と続けて言う先生の「思い出す」という言い方は、

（　　　　　　　　　　　　　　　　　　　　）

二 問一

(1)　(2)　(3)　(4)　(5)

三 問六

アメリカでは、（　　　　　　　　）のがよいと考えるが、

日本では、（　　　　　　　　）のがよいと考える。

五 問二

a　b

（注）この解答用紙は実物を縮小してあります。A４用紙に109％拡大コピーすると、ほぼ実物大で使用できます。（タイトルと配点表は含みません）

2022年度　花咲徳栄高等学校　第2回

英語解答用紙　No. 1

学校法人 佐藤栄学園 花咲徳栄高等学校

整	理	番	号

（指示があった場合のみ記入）

記入上の注意事項

1. 氏名、受験番号を必ず記入して下さい。
2. マークは記入例に従って○の中を正確にぬりつぶして下さい。
3. 受験番号及び解答は所定の位置に正しくマークして下さい。
4. 記入は必ずＨＢの鉛筆でマークして下さい。
5. 解答の訂正はプラスチックの消しゴムでていねいに消し、消しクズを残さないで下さい。
6. 所定の記入欄以外には何も記入しないで下さい。
7. 解答用紙は汚したり、折り曲げたりしないで下さい。

記入例

良い例	悪い例
●	⊙ ⊗ ◓

氏名

受験番号				
1	1	1	1	1
2	2	2	2	2
3	3	3	3	3
4	4	4	4	4
5	5	5	5	5
6	6	6	6	6
7	7	7	7	7
8	8	8	8	8
9	9	9	9	9
0	0	0	0	0

1	2	3	4	5	6	7	8	9	10	11	12	13	14	15	16	17	18	19	20	21	22	23	24	25	26	27	28	29	30	31	32	33	34	35	36	37	38	39	40	41	42	43	44	45	46	47	48	49	50
1	1	1	1	1	1	1	1	1	1	1	1	1	1	1	1	1	1	1	1	1	1	1	1	1	1	1	1	1	1	1	1	1	1	1	1	1	1	1	1	1	1	1	1	1	1	1	1	1	1
2	2	2	2	2	2	2	2	2	2	2	2	2	2	2	2	2	2	2	2	2	2	2	2	2	2	2	2	2	2	2	2	2	2	2	2	2	2	2	2	2	2	2	2	2	2	2	2	2	2
3	3	3	3	3	3	3	3	3	3	3	3	3	3	3	3	3	3	3	3	3	3	3	3	3	3	3	3	3	3	3	3	3	3	3	3	3	3	3	3	3	3	3	3	3	3	3	3	3	3
4	4	4	4	4	4	4	4	4	4	4	4	4	4	4	4	4	4	4	4	4	4	4	4	4	4	4	4	4	4	4	4	4	4	4	4	4	4	4	4	4	4	4	4	4	4	4	4	4	4
5	5	5	5	5	5	5	5	5	5	5	5	5	5	5	5	5	5	5	5	5	5	5	5	5	5	5	5	5	5	5	5	5	5	5	5	5	5	5	5	5	5	5	5	5	5	5	5	5	5
6	6	6	6	6	6	6	6	6	6	6	6	6	6	6	6	6	6	6	6	6	6	6	6	6	6	6	6	6	6	6	6	6	6	6	6	6	6	6	6	6	6	6	6	6	6	6	6	6	6
7	7	7	7	7	7	7	7	7	7	7	7	7	7	7	7	7	7	7	7	7	7	7	7	7	7	7	7	7	7	7	7	7	7	7	7	7	7	7	7	7	7	7	7	7	7	7	7	7	7
8	8	8	8	8	8	8	8	8	8	8	8	8	8	8	8	8	8	8	8	8	8	8	8	8	8	8	8	8	8	8	8	8	8	8	8	8	8	8	8	8	8	8	8	8	8	8	8	8	8
9	9	9	9	9	9	9	9	9	9	9	9	9	9	9	9	9	9	9	9	9	9	9	9	9	9	9	9	9	9	9	9	9	9	9	9	9	9	9	9	9	9	9	9	9	9	9	9	9	9
0	0	0	0	0	0	0	0	0	0	0	0	0	0	0	0	0	0	0	0	0	0	0	0	0	0	0	0	0	0	0	0	0	0	0	0	0	0	0	0	0	0	0	0	0	0	0	0	0	0

チェック		
U	V	W
1	1	1
2	2	2
3	3	3
4	4	4
5	5	5
6	6	6
7	7	7
8	8	8
9	9	9
0	0	0

評点
/100

（注）この解答用紙は実物を縮小してあります。Ｂ４用紙に143％拡大コピーすると、ほぼ実物大で使用できます。（タイトルと配点表は含みません）

学校配点	
1 No.1～No.5 各2点×5　No.6、No.7 各3点×6 2 各2点×10　3 各3点×4 4 問1 3点　問2 4点　問3～問5 各3点×3　問6 4点 5 問1 3点　問2 4点　問3 3点　問4 4点　問5、問6 各3点×2	
100点	計

2022年度　花咲徳栄高等学校　第2回

英語解答用紙　No. 2

1	No.7	1	He came to Japan last (　　　　　　　).
		2	He will cook (　　　　　　　) for them.
		3	It is (　　　　　　　).

4	問 2	
	問 6	

5	問 2	
	問 4	

（注）この解答用紙は実物大です。

2022年度　花咲徳栄高等学校　第2回

数学解答用紙　No. 1

評点
/100

学校法人 佐藤栄学園 花咲徳栄高等学校

整	理	番	号

(指示があった場合のみ記入)

記入上の注意事項

1. 氏名、受験番号を必ず記入して下さい。
2. マークは記入例に従って○の中を正確にぬりつぶして下さい。
3. 受験番号及び解答は所定の位置に正しくマークして下さい。
4. 記入は必ずＨＢの鉛筆でマークして下さい。
5. 解答の訂正はプラスチックの消しゴムでていねいに消し、消しクズを残さないで下さい。
6. 所定の記入欄以外には何も記入しないで下さい。
7. 解答用紙は汚したり、折り曲げたりしないで下さい。

記入例

良い例	悪い例
●	⊙ ⊗ ◒

氏名	

受験番号				
1	1	1	1	1
2	2	2	2	2
3	3	3	3	3
4	4	4	4	4
5	5	5	5	5
6	6	6	6	6
7	7	7	7	7
8	8	8	8	8
9	9	9	9	9
0	0	0	0	0

1	2	3	4	5	6	7	8	9	10	11	12	13	14	15	16	17	18	19	20	21	22	23	24	25
1	1	1	1	1	1	1	1	1	1	1	1	1	1	1	1	1	1	1	1	1	1	1	1	1
2	2	2	2	2	2	2	2	2	2	2	2	2	2	2	2	2	2	2	2	2	2	2	2	2
3	3	3	3	3	3	3	3	3	3	3	3	3	3	3	3	3	3	3	3	3	3	3	3	3
4	4	4	4	4	4	4	4	4	4	4	4	4	4	4	4	4	4	4	4	4	4	4	4	4
5	5	5	5	5	5	5	5	5	5	5	5	5	5	5	5	5	5	5	5	5	5	5	5	5
6	6	6	6	6	6	6	6	6	6	6	6	6	6	6	6	6	6	6	6	6	6	6	6	6
7	7	7	7	7	7	7	7	7	7	7	7	7	7	7	7	7	7	7	7	7	7	7	7	7
8	8	8	8	8	8	8	8	8	8	8	8	8	8	8	8	8	8	8	8	8	8	8	8	8
9	9	9	9	9	9	9	9	9	9	9	9	9	9	9	9	9	9	9	9	9	9	9	9	9
0	0	0	0	0	0	0	0	0	0	0	0	0	0	0	0	0	0	0	0	0	0	0	0	0

26	27	28	29	30	31	32	33	34	35	36	37	38	39	40	41	42	43	44	45	46	47	48	49	50
1	1	1	1	1	1	1	1	1	1	1	1	1	1	1	1	1	1	1	1	1	1	1	1	1
2	2	2	2	2	2	2	2	2	2	2	2	2	2	2	2	2	2	2	2	2	2	2	2	2
3	3	3	3	3	3	3	3	3	3	3	3	3	3	3	3	3	3	3	3	3	3	3	3	3
4	4	4	4	4	4	4	4	4	4	4	4	4	4	4	4	4	4	4	4	4	4	4	4	4
5	5	5	5	5	5	5	5	5	5	5	5	5	5	5	5	5	5	5	5	5	5	5	5	5
6	6	6	6	6	6	6	6	6	6	6	6	6	6	6	6	6	6	6	6	6	6	6	6	6
7	7	7	7	7	7	7	7	7	7	7	7	7	7	7	7	7	7	7	7	7	7	7	7	7
8	8	8	8	8	8	8	8	8	8	8	8	8	8	8	8	8	8	8	8	8	8	8	8	8
9	9	9	9	9	9	9	9	9	9	9	9	9	9	9	9	9	9	9	9	9	9	9	9	9
0	0	0	0	0	0	0	0	0	0	0	0	0	0	0	0	0	0	0	0	0	0	0	0	0

チェック		
U	V	W
1	1	1
2	2	2
3	3	3
4	4	4
5	5	5
6	6	6
7	7	7
8	8	8
9	9	9
0	0	0

(注) この解答用紙は実物を縮小してあります。Ｂ４用紙に143%拡大コピーすると、ほぼ実物大で使用できます。(タイトルと配点表は含みません)

学校配点	
1 (1)～(6) 各4点×6　(7)、(8) 各3点×2 2 (1) 8点　(2) 7点 3 (1) 7点　(2) 各4点×2 4 (1) 9点　(2) 6点 5 各5点×5	
計	100点

数学解答用紙　No. 2

5 (1)〈考え方・途中計算〉

①

②

〈答〉① g

〈答〉② g

(2)〈考え方・途中計算〉

〈答〉

(3)〈考え方・途中計算〉

①

②

〈答〉① cm^2

〈答〉② $S_1 : S_2 : S_3 =$ 　:　:

(注) この解答用紙は実物を縮小してあります。Ａ４用紙に116%拡大コピーすると、ほぼ実物大で使用できます。(タイトルと配点表は含みません)

二〇二二年度 国語解答用紙 No.1 花咲徳栄高等学校 第二回

学校法人 佐藤栄学園 花咲徳栄高等学校

整理番号

（指示があった場合のみ記入）

記入上の注意事項

1. 氏名、受験番号を必ず記入して下さい。
2. マークは記入例に従って○の中を正確にぬりつぶして下さい。
3. 受験番号及び解答は所定の位置に正しくマークして下さい。
4. 記入は必ずＨＢの鉛筆でマークして下さい。
5. 解答の訂正はプラスチックの消しゴムでていねいに消し、消しクズを残さないで下さい。
6. 所定の記入欄以外には何も記入しないで下さい。
7. 解答用紙は汚したり、折り曲げたりしないで下さい。

記入例

良い例	悪い例
●	⊙ ⊗ ◓

氏名

受験番号

①②③④⑤⑥⑦⑧⑨⓪

1 2 3 4 5 6 7 8 9 10 11 12 13 14 15 16 17 18 19 20 21 22 23 24 25 26 27 28 29 30 31 32 33 34 35 36 37 38 39 40 41 42 43 44 45 46 47 48 49 50

①②③④⑤⑥⑦⑧⑨⓪

チェック U V W

評点 /100

学校配点	
一 問一～問五 各3点×7 問六 5点 問七～問九 各3点×3 二 各2点×8 三 問一～問五 各3点×8 問六 5点 問七、問八 各3点×2 四 各2点×3 五 問一 3点 問二 5点	
100点	計

二〇二二年度 国語解答用紙 No.2 花咲徳栄高等学校 第二回

一 問六

今回の県大会で［　　］をしているのに、［　　］ことに苛立っている。

二 問一

(1)

(2)

(3)

(4)

(5)

三 問六

人工知能の創造性とは、［　　］であり、本当の意味での「創造性」ではないということ。

五 問二

- 子供が使用する歯ブラシは安全対策を施したものを選ぶ。
- 床に座らせた上で、一人みがきの時間も［　　］。
- 保護者は別の歯ブラシで仕上げみがきをする。

スーパー過去問をお買い上げいただいた方に

声教からのお知らせ

どうしても使ってほしい3冊!!

声の教育社では，高校入試のスタンダード（定番）として，高校受験案内／学校別スーパー過去問／都立・公立高校スーパー過去問をご用意しています。知っておきたい学校情報や，解いておきたい珠玉の頻出問題が満載です!!

東京都高校受験案内：定価2310円（税込）
東京都立高校スーパー過去問：定価1100円（税込）
3～10年間スーパー過去問：定価2200～2530円（税込）

充実のラインアップ!!
受験案内＋公立過去問＋私立過去問

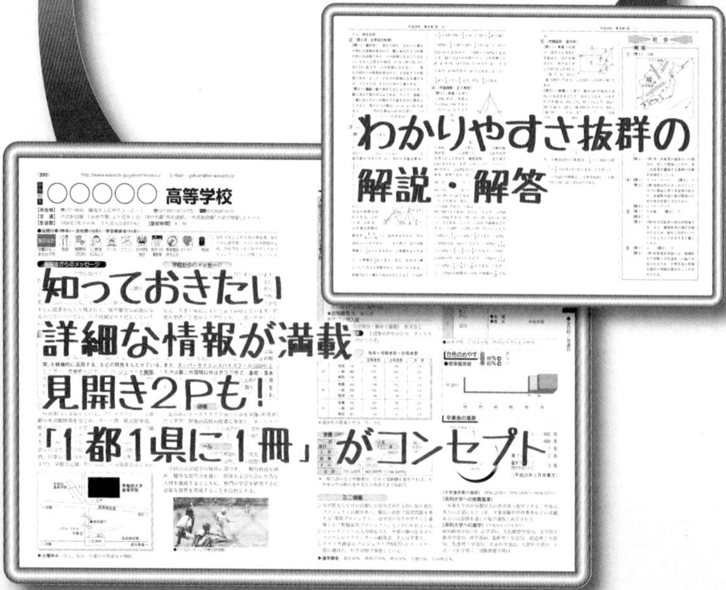

各県高校受験案内：定価2310円（税込）（茨城県は定価1650円（税
各県公立高校スーパー過去問：定価1100円（税込）
3～10年間スーパー過去問：定価2200～2530円（税込）

声の教育社
〒162-0814 東京都新宿区新小川町8-15
TEL 03（5261）5061 FAX 03（5261）5062
https://www.koenokyoikusha.co.jp